ईश्वर क्या है

जे. कृष्णमूर्ति

राजपाल

ISBN : 9788170286707
प्रथम संस्करण : 2008, नौवाँ संस्करण : 2021

Ishwar Kya Hai
Hindi Translation of *'On God'* Author: J. Krishnamurti

Translated by Sanjeev Kumar Sharma, Vinay Kumar Vaidya, Shakti Kumar

राजपाल एण्ड सन्ज़

1590, मदरसा रोड, कश्मीरी गेट, दिल्ली-110006
फोन : 011-23869812, 23865483, 23867791
e-mail : sales@rajpalpublishing.com
www.rajpalpublishing.com
www.facebook.com/rajpalandsons

ईश्वर क्या है

प्राक्कथन

जिड्डू कृष्णमूर्ति का जन्म 1895 ई. में भारत के वर्तमान आंध्र प्रदेश राज्य में हुआ था। जब वे तेरह वर्ष के थे, तो थियोसोफिकल सोसाइटी ने उन्हें अपनी देख-रेख में ले लिया तथा यह घोषित किया कि उनमें आगामी विश्व-शिक्षक मैत्रेय बुद्ध का अवतरण होगा। इस अवतरण के विषय में सोसाइटी में पूर्व से ही मान्यता थी। बाद के वर्षों में कृष्णमूर्ति एक ऐसे प्रभावशाली और स्वतंत्रचेत्ता शिक्षक के रूप में हमारे सामने आते हैं, जिन्हें किसी श्रेणी में परिभाषित नहीं किया जा सकता; उनकी वार्ताएं तथा लेखन किसी भी धर्मविशेष से नहीं जुड़े हैं और उनकी शिक्षाएं केवल पूर्व तथा पश्चिम के लिए नहीं, अपितु संपूर्ण मानवता के लिए हैं। अपनी मसीहाई छवि को दृढ़तापूर्वक अस्वीकृत करते हुए कृष्णमूर्ति ने एक बड़े और समृद्ध संगठन को भंग कर दिया, जो उन्हीं को केंद्र में रखकर निर्मित किया गया था; उन्होंने स्पष्ट शब्दों में कहा कि सत्य एक 'मार्गरहित भूमि' है, और उस तक किसी भी औपचारिक धर्म, दर्शन अथवा संप्रदाय के माध्यम से नहीं पहुंचा जा सकता।

इसके उपरांत कृष्णमूर्ति ने गुरु कहलाने से, जो विशेषण उन पर प्रायः आरोपित किया जाता रहा, आग्रहपूर्वक इनकार किया। पूरे विश्व में एक विशाल श्रोतावर्ग उनकी ओर आकर्षित होता रहा, किंतु कृष्णमूर्ति ने कभी सत्ता-प्रामाण्य का दावा नहीं किया, शिष्य नहीं चाहे। वे समूह से नहीं, सीधे व्यक्ति से बात कर रहे थे, वह भी मित्र की तरह। उनकी शिक्षाओं के केंद्र में इस सत्य का बोध है कि इस समाज में कोई भी आधारभूत परिवर्तन केवल वैयक्तिक चेतना के रूपांतरण द्वारा ही लाया जा सकता है। धार्मिक और राष्ट्रवादी संस्कारों द्वारा मनुष्य को सीमित तथा विभाजित करने वाले प्रभावों को ठीक से समझ लेने की आवश्यकता पर उन्होंने निरंतर ज़ोर दिया। कृष्णमूर्ति ने एक खुलेपन की, परिधियों से स्वातंत्र्य की बात हमेशा उठाई—"मस्तिष्क में वह विराट अवकाश, जिसमें वह अकल्पनीय ऊर्जा है।" ऐसा प्रतीत होता है कि यही उनकी सर्जनात्मकता का अक्षय स्रोत भी था और विश्व के विभिन्न स्थानों के, इतनी विस्तीर्ण विविधता लिए लोगों के जीवन की दिशा बदल देने वाले उनके शब्दों के, उनकी उपस्थिति के गहन अमुखर प्रभाव की कुंजी भी इसी में छिपी है।

1986 ई. में नब्बे वर्ष की आयु में अपनी मृत्यु तक कृष्णमूर्ति पूरे विश्व में विभिन्न स्थानों पर अपनी बात कहते रहे। उनकी वार्ताएं व संवाद, दैनंदिनियां व पत्र साठ से अधिक पुस्तकों में संगृहीत हैं। शिक्षाओं के इस विशाल भंडार से विविध विषयों पर आधारित प्रस्तुत पुस्तकमाला का संकलन किया गया है। प्रत्येक पुस्तक एक ऐसे विषय को केंद्रबिंदु बनाती है, जिसकी हमारे जीवन में विशिष्ट प्रासंगिकता तथा महत्त्व है। यह पुस्तक 'ईश्वर क्या है?' इसी माला का एक पुष्प है।

एक

मन ज्ञात है; ज्ञात वह है जिसका अनुभव हम कर चुके हैं। उसी माप से हम अज्ञात को जानने का प्रयास करते हैं। किंतु यह बात स्पष्ट है कि ज्ञात कभी अज्ञात को नहीं जान सकता; यह केवल उसी को जान सकता है जिसका अनुभव इसने किया है, जो इसने सीखा है, संचित किया है। क्या मन अज्ञात को जानने की अपनी असमर्थता के सत्य को देख सकता है?

निश्चित ही, यदि मैं स्पष्ट रूप से देख लूं कि मेरा मन अज्ञात को नहीं जान सकता, तो भीतर पूर्णतः मौन होता है। यदि मुझे ऐसा लगता है कि मैं ज्ञात की क्षमताओं से अज्ञात पर पकड़ बना सकता हूं, तो मैं बहुत शोर मचाता हूं, बातें करता हूं, मैं इस तक पहुंचने का कोई मार्ग खोजने का प्रयास करता हूं, परंतु यदि मन को, अज्ञात को जानने हेतु अपनी पूर्ण अक्षमता का एहसास हो जाए, यदि इसे इस बात का बोध हो जाए कि यह अज्ञात की ओर एक कदम भी नहीं बढ़ा सकता, तब क्या होता है? तब मन चुप हो जाता है। यह हताश नहीं है, अब यह कुछ भी नहीं खोज रहा है।

खोज की गतिविधि ज्ञात से ज्ञात की ओर ही हो सकती है; मन तो बस यही कर सकता है कि जान ले कि यह गतिविधि अज्ञात को कभी नहीं खोज पाएगी। ज्ञात की ओर से की गई प्रत्येक चेष्टा ज्ञात के क्षेत्र में ही होती है। यही एक बात है जो मुझे महसूस करनी होगी, जिसका मुझे प्रत्यक्ष बोध करना होगा। तब बिना किसी उद्दीपन के, बिना कोई प्रयोजन बीच में लाए, मन मौन हो जाता है।

क्या इस बात की तरफ आपका कभी ध्यान नहीं गया कि प्रेम मौन होता है?—यह किसी का हाथ पकड़ते समय, या स्नेहपूर्वक किसी बच्चे को निहारते हुए अथवा संध्या के सौंदर्य को ग्रहण करने के क्षणों में हो सकता है। प्रेम का कोई अतीत या भविष्य नहीं होता, और इसीलिए इसमें मौन की असाधारण अवस्था होती है। और बिना इस मौन के, जो कि पूर्ण रिक्तता है, सर्जन होता ही नहीं। अपनी क्षमताओं में आप बड़े चतुर हो सकते हैं; किंतु जहां सर्जन नहीं है, वहां विनाश है, क्षय है, और तब मन का क्षरण होने लगता है, वह मुरझा जाता है, बिखर जाता है।

जब मन रिक्त, मौन होता है, जब यह पूर्ण निषेध की अवस्था में होता है—जो स्तब्धता नहीं है, न ही विधिपरक होने का विपरीत है, अपितु एक पूर्णतः भिन्न अवस्था है जिसमें समस्त विचार का अवसान हो गया है—केवल तभी उसका आविर्भाव संभव है, जो अनाम है।

मुंबई,
6 जनवरी 1960

दो

जीवन के बारे में यंत्रवादी मत यह है कि मनुष्य चूंकि अपने वातावरण तथा विविध प्रतिक्रियाओं का परिणाम मात्र है, जो केवल इंद्रियों द्वारा ही प्रत्यक्ष हो सकता है, इसलिए वातावरण तथा प्रतिक्रियाएं एक ऐसी बुद्धिसंगत प्रणाली द्वारा नियंत्रित होनी चाहिए जिसमें व्यक्ति को केवल बने-बनाए ढांचे के भीतर ही कार्य करने की अनुमति हो। कृपया जीवन के प्रति इस यंत्रवादी दृष्टि के पूरे निहितार्थ को समझ लीजिए। यह मत किसी परम, लोकोत्तर सत्ता की कल्पना नहीं करता है, ऐसा कुछ नहीं है जो निरंतर बना रहे; यह मृत्यु के बाद किसी प्रकार के जीवन को स्वीकार नहीं करता है; इसके अनुसार जीवन और कुछ नहीं बस एक अल्प अवधि है जो पूरी तरह मिट जाने की ओर अग्रसर है। चूंकि मनुष्य पर्यावरणीय प्रतिक्रियाओं के परिणाम के अतिरिक्त कुछ नहीं है, उसका संबंध बस अपनी स्वार्थपूर्ण सुरक्षा से है, इसलिए शोषण, क्रूरता तथा युद्ध के तंत्र की निर्मिति में उसका योगदान रहा है। इसलिए उसके क्रियाकलापों को परिवेश के परिवर्तन व नियंत्रण द्वारा ही ढालना और संचालित करना पड़ेगा।

फिर वे लोग हैं जो इस मत को स्वीकार करते हैं कि मनुष्य सारभूत रूप से दिव्य है, उसकी नियति किसी परम प्रज्ञा द्वारा नियंत्रित व निर्देशित है। ये दावा करते हैं कि ये ईश्वर, पूर्णता, स्वतंत्रता, आनंद, अस्तित्व की एक ऐसी अवस्था की खोज कर रहे हैं जिसमें सभी व्यक्तिपरक अंतर्द्वंद्व समाप्त हो जाते हैं। मनुष्य के भाग्य को निर्देशित करने वाली सर्वोच्च सत्ता में उनका विश्वास आस्था पर आधारित है। वे कहेंगे कि इस लोकोत्तर सत्ता या उच्चतम प्रज्ञा ने ही संसार का निर्माण किया है तथा 'मैं', अहं, व्यक्ति अपने आपमें शाश्वत है व उसमें नित्यता का गुण है।

कभी आप सोचते हैं कि जीवन यांत्रिक है, तथा अन्य अवसरों पर, जब दुख और असमंजस घेर लेते हैं तो आप आस्था की ओर लौट आते हैं, मार्गदर्शन और सहायता के लिए किसी परम सत्ता की ओर ताकने लगते हैं। आप इन दो विपरीत ध्रुवों के बीच डोलते रहते हैं, जबकि इन विपरीत ध्रुवों के भ्रम को समझ कर ही आप स्वयं को सीमाओं तथा अटकावों से मुक्त कर सकते हैं। आप प्रायः कल्पना

कर लेते हैं कि आप इनसे मुक्त हैं, किंतु आप उनसे मूलभूत रूप से मुक्त तभी हो पाते हैं जब आप इन सीमाओं के निर्माण की पूरी प्रक्रिया को समझ लेते हैं और इनका अंत कर देते हैं। आप यथार्थ को, 'जो है' उसे तब तक उसकी व्यापकता में नहीं समझ सकते जब तक अज्ञान की अनादि प्रक्रिया जारी है। जब यह प्रक्रिया थम जाती है, जिसने अपनी लालसा की ऐच्छिक गतिविधियों से स्वयं को बनाए रखा था, तब वह विद्यमान होता है जिसे कोई चाहे तो यथार्थ, सत्य, परमानंद कह सकता है।

एडिंग्टन, पेनसिल्वेनिया,
12 जून 1936

तीन

संभवतः इस बात का पता लगाने की कोशिश में कुछ समय देना श्रेयस्कर होगा कि क्या जीवन की कोई सार्थकता है भी। वह जीवन नहीं जो हम जी रहे हैं, क्योंकि आधुनिक अस्तित्व की सार्थकता तो न के बराबर है। हम जीवन को बौद्धिक अर्थवत्ता दे देते हैं, इसे हम सैद्धांतिक, बौद्धिक, आध्यात्मिक या (यदि आप इस शब्द का प्रयोग उचित समझें) रहस्यवादी अर्थ दे दिया करते हैं; इसमें गहरे मायने तलाशने का प्रयास करते हैं—जैसा कि कुछ लेखकों ने इस निराशाजनक अस्तित्व से संत्रस्त होकर किया है, किसी जीवंत, गहन, बुद्धिगत कारण का आविष्कार कर लिया है। और मुझे लगता है कि यह बात बहुत ही सार्थक होगी यदि हम भावनात्मक या बौद्धिक रूप से नहीं बल्कि वास्तविक, तथ्यपरक ढंग से स्वयं ही यह पता लगाएं कि क्या जीवन में ऐसा कुछ है जो वस्तुतः पावन है? मन के आविष्कार नहीं, जिन्होंने जीवन को पवित्रता की एक भावना दे रखी है, अपितु क्या वास्तव में ऐसा कुछ है? क्योंकि इस खोज में हम ऐतिहासिक रूप से और वस्तुस्थिति में भी अपने द्वारा बिताए जा रहे जीवन को देखते हैं—व्यापार, प्रतिस्पर्द्धा, हताशा, अकेलापन, दुश्चिंता एवं युद्ध में होने वाला विनाश तथा घृणा—इस तरह के जीवन का बहुत कम अर्थ है। हो सकता है हम सत्तर वर्ष जी लें, जिनमें से हमारे चालीस या पचास वर्ष किसी कार्यालय में एक से नित्यक्रम, ऊब और अकेलेपन में बीत जाएं, जिनका कुछ खास मतलब नहीं है। इस बात का एहसास होने पर पूर्वी विश्व में और यहां भी हम एक प्रतीक, एक धारणा, एक ईश्वर को अर्थवत्ता और औचित्य दे देते हैं—जो स्पष्टतः मन के ही आविष्कार हैं। पूर्व में उन्होंने कहा है कि सबमें एक ही जीवन है, हत्या मत करो, ईश्वर प्रत्येक मनुष्य में विद्यमान है : विनष्ट मत करो। किंतु अगले ही क्षण वे एक दूसरे को वस्तुतः, शाब्दिक रूप से या व्यवसाय में विनष्ट कर रहे होते हैं तो जीवन के एकत्व और पावनता की इस धारणा का उनके लिए कोई ज़्यादा मतलब है नहीं।

पाश्चात्य जगत में भी जीवन की असलियत को—दैनिक जीवन की क्रूरता, आक्रामकता, निर्मम प्रतिस्पर्द्धा को स्पष्ट अनुभव करते हुए हम एक प्रतीक को अर्थवान

बना लेते हैं, और ये प्रतीक बहुत पवित्र माने जाते हैं जिन पर सारे धर्म आधारित हैं। अर्थात धर्मशास्त्रियों, पुरोहितों, संतों ने अपने कुछ निजी किस्म के अनुभव किए होते हैं और ये लोग जीवन को कोई तात्पर्य दे देते हैं, और हम अपने अर्थहीन नित्यक्रम, हताशा, अकेलेपन के चलते उन अर्थों से आसक्ति बना लेते हैं और यदि हम इन सभी प्रतीकों, छवियों, विचारों और विश्वासों से छूट सकें जिनका निर्माण हम सदियों-सदियों से करते रहे हैं और जिन्हें हमने एक पवित्रभाव दे दिया है, यदि हम इन बाहर से आरोपित संस्कारों से वास्तव में मुक्त हो सकें, तब हम संभवतः स्वयं से यह पूछ सकते हैं कि क्या ऐसा कुछ है जो सत्य है, जो वस्तुतः पावन है, पवित्र है। क्योंकि यही तो है जिसे मनुष्य इस विक्षोभ, हताशा, अपराध-बोध तथा मृत्यु के बीच खोज रहा है। मनुष्य इसी अनुभूति को विविध रूपों में खोजता रहा है जो क्षणभंगुर से, समय के प्रवाह से परे हो। इस सुबह क्या हम कुछ समय इस चर्चा में लगा सकते हैं कि क्या ऐसा कुछ विद्यमान है?—किंतु वह नहीं जो आप चाहते हैं, ईश्वर नहीं, कोई अवधारणा, कोई प्रतीक नहीं। क्या आप इस सबको एक तरफ हटा कर तब खोज में उतर सकते हैं।

शब्द केवल संप्रेषण के माध्यम होते हैं, पर शब्द वस्तु नहीं हैं, और जब कोई शब्दों में उलझ जाता है तो उस प्रतीक, उन शब्दों, उन अवधारणाओं से स्वयं को छुड़ा पाना अति कठिन होता है, जिनसे अवबोध में वस्तुतः बाधा पड़ती है। यद्यपि शब्दों का प्रयोग तो करना ही पड़ता है, परंतु शब्द तथ्य नहीं होते। अतः यदि इस बारे में भी हम सजग, सावधान रह सकें कि शब्द तथ्य नहीं हैं, तब इस प्रश्न में हम बहुत गहरे पैठना प्रारंभ कर सकते हैं। अर्थात मनुष्य ने अपने अकेलेपन और हताशा के चलते एक विचार को, हाथों से या मन से बनाई गई किसी छवि को पवित्रता प्रदान कर दी है। वह छवि ईसाई, हिंदू, बौद्ध तथा उसी प्रकार औरों के लिए असाधारण रूप से महत्त्वपूर्ण बन गई है और उन सबने उस छवि में एक पवित्रता का भाव आरोपित कर दिया है। और क्या हम इस सबको एक तरफ हटा पाते हैं, शाब्दिक या सैद्धांतिक रूप से नहीं अपितु वस्तुतः इसे परे कर पाते हैं, इस तरह की गतिविधि की निरर्थकता को देख पाते हैं? तब हम पूछना आरंभ कर सकते हैं—किंतु उत्तर देने वाला कोई है नहीं, क्योंकि स्वयं से किये गए किसी भी आधारभूत प्रश्न का किसी के द्वारा उत्तर दिया ही नहीं जा सकता, और अपने ही द्वारा तो एकदम नहीं। पर हम यह कर सकते हैं कि प्रश्न रखें और उस प्रश्न को खदकने दें, खौलने दें—उस प्रश्न को गतिशील होने दें, और उस प्रश्न का अनुसरण अंत तक करने की सामर्थ्य हममें होनी चाहिए। हम इस सुबह यही पूछ रहे हैं कि क्या कुछ ऐसा है जो प्रतीक के, शब्द के पार है, कुछ ऐसा, जो यथार्थ है, सत्य है, जो अपने आप में पूर्णतः पवित्र है।

लंदन,
30 सितम्बर 1967

चार

प्रश्न : आज संसार में ईश्वर की बहुत सी अवधारणाएं हैं। आपका ईश्वर के संबंध में क्या विचार है?

कृष्णमूर्ति : सबसे पहले हमें यह पता लगाना चाहिए कि अवधारणा से हमारा मतलब क्या है। सोचने की प्रक्रिया से हमारा क्या अभिप्राय है? क्योंकि अंततः हम जब किसी अवधारणा को प्रतिपादित करते हैं, जैसे ईश्वर को ही लें, तो हमारा यह प्रतिपादन, यह अवधारणा हमारे संस्कारों का ही परिणाम होती है। एक तो वे लोग हैं जिन्हें बचपन से ही ईश्वर को न मानने में प्रशिक्षित किया गया है; और दूसरे वे हैं जिन्हें ईश्वर में विश्वास का प्रशिक्षण मिला है, जैसे कि आपमें से अधिकतर हैं। अतः हम अपने प्रशिक्षण के अनुसार, अपनी पृष्ठभूमि के अनुसार, अपने मानसिक गठन, रुचियों-अरुचियों, भय-आशाओं के अनुरूप ईश्वर की अवधारणा बना लेते हैं। तो स्पष्ट है कि जब तक हम अपने सोचने की प्रक्रिया को समझ नहीं लेते, मात्र ईश्वर की अवधारणाएं बना लेने का कोई अर्थ नहीं है। क्योंकि विचार तो अपनी रुचि के मुताबिक कुछ भी प्रक्षेपित कर सकता है। यह ईश्वर को निर्मित भी कर सकता है, नकार भी सकता है। हर व्यक्ति अपनी प्रवृत्तियों, सुखों व पीड़ाओं के अनुसार ईश्वर को आविष्कृत अथवा विनष्ट कर सकता है। इसलिए जब तक विचार सक्रिय है, नुस्खे बना रहा है, कल्पना कर रहा है, तब तक जो समय से परे है उसे कभी नहीं खोजा जा सकता। ईश्वर या यथार्थ का अन्वेषण केवल तभी हो पाता है, जब विचार का समापन हो जाता है।

अब, जब आप पूछते हैं, "आपका ईश्वर के बारे में क्या विचार है?" तो आपने पहले से ही अपने विचारों की लीक बना ली है, है कि नहीं? विचार ईश्वर को निर्मित कर सकता है तथा जो निर्माण इसने किया है, उसका अनुभव भी कर सकता है; पर निश्चित ही वह सच्चा अनुभव नहीं है। यह तो विचार अपने प्रक्षेपण का ही अनुभव कर रहा है अतएव यह यथार्थ नहीं है। परंतु यदि आप और मैं इसकी गहराई को देख सकें, तो संभवतः विचारों के प्रक्षेपण मात्र से अधिक विराट किसी तत्त्व की अनुभूति कर पाएं।

वर्तमान समय में, जब दिन-ब-दिन बाह्य रूप से असुरक्षा बढ़ रही है, तो स्वभावतः आंतरिक सुरक्षा के लिए भी लालसा तीव्र होती जा रही है। चूंकि हमें बाहर सुरक्षा नहीं मिल पाती है, अतः हम इसे एक अवधारणा, एक विचार में खोजने लगते हैं और तब वह निर्मित कर लेते हैं, जिसे हम ईश्वर कहते हैं तथा वही अवधारणा हमारी सुरक्षा बन जाती है। सुरक्षा खोजने वाला मन यथार्थ को, सत्य को नहीं पा सकता है। जो समय से परे है, उसे समझने के लिए, विचार के जाल का ध्वस्त होना अनिवार्य है। शब्दों, प्रतीकों, प्रतिमाओं के बिना विचार बना नहीं रह सकता, केवल तब, जब मन खामोश होता है, अपनी उधेड़बुन से मुक्त होता है, तभी यथार्थ को खोज पाने की संभावना होती है। अतः यह पूछना कि ईश्वर है या नहीं, समस्या के प्रति अपरिपक्व प्रतिक्रिया है। ईश्वर के बारे में मतों का प्रतिपादन करना वस्तुतः बचकानी वृत्ति है।

जो समय से परे है, उसकी अनुभूति, उसके बोध के लिए स्पष्टतः हमें समय की प्रक्रिया को समझना होगा। मन समय का परिणाम है, यह बीते हुए कल की स्मृतियों पर आधारित है। क्या कल जो बीतते जा रहे हैं, उन सबके गुणनफल से मुक्त होना संभव है? निश्चित ही यह गंभीर समस्या है, यह विश्वास या अविश्वास का मामला नहीं है। विश्वास या अविश्वास करना तो अज्ञान की प्रक्रिया है, जबकि विचार के, समय में बांधने वाले लक्षण की समझ स्वतंत्रता लाती है और उसी में अन्वेषण हो पाता है। परंतु हममें से अधिकतर लोग विश्वास कर लेना चाहते हैं, क्योंकि यह ज़्यादा सुविधाजनक रहता है। यह हमें सुरक्षा का, किसी समूह से जुड़े होने का एहसास देता है। निश्चित रूप से यह विश्वास हमें पृथक करता है, आप एक बात में विश्वास रखते है और मैं दूसरी में। तो विश्वास एक बाधा की तरह काम करता है, यह विघटन की प्रक्रिया है।

अतः महत्त्व विश्वास या अविश्वास को पोसने का नहीं, अपितु यह समझ लेने का है कि यह मन ही है, विचार ही है, जो समय का निर्माण करता है। विचार समय है, और विचार जो भी प्रक्षेपित करेगा, वह समय के अंतर्गत ही होगा, इसलिए विचार संभवतः अपने आप से परे जा ही नहीं सकता। जो समय के पार है उसकी खोज करने के लिए विचार का अंत हो जाना चाहिए और यह अत्यंत दुष्कर है, क्योंकि विचार का अवसान अनुशासन से, नियंत्रण से, अस्वीकार या दमन से नहीं हो सकता। विचार का अवसान तभी होता है, जब हम विचार करने की समस्त प्रक्रिया को समझ लेते हैं तथा विचारणा को समझने के लिए अपने आप को देखना-जानना आवश्यक है। विचार ही 'स्व' है, विचार वह शब्द है जो 'मैं' के रूप में अपनी पहचान बना लेता है, तथा उच्च या निम्न, चाहे जिस स्तर पर 'स्व' को रखा जाए, होता यह विचार के ही क्षेत्र में है।

ईश्वर का, जो समय के पार है उसका पता लगाने के लिए विचार की प्रक्रिया

को अर्थात स्वयं की प्रक्रिया को समझना होगा। यह जो 'मैं' है, बहुत ही जटिल है, यह किसी एक स्तर पर ही नहीं है, बल्कि यह बहुत से विचारों, बहुत सी सत्ताओं से बना हुआ है, जिनमें से हर एक का अन्य के साथ अंतर्विरोध है। उन सभी के प्रति निरंतर सजगता होनी आवश्यक है, ऐसी सजगता जिसमें कोई चुनाव, कोई निंदा या तुलना नहीं है; तात्पर्य यह कि वस्तुस्थितियों को बिना विकृत किए, बिना उनका अर्थ बदले, जैसी वे हैं वैसी ही देखने की क्षमता का होना आवश्यक है। जो हमने देखा है, उसे जब हम आंकने लगते हैं, उसके अपने अर्थ लगाने लगते हैं, तो हम अपनी पृष्ठभूमि के अनुरूप उसे विकृत कर देते हैं। यथार्थ या ईश्वर का अन्वेषण करना हो तो विश्वास काम नहीं आ सकता, क्योंकि स्वीकृति या निषेध अन्वेषण में बाधक है। हम सब बाह्य रूप से और आंतरिक रूप से भी सुरक्षित होना चाहते हैं, और मन को यह बात समझ लेनी चाहिए कि सुरक्षा की खोज ही एक भ्रम है। केवल वही मन अन्वेषण कर सकता है जो अरक्षित है, किसी भी प्रकार के अधिकारभाव से मुक्त है—और यह एक दुष्कर कार्य है। इसका अभिप्राय यह नहीं है कि सब छोड़ कर वन में या आश्रम में जा बसें, या किसी विशिष्ट विश्वास का सहारा ले कर अपने आपको अलग-थलग कर लें, बल्कि बात इसके उलट है; अलगाव में कुछ भी अस्तित्व में नहीं रह सकता। होने का अर्थ है संबंधित होना; तथा संबंध के बीचों-बीच ही हम बड़ी सहजता से, ठीक जैसे हैं वैसा ही अपने आपको देख पाते हैं। और स्वयं के समक्ष हमारा यही यथारूप प्रकटन, जिसमें किसी प्रकार की आत्मनिंदा या अपने को सही ठहराने का भाव नहीं होता, 'हम जो हैं' उसमें एक आधारभूत रूपांतरण ले आता है। प्रज्ञा का यही प्रारंभ है।

रिएटा,
16 जुलाई 1950

पांच

धार्मिक मन उस मन से पूर्णतः भिन्न है जो धर्म में विश्वास रखता है। धार्मिक मन समाज की संस्कृति से मनोवैज्ञानिक स्तर पर स्वतंत्र होता है; यह विश्वास के किसी भी रूप, अनुभव या स्व-अभिव्यक्ति की किसी प्रकार की मांग से भी मुक्त होता है और मनुष्य ने, मुझे ऐसा लगता है, युगों-युगों से, विश्वास के द्वारा एक अवधारणा निर्मित की है जिसे ईश्वर कहा जाता है। मनुष्य के लिए ईश्वर नामक उस अवधारणा में विश्वास करना आवश्यक बन गया है, क्योंकि वह पाता है कि जीवन एक दुखद प्रसंग है, निरंतर संग्राम, द्वंद्व, दुर्दशा का सिलसिला, जिसमें कभी-कभार प्रकाश, सौंदर्य व उल्लास की चिंगारी दमक उठती है।

किसी अवधारणा, किसी सूत्र, किसी विचार में विश्वास आवश्यक बन गया है, क्योंकि जीवन का अर्थ तो न के बराबर रह गया है। वही नित्यचर्या, दफ्तर जाना, परिवार, यौन-संबंध, बोझिलता, अपने आपको अभिव्यक्त करने का द्वंद्व—इन सबका कुछ अर्थ नहीं है, और इस सबके अंत में हमेशा मृत्यु है; अतः विश्वास करना मनुष्य के लिए जैसे अनिवार्य आवश्यकता बन गया है।

किसी स्थान-विशेष की जलवायु के अनुसार, इन विचारों और सूत्रों के आविष्कारकों की बौद्धिक सामर्थ्य के अनुरूप, ईश्वर, उद्धारक, दिव्यात्मा की अवधारणा आकार लेती रही है और इसके द्वारा मनुष्य परमानंद की अवस्था, सत्य, कभी विचलित न होने वाली मनोदशा के यथार्थ तक पहुंचने का हमेशा प्रयास करता रहा है। इस प्रकार उसने एक लक्ष्य को मान्य कर लिया है और उसके प्रयत्न उसी दिशा में रहे हैं। इन विचारों और अवधारणाओं के रचयिता कोई न कोई व्यवस्था या मार्ग निर्धारित कर गए हैं, जिसका उस परम यथार्थ तक पहुंचने के लिए अनुसरण करना होगा। और मनुष्य ने अपने मन को सताया है—अनुशासन के द्वारा, नियंत्रण के द्वारा, आत्म-दमन के द्वारा, संयम और तप के द्वारा—और उस यथार्थ तक पहुंचने के वह अलग-अलग रास्ते ईजाद करता रहा है। एशिया में उस यथार्थ तक ले जाने वाले बहुत से (तथाकथित) मार्ग हैं, जो रुझानों और परिस्थितियों के हिसाब से बने हैं और इन मार्गों का अनुसरण उस यथार्थ तक पहुंचा देगा जिसका मापन मनुष्य द्वारा,

विचार द्वारा किया जाना संभव नहीं है। पश्चिम में केवल एक ही उद्धारक है और केवल उसी के माध्यम से परम को उपलब्ध किया जा सकेगा। पूर्व और पश्चिम की सभी व्यवस्थाओं में सतत नियंत्रण पुरोहितों और धर्मग्रंथों द्वारा, जो हिंसा का सारतत्त्व हैं ऐसी बातों द्वारा बनाए गए ढांचे में लगातार मन को तोड़-मरोड़ कर बिठाया जाना निहित है ताकि वह उसी के हिसाब से चले। वह हिंसा न केवल यौनसुख के त्याग में है अपितु हर प्रकार की इच्छा, हर तरह की सुंदरता के नकार में, निग्रह में, किसी पूर्वनिर्धारित ढांचे के अनुरूप बनने में भी है।

वे कुछ तरह के चमत्कार करते रहे हैं—किंतु चमत्कार कर लेना तो सबसे आसान बातों में से एक है, चाहे वह पश्चिम में हो या पूर्व में। और जिन्होंने ये चमत्कारी शक्तियां प्राप्त कर ली हैं, उन्हें संतों के रूप में प्रतिष्ठित कर दिया जाता है; उन्होंने इस दिशा में कीर्तिमान स्थापित कर लिए हैं कि वे पूरी तरह उस ढांचे के अनुरूप बन चुके हैं, वह ढांचा ही उनके रोज के जीवन में प्रकट हो रहा है। उनमें विनम्रता तो है ही नहीं—क्योंकि विनम्रता का बाहर से दिखावा नहीं हो सकता, लंगोटी या चोगा धारण कर लेना विनम्रता का सूचक कतई नहीं है। किसी भी अन्य सद्गुण की तरह, विनम्रता तो क्षण-प्रति-क्षण होती है, इसे हिसाब लगा कर किसी निर्धारित ढांचे के रूप में स्थापित नहीं किया जा सकता, जिसका अनुसरण होता रहे। किंतु मनुष्य युगों-युगों से यही करता आया है; किसी मूल प्रवर्तक ने यथार्थ कहा जाने वाला कोई अनुभव कर लेने के उपरांत किसी प्रकार की व्यवस्था, विधि, मार्ग का प्रतिपादन कर दिया और बाकी दुनिया उसका अनुसरण करने लगी। उसके शिष्यों ने चतुर प्रचार के माध्यम से, मनुष्य के मन को दास बना लेने के धूर्त तरीकों के द्वारा धर्मस्थलों, मतवादों और कर्मकांडों की स्थापना कर ली। और मनुष्य उस सबमें फंसा हुआ है। और हर उस मनुष्य को, जो भी उसे पाना चाहता है जिसकी तलाश मन को सदा से रही है, उसको उस परम सौंदर्य तक पहुंचने के लिए किसी न किसी तरह की तोड़-मरोड़, दमन, किसी न किसी यातना से गुजरना ही पड़ेगा, ऐसा मान लिया जाता है।

और इस तरह, बौद्धिक रूप से इस सबका बेतुकापन तो दिखता है, बौद्धिक व शाब्दिक स्तर पर विश्वासमात्र की व्यर्थता, किसी भी विचारधारा की मूढ़ता नजर आती है। बुद्धिगत स्तर पर मन इस सबको बकवास कह कर परे फेंक सकता है। लेकिन अंदरूनी तौर पर कहीं गहरे में यह तलाश हमेशा बनी रहती है जो कर्मकांडों के, रूढ़ियों के, विश्वासों के, उद्धारकों से परे है, जो उन सब प्रणालियों से परे है जिन्हें ज़ाहिर तौर पर मनुष्य ने ही ईजाद किया है। व्यक्ति यह देख पाता है कि उसके उद्धारक, उसके ईश्वर, आविष्कार, कल्पना भर हैं और इन्हें अपेक्षाकृत सरलता से अमान्य किया जा सकता है, और आधुनिक मनुष्य ऐसा कर भी रहा है। (मुझे नहीं मालूम कि हम *आधुनिक* शब्द क्यों प्रयुक्त करते हैं—मनुष्य तो पीढ़ी-दर-पीढ़ी

वैसा ही रहा है जैसा कि वह आज है। पर आज का माहौल कुछ ऐसा है कि वह पुरोहित, विश्वास, धार्मिक रूढ़ियों के सत्ता-प्रामाण्य की अवधारणा को ही सिरे से नकार रहा है; उसके लिए, ईश्वर मर गया है, उसकी जवान मौत हुई है।) अब चूंकि न ईश्वर है, न विश्वास है, तो ठेठ दैहिक सुख, भौतिक संतुष्टि और विकसित समाज की अवधारणा ही शेष रही है; मनुष्य केवल आज के लिए जी रहा है, उसने समस्त धार्मिक संकल्पना को नकार दिया है।

शुरुआत किसी भी संगठित धर्म के बाह्य ईश्वरों को उनके पुरोहितों सहित नकार देने से होती है, इन्हें पूरी तरह से नकारा जाना जरूरी है क्योंकि इनकी कोई उपयोगिता नहीं है, इन्होंने युद्धों को जन्म दिया है, लोगों को बांटा है फिर चाहे वह यहूदी धर्म हो, हिंदू धर्म हो, ईसाई धर्म हो या इस्लाम हो—इन सबने मनुष्य को विनष्ट किया है, उसे विभाजित किया है, ये युद्ध और हिंसा के प्रमुख कारणों में से एक हैं। यह सब देख कर व्यक्ति इसे नकार देता है, इसे बचकाना और अपरिपक्व समझते हुए एक तरफ हटा देता है। बौद्धिक रूप से यह बहुत आसानी से किया जा सकता है—इस संसार में रहते हुए, गिरजों की, मंदिरों की शोषक पद्धतियों को देखते हुए, इन्हें नकारने के अलावा कोई कर ही क्या सकता है? किंतु मनोवैज्ञानिक स्तर पर विश्वास से, तलाश करने से मुक्त हो पाना अपेक्षाकृत बहुत अधिक कठिन है। हम सब ऐसा कुछ खोज लेना चाहते हैं जो मनुष्य द्वारा अनछुआ, धूर्त विचार से अछूता हो; कुछ ऐसा जो सामुदायिक बुद्धिवादी या सांस्कृतिक समाज द्वारा दूषित न हो, जिसे तर्क ध्वस्त न कर सके। हम सब, कहीं गहरे में, इसे ढूंढ़ते हैं, क्योंकि यह जीवन तो एक कष्टसाध्य उपक्रम, एक संग्राम, एक दुर्गति, एक लगी-बंधी दिनचर्या बन कर रह गया है। किसी में स्वयं को शब्दों में, या चित्र बनाकर, या शिल्प रच कर अथवा संगीत के माध्यम से अभिव्यक्त करने की क्षमता हो सकती है, लेकिन वह भी निस्सार हो जाता है। ज़िंदगी जैसी कि यह अब है, बिल्कुल खाली-खाली है और हम इसे संगीत और साहित्य से, मनोविनोद से, मनोरंजन से, विचारों तथा जानकारी से भरने का प्रयास करते हैं, लेकिन जब कोई इस संबंध में थोड़ा विस्तार में जाता है, तो उसे पता चलता है कि व्यक्ति कितना खोखला है, उसका पूरा का पूरा अस्तित्व कितना छिछला है—किसी के पास चाहे जितनी उपाधियां, संपदाएं और क्षमताएं क्यों न हों।

जीवन थोथा है, और इसका एहसास हो जाने पर, हम इसे भर लेना चाहते है, हम ढूंढते रहते हैं—न सिर्फ इस खालीपन को भरने के तरीके और साधन तलाशते रहते हैं बल्कि ऐसा भी कुछ खोज लेना चाहते हैं जिसकी थाह मनुष्य नहीं पा सकता है। कुछ लोग तो मादक द्रव्य लेने लगते हैं, वे एल. एस. डी. या चेतना के विस्तार का आभास देने वाले विभ्रमकारी द्रव्यों के विविध प्रकारों में से कुछ न कुछ ले लेते हैं और उस दशा में व्यक्ति को कुछ खास तरह की अवस्थाएं उपलब्ध या अनुभूत

होती हैं क्योंकि मस्तिष्क में एक किस्म की संवेदनक्षमता का संचार हो जाता है। लेकिन ये सब रासायनिक परिणाम होते हैं, विजातीय बाह्य कारकों द्वारा लाए गए प्रभाव होते हैं। व्यक्ति इसी आस में ये मादक द्रव्य लेता है, तब भीतर उसे ये अनुभव होते हैं, ठीक वैसे ही जिस प्रकार किसी के कुछ विश्वास होते हैं और उन्हीं विश्वासों के अनुरूप उसे अनुभव होते हैं। ये मिलती-जुलती प्रक्रियाएं ही हैं, दोनों ही एक सा अनुभव लाती हैं तो भी मनुष्य विश्वास में पुनः खो जाता है। विश्वास के मादक द्रव्य में या फिर किसी रासायनिक मादक द्रव्य के विश्वास में वह अपरिहार्य रूप से अपने विचारों का बंदी बना रहता है। और जब कोई यह सब स्पष्टता से देख लेता है तो इसे परे हटा देता है—तात्पर्य यह कि वह किसी भी विश्वास से पूर्णतः मुक्त हो जाता है। इसका यह अर्थ नहीं कि वह अज्ञेयवादी बन जाता है अथवा दोषदर्शी या कटु हो जाता है। बल्कि होता यह है कि आप देखते हैं कि विश्वास की प्रकृति क्या है और क्यों वह असाधारण रूप से महत्त्वपूर्ण बन गया है; इसलिए बन गया है क्योंकि हम डरे हुए हैं—मूल कारण यही है। भय, न केवल जीवन में रोज-रोज पिसते रहने का भय, कुछ-न-कुछ न बन पाने का भय—इस सबमें अत्यधिक भय निर्मित होता है और व्यक्ति इसे बर्दाश्त करने लग जाता है—बल्कि इसी भय के चलते विश्वास इतना महत्त्वपूर्ण बन गया है। ज़िंदगी के तमाम खालीपन को साफ देख पाने पर भी विश्वास को हम पकड़े रहते हैं—यद्यपि कोई विश्वास की बाह्य सत्ता को त्याग सकता है, संसार भर में पुरोहितों द्वारा आविष्कृत विश्वासों को छोड़ सकता है, लेकिन उस असाधारण तत्त्व को पा लेने, उस तक पहुंचने के लिए, जिसे मनुष्य निरंतर, जाने कब से खोजता आ रहा है, वह खुद ही अपने विश्वास गढ़ लेता है।

इस तरह, तलाश जारी रहती है। इस तलाश की प्रकृति, इसकी संरचना एकदम स्पष्ट है। व्यक्ति आखिर यह तलाश करता ही क्यों है? अनिवार्यतः इसके पीछे स्वार्थ ही है, प्रबुद्ध स्वार्थ सही, किंतु है तो स्वार्थ ही। क्योंकि व्यक्ति कहता है "जीवन बहुत दिखावटी, खोखला, उबाऊ, मूढ़तापूर्ण है, इससे हट कर कुछ और भी होना तो चाहिए, तो मैं उस मंदिर में या उस चर्च में या फलां जगह जाऊंगा...." और तब वह उस सब को भी छोड़ देता है और गहराई से खोज शुरू करता है। लेकिन यह खोज, यह तलाश किसी भी रूप में हो, मनोवैज्ञानिक रूप से एक बाधा बन जाती है। मुझे लगता है कि यह बात बहुत सीधे और स्पष्ट तौर पर समझ लेनी चाहिए। वस्तुनिष्ठ रूप से कोई किसी बाह्य माध्यम की सत्ता को नकार सकता है जो अंतिम सत्य तक पहुंचा देने का दावा कर रही हो, उसे तो व्यक्ति छोड़ता ही है। लेकिन ढूंढ़ने की प्रकृति क्या है, इसे समझ कर फिर छोड़ना, सारी तलाश का ही परित्याग करना अनिवार्य है, क्योंकि व्यक्ति पूछता है कि वह तलाश क्या कर रहा है? यदि आप इसकी जांच करें कि वह है क्या जिसे हम ढूंढ़ने में लगे हैं, हम चाहते क्या हैं, तो क्या उस तलाश में यह निहित नहीं है कि कुछ ऐसा है जिसे

आप पहले से जानते हैं, जो आपने खो दिया है और अब आप उसे ढूंढ़ लेना चाहते हैं? यह तलाश के निहितार्थों में से एक है। तलाश में पहचान की प्रक्रिया शामिल होती है—अर्थात तलाश करने पर आपको जो मिलता है, वह जो कुछ भी हो, आपको उसे पहचान लेने में सक्षम होना चाहिए, अन्यथा तलाश का कोई अर्थ नहीं है। व्यक्ति कुछ ढूंढ़ता है, आशा करता है कि इसे पा लेगा और पा लेने पर पहचान जाएगा, लेकिन यह पहचान स्मृति की ही क्रिया है; अतएव इसमें यह बात निहित है कि आप पहले से उसे जानते हैं, आप पहले से ही उसकी एक झलक पा चुके हैं; या आप सभी संगठित धर्मों के भारी प्रचार से सघन रूप से संस्कारित हैं और इसलिए आपने उस अवस्था में स्वयं को सम्मोहित कर लिया है। तो जब आप तलाश रहे हैं तो पहले से ही आपकी एक अवधारणा है, एक ख्याल है कि आप क्या तलाश रहे हैं; और जब उसे आप पा लेते हैं तो मतलब यह होता है कि आप उसे जानते ही थे, अन्यथा आप उसे पहचान कैसे पाते? इस कारण से, वह सत्य है ही नहीं।

अतः आवश्यकता मन की उस स्थिति को पाने की है, जो सारी तलाश, समस्त विश्वास से मुक्त हो—बिना कटु हुए, बिना अवरुद्ध हुए। क्योंकि हमारी सोच का रुझान यह होता है कि यदि हम निरंतर खोजेंगे नहीं, प्रयत्न नहीं करेंगे, संघर्ष नहीं करेंगे, पीछे नहीं पड़ेंगे, तो मुरझा जाएंगे, बिखर जाएंगे। मुझे नहीं मालूम कि हमें मुरझाना क्यों नहीं चाहिए—जैसे कि अब हम न मुरझा रहे हों। व्यक्ति मुरझाता ही है, जब वह मरता है, जब वह बूढ़ा होता जाता है, जब भौतिक देह का अवसान होता है। हमारा जीवन ही मुरझाने की प्रक्रिया है, क्योंकि इसमें रोज के जीवन में हम अनुकरण करते हैं, नकल करते हैं, पीछे चलते हैं, आज्ञा मानते हैं, जो मुरझाने के ही ढंग हैं अतः जो अब विश्वास के किसी रूप में, किसी स्व-निर्मित विश्वास में नहीं फंसा हुआ है, ढूंढने में नहीं लगा है, जो कुछ भी तलाश नहीं कर रहा है—हालांकि यह बात कुछ अधिक मुश्किल है—ऐसा मन अत्यधिक जीवंत होता है। सत्य तो क्षण-प्रतिक्षण है, सदाचार की तरह, सौंदर्य की तरह; यह कुछ ऐसा है जिसमें निरंतरता नहीं होती। जिसमें निरंतरता है, वह तो समय की उपज है, और समय विचार है।

यह देखते हुए कि मनुष्य ने अपने साथ क्या-क्या किया है, कैसे उसने स्वयं को यातनाएं दी हैं, कठोर बनाया है—राष्ट्रवादी बनकर, मनोरंजन के किसी भी रूप में अपने आपको भुलाकर, चाहे साहित्य हो अथवा इस या उस तरह से—अपने जीवन के इस सारे ढर्रे को देखते हुए वह स्वयं से पूछता है, क्या इस सबसे होकर उसे गुजरना ही होगा? आप इस प्रश्न को समझ रहे हैं? क्या मनुष्य के लिए इस प्रक्रिया से कदम-दर-कदम गुजरना जरूरी है—पहले तो विश्वास को छोड़ना (यदि आप ज़रा भी सतर्क हैं) फिर किसी भी तरह की तलाश को छोड़ देना, मन को यातना देना बंद करना, अतिसेवन का त्याग—यह देखते हुए कि मनुष्य ने जिसे वह यथार्थ कहता है उसे पाने के लिए अपने साथ क्या-क्या किया है, व्यक्ति पूछता है (कृपया स्वयं

से पूछें, न कि मुझसे) वह पूछता है कि क्या कोई ऐसा तरीका है, या ऐसी कोई अंतर्विस्फोट की, प्रस्फुटन की स्थिति है, जो एक ही दम में वह सारा कुछ परे हटा दे? क्योंकि समय कोई हल नहीं है।

तलाश में समय निहित है, उसमें आखिरकार पा ही लेने वाली बात है शायद दस साल लगें—या ज़्यादा भी या फिर जन्मों-जन्मों से गुजरते हुए अंततः उपलब्धि हो, जैसा कि पूरे एशिया का विश्वास है। इस सबमें समय निहित है, जो भी अंतर्द्वंद्व हैं, समस्याएं हैं, उन्हें क्रमशः दूर करते जाना, अधिक चतुर, अधिक बुद्धिमान बनते जाना, धीरे-धीरे जानकारी-परिचय बढ़ाना, धीरे-धीरे, क्रमशः, मन को संस्काररहित करना। यह सभी कुछ समय में निहित है। और यह बात स्पष्ट ही है कि समय तो मार्ग नहीं है, न ही विश्वास, न ही किसी प्रणाली, किसी गुरु, किसी शिक्षक, किसी दार्शनिक, किसी पुरोहित द्वारा थोपे गए कृत्रिम अनुशासन—यह सब कुछ तो बहुत ही बचकाना है। तो क्या यह संभव है कि व्यक्ति इन सबसे होकर कतई न गुजरे और तो भी उस असाधारण तत्त्व के समक्ष हो? क्योंकि उस तत्त्व को आमंत्रित तो किया जा नहीं सकता।

कृपया इस सीधे-सरल तथ्य को समझ लें; उसे निमंत्रित नहीं किया जा सकता, ढूंढ़ा नहीं जा सकता, क्योंकि उस असीम, अनंत को इस लघु-गृह में, इस छोटे-से कमरे में, भले ही यह साफ-सुथरा हो, आमंत्रित नहीं किया जा सकता है क्योंकि हमारा मन अत्यंत मूढ़ है, क्षुद्र है, हमारी भावनाएं बिल्कुल निम्न-स्तरीय हैं, जीने के हमारे ढंग एकदम दिग्भ्रमित हैं। उसे आमंत्रित नहीं कर सकते हैं—आमंत्रित करना हो तो आपके लिए इसको जानना जरूरी है, और आप इसे जान नहीं सकते हैं, (चाहे कोई भी ऐसा कहता रहे,) क्योंकि जिस क्षण आप कहते हैं, "मैं जानता हूं" आप नहीं जानते हैं। जैसे ही आप कहते हैं कि आपने इसे पा लिया है, आपने इसे नहीं पाया होता है। यदि आप कहते हैं कि आपने इसका अनुभव कर लिया है, आपने कभी इसका अनुभव नहीं किया है। ये सब तो दूसरे का शोषण करने के धूर्त तरीके हैं—चाहे वह दूसरा व्यक्ति आपका मित्र हो या शत्रु।

यह सब देखते हुए—औपचारिक तौर पर नहीं, अपितु प्रतिदिन के जीवन में, अपनी दैनंदिन गतिविधियों में, जब आप लेखनी उठाते हैं, जब बातें करते हैं, जब सैर-सवारी के लिए बाहर जाते हैं, जब बागों में अकेले टहल रहे होते हैं—इस सबको एक ही नजर में देख कर, इसके लिए कई ग्रंथ पढ़ने की दरकार नहीं है, आप एक ही दृष्टि में एकदम सारी बात समझ सकते हैं। और वस्तुतः आप इसे समग्रता में केवल तभी समझ पाते हैं जब आप स्वयं को जानने लगते हैं, जैसे आप हैं ठीक वैसा ही स्वयं को जानते हैं, सीधे तौर पर समग्र मनुष्य के परिणाम के रूप में, फिर चाहे आप हिंदू हों, मुसलमान हों, ईसाई हों या कुछ और हों। तभी ऐसा होता है, तब आप मनुष्य के प्रयत्नों, उसके छलावों, उसके पाखंडों, उसकी पाशविकता, उसकी

तलाश की सारी-की-सारी बनावट को समझ लेते हैं।

और व्यक्ति यह पूछता है, क्या बिना इसे आमंत्रित किए, बिना इसकी प्रतीक्षा किए, बिना ढूंढ़े, बिना खोजे इसे समझ पाना संभव है? कि बस यह हो जाए, जैसे आपकी खिड़की खुली हो और शीतल बयार आ जाए; आप उस बयार को बुलावा नहीं दे सकते, पर आपको खिड़की तो खुली रखनी ही होती है। इसका यह मतलब नहीं है कि हम प्रतीक्षा की अवस्था में होते हैं, वह तो धोखे का ही एक और रूप है; इसका यह भी अर्थ नहीं है कि उसकी उपलब्धि के लिए भीतर एक खुलापन निर्मित करना चाहिए, वह भी तो विचार का ही एक अन्य प्रकार हुआ।

लेकिन यदि तलाश में लगे बिना, विश्वास का सहारा लिए बिना, किसी ने स्वयं से यह पूछा है, तो यह पूछना ही खोज लेना है। पर हम पूछते नहीं हैं। हम चाहते हैं कि हमें बस बता दिया जाए, हमें हर बात संपुष्ट व प्रमाणित चाहिए। मूलभूत रूप से, भीतर गहरे में, हम हर प्रकार के बाह्य अथवा आंतरिक सत्ता-प्रामाण्य से कभी मुक्त होते ही नहीं हैं। यह हमारे मानस की संरचना के सर्वाधिक विचित्र लक्षणों में से एक है कि हम सभी चाहते हैं कि हमें बताया जाए; जो कुछ हमें बताया गया है हम उसी के परिणाम हैं। हमें जो बताया गया है वह हजारों सालों का प्रचार है। किसी प्राचीन ग्रंथ को या किसी वर्तमान अगुआ को या फिर वक्ता को प्रमाण मान लिया जाता है। किंतु यदि वस्तुतः, भीतर गहरे में, कोई समस्त सत्ता-प्रामाण्य को नकार देता है, तो उसका अर्थ यह होता है कि अब उसमें भय नहीं है। भय को देखना ही अभय है, क्योंकि सुख की तरह ही भय से भी हमारा कभी प्रत्यक्ष संपर्क नहीं होता, वास्तव में हम कभी भी भय के सीधे संपर्क में नहीं आते हैं, जिस तरह से आप किसी दरवाजे को, हाथ को, वृक्ष को छूते हुए उसके संपर्क में होते हैं। भय से हमारा संपर्क, केवल भय की प्रतिमा के माध्यम से होता है, जो हमने स्वतः बनाई है। हम सुख को केवल अर्धसुखों के माध्यम से जानते हैं। हम कभी भी किसी चीज़ के साथ प्रत्यक्ष संपर्क में नहीं होते। मुझे नहीं मालूम कि कभी आपने ध्यान दिया है कि जब आप एक वृक्ष को छूते हैं, जैसा कि आप झुरमुट में टहलते हुए करते हैं—तो क्या आप उस वृक्ष को वस्तुतः छू रहे होते हैं? या आपके और उस पेड़ के बीच कोई आवरण बना रहता है, हालांकि आप उसे छू रहे होते हैं। इसी तरह से भय के सीधे संपर्क में आने के लिए उसकी कोई प्रतिमा, कोई छवि नहीं होनी चाहिए, जिसका अर्थ है कि वास्तव में कल के भय की कोई स्मृति ही नहीं होनी चाहिए। तभी तो आप आज के वास्तविक भय के वास्तविक संपर्क में आ पाते हैं। तब, यदि कल के भय की कोई स्मृति नहीं है, तो आपके पास इस क्षण के भय के साक्षात् हेतु ऊर्जा होती है, और वर्तमान से संपर्क के लिए आपके पास अत्यधिक ऊर्जा होनी आवश्यक है। हम इस जीवंत ऊर्जा को, जो हम सभी में होती है, किसी छवि, किसी सूत्र, किसी सत्ता-प्रामाण्य में बरबाद करते रहते हैं

और ऐसा ही हम सुख की खोज में लगे रहकर किया करते हैं। सुख की दौड़ हमारे लिए बहुत महत्त्वपूर्ण होती है, और ऐसा माना जाता है कि सबसे बड़ा सुख ईश्वर है—और हो सकता है कि वह आपके संज्ञान में आने वाला भीषणतम तत्त्व हो, पर हमने इसकी, परमतत्त्व की एक कल्पना कर रखी है, अतएव इस तक हम कभी नहीं आ पाते। यह ठीक उसी तरह है, जैसे आप किसी सुख को कल भोगे सुख के रूप में पहले से ही पहचान रहे हों, और तब आप उस घटित होते अनुभव के, उस घटित होती अवस्था के वास्तविक संपर्क में कभी होते ही नहीं हैं। वह केवल कल की ही स्मृति होती है, जो वर्तमान को आवृत किए रहती है, ढके रहती है।

तो यह सब देखते हुए, क्या यह संभव है कि हम कुछ करें नहीं, प्रयत्न न करें, ढूंढ़ें नहीं—बिना कोई क्रिया किए, पूर्ण निषेध में हों, पूरी तरह रिक्त हों—क्योंकि समस्त क्रिया धारणा-प्रवृत्ति का परिणाम है। यदि आपने कुछ करते समय स्वयं का अवलोकन किया हो, तो आपने देखा होगा कि वह किसी पूर्वविचार, किसी पूर्वधारणा, किसी पूर्वस्मृति के कारण ही घटित होता है। उस विचार तथा उस क्रिया के बीच एक विभाजन होता है—एक अंतराल होता है—वह चाहे जितना लघु, चाहे जितना सूक्ष्म हो—और उस विभाजन के चलते द्वंद्व होता है। तो क्या मन पूरी तरह से खामोश हो सकता है कि वह न सोच रहा हो, न भयभीत हो, और इसलिए असाधारण रूप से सजीव व उत्कट हो?

आप जानते हैं कि उत्कटता का, आवेग का, अंग्रेजी समानार्थी शब्द 'पैशन' कई बार दुःख-भोग के अर्थ में भी प्रयुक्त होता है; ईसाइयों ने उस शब्द का प्रयोग दुःख-भोग के किन्हीं विशिष्ट रूपों को प्रतीक प्रदान करने हेतु किया है। हम इस शब्द का उन अर्थों में प्रयोग बिल्कुल नहीं कर रहे हैं। पूर्ण निषेध की इस अवस्था में उच्चतम प्रकार का आवेग होता है तथा उस आवेग में स्व को पूरी तरह से छोड़ दिया जाना निहित है। इस प्रकार के संपूर्ण स्व-परित्याग हेतु विराट संयम की आवश्यकता है; ऐसा संयम, जो लोगों को सता रहे किसी पुरोहित की कठोरता नहीं है, उन संतों का संयम नहीं जिन्होंने स्वयं को यातनाएं दी हैं, जो संयमी बने बैठे हैं क्योंकि अपने मन को उन्होंने नृशंस बना लिया है। संयम तो एक अद्‌भुत सादगी है, कपड़ों और खाने-पीने की सादगी नहीं, अपितु एक आंतरिक सादापन। ऐसा संयम, ऐसा आवेग संपूर्ण निषेध का सर्वोत्तम प्रकार है। और संभवतः तब, यदि आप सौभाग्यशाली हैं—भाग्य की वहां कोई भूमिका रहती नहीं—उस सत्त्व का, अनामंत्रित, बिना किसी बुलावे के आविर्भाव होता है। तब मन का प्रयत्नों में लगे रहने का सामर्थ्य समाप्त हो चुका होता है। उस स्थिति में, आप जो चाहेंगे, करेंगे, क्योंकि तब प्रेम विद्यमान होगा।

ऐसा धार्मिक मन न हो, तो सच्चे समाज का सर्जन हो नहीं सकता है। और सच्चे समाज का सर्जन हमें करना ही होगा, जिसमें स्वार्थ की इस डरावनी गतिविधि

के लिए कम-से-कम जगह हो। केवल ऐसे धार्मिक मन की उपस्थिति में ही शांति संभव है, बाह्य रूप से भी, अंतस् में भी।

पेरिस,
30 अप्रैल 1967

छः

प्रश्न : हमारा मन केवल ज्ञात को जानता है। हमारे भीतर वह क्या है, जो हमें अज्ञात, यथार्थ की, ईश्वर की खोज में प्रवृत्त करता है?

कृष्णमूर्ति : क्या आपका मन अज्ञात की ओर प्रेरित होता है? क्या हमारे भीतर अज्ञात को, यथार्थ को, ईश्वर को पाने के लिए कोई अभिप्रेरणा मौजूद है? इस पर गहराई से सोचिए। यह कोई वाक्पटुता भरा प्रश्न नहीं है, पर आइए, इस बात का वस्तुतः पता लगाते हैं। क्या हममें से हरएक के अंदर अज्ञात को पा लेने की कोई अंदरूनी प्रेरणा है? सचमुच है? आप अज्ञात को पा कैसे सकते हैं? यदि आप अज्ञात को जानते नहीं हैं, तो कैसे उसे पा सकेंगे? क्या यह प्रेरणा अज्ञात के लिए है, या वह ज्ञात के लिए चाह का ही विस्तार है? आप मेरे कहने का मतलब समझ रहे हैं? मैंने बहुत सारी चीज़ों को जाना है, वे सब मुझे खुशी, संतुष्टि और आनंद नहीं दे पाई हैं। तो मैं अब कुछ और चाह रहा हूं, जो मुझे और अधिक आनंद, और ज़्यादा खुशी, और अधिक जीवन-शक्ति या और कुछ दे। तो क्या ज्ञात, जो मेरा मन है—क्योंकि मन ज्ञात ही है, वह अतीत का ही परिणाम है—क्या वह मन अज्ञात को खोज सकता है? यदि मैं यथार्थ को, उस अज्ञात को, जानता ही नहीं हूं, तो उसे खोज कैसे सकता हूं? निश्चित ही, उसी को आना होगा, मैं तो इसकी खोज में जा नहीं सकता और यदि मैं इसकी खोज में जाता हूं, तो मैं ऐसी किसी वस्तु की खोज में जा रहा होता हूं, जो ज्ञात है, जिसका प्रक्षेपण मैंने ही किया है।

हमारी समस्या यह नहीं है कि हममें वह क्या है, जो हमें अज्ञात को पाने के लिए प्रेरित करता है—वह बात तो पर्याप्त स्पष्ट है। यह अधिक सुरक्षित, अधिक स्थायी, अधिक प्रतिष्ठित, अधिक प्रसन्न होने की तथा बेचैनी से, पीड़ा और उलझन से पलायन करने की हमारी अपनी ही कामना है। स्पष्टतः इसीसे हम प्रवृत्त होते हैं। जब ऐसी प्रवृत्ति, ऐसी प्रेरणा होती है तो आपको एक शानदार पलायन मिल जाता है, अद्‌भुत शरण मिल जाती है—बुद्ध में, ईसा में या राजनीतिक नारेबाजी या उस तरह की बातों में। वह यथार्थ नहीं है; वह अज्ञेय, वह अज्ञात नहीं है। इसलिए अज्ञात को उपलब्ध कर लेने की प्रवृत्ति का अंत हो जाना, अज्ञात की खोज का

रुक जाना आवश्यक है, जिसका अभिप्राय है कि आवश्यकता संचयी, इकट्ठा होते रहने वाले ज्ञात को समझने की है, जो कि यह मन है। मन का स्वयं को ज्ञात के तौर पर जानना ज़रूरी है, क्योंकि वह बस इतना ही जानता है। आप किसी ऐसी चीज़ के बारे में नहीं सोच सकते जिसे आप जानते नहीं हों। आप सोच केवल उसी बारे में सकते हैं, जो आप जानते हैं।

कठिनाई हमारी यह है कि मन ज्ञात में अग्रसर न हो; और ऐसा तभी हो सकता है जब मन स्वयं को समझे, और यह भी समझे कि कैसे इसकी सारी हलचल अतीत से, वर्तमान के द्वारा स्वयं का प्रक्षेपण करते हुए, भविष्य की ओर होती है। यह ज्ञात की ही एक अनवरत गतिविधि है; क्या यह गतिविधि थम सकती है? यह केवल तभी थम सकती है, जब इसकी अपनी प्रक्रिया की प्रणाली को, इसके काम करने के ढंग को समझ लिया जाए, केवल तभी, जब मन अपने आपको, अपने क्रियाकलाप को, अपने तौर-तरीकों को, अपने प्रयोजनों को, अपनी दौड़ों को, मांगों को समझ ले—न केवल सतही मांगों को, बल्कि गहरी अंदरूनी प्रेरणाओं और उद्‌देश्यों को भी। यह काफी श्रमसाध्य कार्य है। यह कुछ ऐसा नहीं है जो किसी सभा में, किसी व्याख्यान में या कोई किताब पढ़कर आपको पता चल जाए। इसके लिए तो निरंतर निरीक्षण, विचार की प्रत्येक गतिविधि के प्रति लगातार जागरूकता ज़रूरी है—न केवल तब, जब आप जागे हुए हों, बल्कि तब भी जब आप सो रहे हों। यह प्रक्रिया समग्र होनी चाहिए, आंशिक या कभी-कभी वाली प्रक्रिया नहीं।

फिर मंशा भी सही होनी चाहिए। अर्थात यह अंधविश्वास समाप्त हो जाना चाहिए कि आंतरिक रूप से हम सब अज्ञात के अभिलाषी हैं। यह सोचना एक भ्रम है कि हम सब ईश्वर को खोज रहे हैं—हम ऐसा कुछ नहीं कर रहे हैं। उजाला हमें खोजना नहीं पड़ता। जब अंधेरा नहीं होगा, तो उजाला होगा ही, और अंधेरे के ज़रिये आप उजाले को नहीं ला सकते। जो हम कर सकते हैं, वह इतना ही है कि हम उन रुकावटों को हटा दें, जो अंधेरा निर्मित करती हैं, उनका हटना इस बात पर निर्भर है कि हमारी मंशा क्या है। यदि आप उजाला देख पाने के लिए इन रुकावटों को हटा रहे हैं, तो आप कुछ हटा नहीं रहे हैं, आप केवल अंधेरे के लिए उजाला शब्द इस्तेमाल कर रहे हैं। अंधेरे के पार देखना भी अंधेरे से पलायन ही है।

वह क्या है जो हमें प्रेरित कर रहा है, इसकी बजाय हमें गौर इस बात पर करना है कि हममें इस कदर उलझन, ऐसी उथल-पुथल, इतनी कलह, वैमनस्य—ये सारी मूढ़ताएं क्यों हमारे जीवन में हैं? जब ये मूढ़ताएं नहीं होती हैं, तो उजाला होता है, हमें उसे ढूंढ़ना नहीं पड़ता। जब मूढ़ता विदा हो जाती है तो प्रज्ञा विद्यमान होती है। पर वह आदमी जो मूर्ख है और बुद्धिमान बनने की कोशिश कर रहा है, तब भी मूर्ख ही रहता है। बेवकूफी समझदारी में नहीं बदली जा सकती, बेवकूफी जब नहीं रहती तो समझदारी होती है, प्रज्ञा होती है। स्पष्ट है कि मूढ़ व्यक्ति जब

प्रज्ञावान, बुद्धिमान बन जाने का प्रयास करता है, तो वह ऐसा कभी नहीं कर पाता। मूढ़ता क्या है, यह जानने के लिए व्यक्ति को इसकी सतही तौर पर नहीं अपितु पूरी तरह से, समग्रता से, गंभीरता और गहनता से जांच-पड़ताल करनी होती है, उसे मूढ़ता की विभिन्न परतों को देखना-समझना होता है, और जब मूढ़ता समाप्त हो जाती है, तो बुद्धिमत्ता है।

जो हमारे भीतर अस्त-व्यस्तता, युद्ध, वर्ग-भेद, दंभ, प्रसिद्धि की दौड़, जानकारी का संग्रह, संगीत, कला तथा अन्य विविध प्रकारों से पलायन—इन तमाम प्रवृत्तियों को निर्मित कर रहा है, वह क्या है, इसे मालूम करना महत्त्वपूर्ण है, न कि यह जानना कि क्या ज्ञात से श्रेष्ठतर कुछ और है, जो हमें अज्ञात की ओर प्रवृत्त कर रहा है। निश्चय ही, यह महत्त्वपूर्ण है कि हम इन सारी प्रवृत्तियों को उसी रूप में देखें, जैसी कि वे हैं, और ठीक जैसे हम हैं, वैसे ही स्वयं की ओर वापस आएं। वहां से हम आगे बढ़ सकते हैं। जब मन किसी अन्य तत्त्व की चाह में भविष्य में किए जा रहे अपने प्रक्षेपण को रोक देता है; जब मन वस्तुतः चुप, गहन शांति में होता है, तो अज्ञात अस्तित्व में आता है। आपको इसे खोजना नहीं पड़ता। आप इसे आमंत्रित नहीं कर सकते हैं। जिसे आप आमंत्रण दे सकते हैं, वह तो आपको ज्ञात ही होता है। आप एक अज्ञात अतिथि को आमंत्रण नहीं दे सकते। जिसे आप जानते हों, उसी को आमंत्रित कर सकते हैं। अज्ञात को, ईश्वर को, यथार्थ को, या जो भी आप इसे पुकारते हों, इसको हम नहीं जानते हैं। इसे ही आना होता है। यह तभी आ सकता है, जब खेत सही हालत में हो, धरती जोती गई हो, पर आपने यदि जोताई इस वजह से की है कि यह आ जाए, तो यह आप तक कभी नहीं आएगा।

हमारी समस्या ज्ञानातीत को खोजना नहीं, मन की संचयी प्रक्रियाओं को समझना है; मन जो कि हमेशा ज्ञात ही होता है। यह काम बहुत मेहनत का है, जो निरंतर अवधान की, एक ऐसी सतत सजगता की मांग करता है, जिसमें विचलन-भीति का, तादात्म्य का, निंदा का कोई भाव नहीं है; यह 'जो है', उसके साथ होना है। केवल तभी मन निश्चल हो पाता है। ध्यान व अनुशासन का कितना भी आधिक्य मन को सही मायने में निश्चल नहीं बना सकता। हवाएं थम जाने पर ही झील स्थिर होती है। आप झील को स्थिर बना नहीं सकते। हमारा कार्य उस अज्ञेय की खोज में प्रवृत्त होना नहीं है। हमारा कार्य तो अपने भीतर के इस विभ्रम को, अशांति को, इस दुर्दशा को समझ लेना है; और तब अनजाने ही, चुपचाप, एक आविर्भाव होता है, जो आनंदमय है।

'फर्स्ट एण्ड लास्ट फ्रीडम',
अध्याय 28

सात

प्रश्न : ईश्वर क्या है?

कृष्णमूर्ति : आप कैसे पता लगाएंगे? क्या आप किसी और की जानकारी को स्वीकार कर लेंगे? या आप खुद यह खोज करने की कोशिश करेंगे कि ईश्वर क्या है? प्रश्न पूछना बहुत सरल है, पर सत्य को अनुभूत करना प्रचुर प्रज्ञा, गहन संवाद तथा खोज की अपेक्षा रखता है।

अतएव पहला प्रश्न है, ईश्वर के विषय में किसी अन्य ने जो कहा है, क्या आप उसे ही मान लेने वाले हैं? इससे क्या फर्क पड़ता है कि वह कौन है, कृष्ण, बुद्ध या ईसा मसीह, क्योंकि ये सभी गलती पर हो सकते हैं—इसी तरह आप का अपना विशिष्ट गुरु भी गलती पर हो सकता है। सत्य का पता लगाने के लिए, पूछताछ करने के लिए आप का मन अवश्य ही मुक्त होना चाहिए, इसका अर्थ है, यह यों ही विश्वास नहीं कर सकता, स्वीकार नहीं कर सकता। मैं सत्य का वर्णन कर सकता हूं, पर यह सत्य को स्वयं अनुभव कर लेने के समान नहीं है। सभी पवित्र पुस्तकें ईश्वर का वर्णन करती हैं, पर वह वर्णन ईश्वर नहीं है। 'ईश्वर' शब्द ईश्वर नहीं है, ऐसा ही है न?

सत्य का पता लगाने के लिए आपको उसे कभी स्वीकार नहीं करना चाहिए, जो पुस्तकें, शिक्षक या अन्य व्यक्ति कहते हैं, इस सबसे कभी प्रभावित नहीं होना चाहिए। अगर आप इनसे प्रभावित हैं, तब आपको वही पता चलेगा, जो वे चाहते हैं कि आपको पता चले। आप को यह भी अवश्य मालूम होना चाहिए कि आप का मानस जो भी चाहता है उसकी प्रतिमा निर्मित कर सकता है; यह दाढ़ी वाले या एकाक्षी ईश्वर की कल्पना कर सकता है, यह उसे नीला या बैंगनी रंग का बना सकता है। अतः आपको अपनी ही इच्छाओं के प्रति सजग होना है, और अपनी ही इच्छाओं और आकांक्षाओं के प्रक्षेपणों के छलावे में नहीं आना है। अगर आपकी आकांक्षा ईश्वर को किसी विशिष्ट रूप में देखने की है, तो जो प्रतिमा आप देखेंगे, वह आपकी ही अभिलाषा के अनुरूप होगी, यह प्रतिमा ईश्वर नहीं है। अगर आप दुःख में हैं और दिलासा चाहते हैं, या अपनी धार्मिक महत्त्वाकांक्षाओं में भावुक एवं

रोमानी महसूस करते हैं, तो अंततः आप ऐसे ईश्वर का निर्माण कर लेंगे, जो आपकी इच्छाओं की पूर्ति तो कर देगा, पर फिर भी वह ईश्वर नहीं होगा।

आप का मानस पूरी तरह से स्वतंत्र होना चाहिए, केवल तभी आप सत्य का पता लगा सकते हैं, न कि किसी अंधविश्वास को स्वीकार करके, या तथाकथित पवित्र पुस्तकों को पढ़ कर, या किसी गुरु के पीछे जाकर। जब यह स्वातंत्र्य होता है, बाह्य प्रभावों तथा आपकी अपनी इच्छाओं व आकांक्षाओं से वास्तविक मुक्ति होती है, ताकि आपका मन बिलकुल स्पष्ट हो—केवल तभी ईश्वर का पता लगाना संभव है। किंतु अगर आप बैठ कर अटकलबाजी करते रहें, तो आपका अनुमान आपके गुरु के अनुमान की तरह ही है और उतना ही भ्रामक भी।

प्रश्न : क्या हम अपनी अचेतन इच्छाओं के प्रति सजग हो सकते हैं?

कृष्णमूर्ति : सबसे पहली बात तो यह है कि क्या आप अपनी चेतन इच्छाओं के प्रति सजग हैं? क्या आप जानते हैं कि इच्छा क्या है? क्या आप इसके प्रति सजग हैं कि यदि कोई आपके विश्वास के विरुद्ध कुछ कह रहा हो, तो प्रायः आप उसे नहीं सुनते हैं? आपकी इच्छा आपको सुनने से रोकती है। आपकी कामना ईश्वर को पाने की है, और कोई यह संकेत करता है कि जिस ईश्वर की आप कामना कर रहे हैं, वह आप ही की कुंठाओं और भय का परिणाम है, तो क्या आप उसकी बात सुनेंगे? बिलकुल भी नहीं। आप चाहते कुछ हैं, पर सत्य कुछ और है। आप खुद को अपनी इच्छाओं में सीमित कर लेते हैं। आप अपनी चेतन इच्छाओं के प्रति अर्ध-सजग हैं, क्या ऐसा नहीं है? और वे इच्छाएं जो गहराई में छिपी हुई हैं, उनके प्रति सजग होना तो कहीं अधिक कठिन काम है। छिपी हुई इच्छाओं का पता लगाने के लिए, अपने ही प्रयोजनों को समझ पाने के लिए, खोज में लगे मन का पर्याप्त स्पष्ट एवं स्वतंत्र होना आवश्यक है। अतः पहले आप अपनी चेतन इच्छाओं के प्रति पूर्णतः सजग हों; तब जैसे-जैसे आप जो भी सतह पर हैं, उसके प्रति अधिकाधिक सजग होते जाएंगे, तब आप इसमें गहरे, और गहरे जा पाएंगे।

'लाइफ अहेड', अध्याय 4

आठ

प्रश्न : ईश्वर को पाने का सरलतम मार्ग कौन सा है?

कृष्णमूर्ति : मुझे लगता है कि कोई सरल मार्ग नहीं है, क्योंकि ईश्वर को पाना अत्यंत कठिन, अत्यधिक श्रमसाध्य बात है। जिसे हम ईश्वर कहते हैं, क्या मन ही ने उसका निर्माण नहीं किया है? आप जानते ही हैं कि मन क्या होता है। मन समय का परिणाम है, और यह कुछ भी, किसी भी भ्रांति को निर्मित कर सकता है। धारणाओं को बुनने की तथा रंगीनियों और कल्पनाओं में अपना प्रक्षेपण करने की शक्ति इसके पास है। यह निरंतर संचय, काट-छांट और चयन करता रहता है। संकीर्ण, सीमित तथा पूर्वाग्रहों से ग्रसित होने के कारण, यह अपनी सीमाओं के अनुसार ईश्वर की कल्पना कर सकता है, उसकी छवि बना सकता है। चूंकि कुछ खास शिक्षकों, पुरोहितों तथा तथाकथित उद्धारकर्ताओं ने कह रखा है कि ईश्वर है, और उसका वर्णन भी कर दिया है, इसलिए उसी शब्दावली में मन ईश्वर की कल्पना तो कर सकता है; लेकिन वह कल्पना, वह छवि ईश्वर नहीं है। ईश्वर का अन्वेषण मन द्वारा नहीं किया जा सकता।

ईश्वर को समझने के लिए पहले आपको अपने मन को समझना होगा, जो बहुत कठिन है। मन बहुत पेचीदा है और इसे समझना सरल नहीं है। बैठे-बैठे किसी प्रकार के सपने में खो जाना, विविध दिव्य दर्शनों तथा भ्रांतियों में लीन हो जाना और यह सोचने लगना कि आप ईश्वर के बहुत करीब आ गए हैं, यह सब तो काफी सरल है। मन अपने साथ अतिशय छल कर सकता है। अतः जिसे ईश्वर कहा जा सकता है उसका अनुभव करने के लिए आपको पूर्णतः शांत होना होगा; और क्या आपको यह मालूम नहीं है कि यह कितना अधिक कठिन है? क्या आपने ध्यान दिया है कि वयस्क लोग कभी भी शांत नहीं बैठ पाते हैं, वे किस तरह बेचैन रहते हैं, पैर की उंगलियां हिलाते रहते हैं, हाथों को डुलाते रहते हैं? शारीरिक रूप से ही निश्चल बैठ पाना कितना दुःसाध्य है, मन का निश्चल होना तो और भी कितना ज़्यादा मुश्किल है? आप किसी गुरु का अनुगमन कर सकते हैं और अपने मन को शांत होने के लिए बाध्य कर सकते हैं, पर आपका मन वस्तुतः शांत नहीं होता।

यह अब भी बेचैन होता है, जैसे कि किसी बच्चे को कोने में खड़ा कर दिया गया हो। बिना किसी ज़ोर-ज़बरदस्ती के पूर्णतः मौन होना, मन की एक महान कला है। केवल तभी उसकी अनुभूति हो पाने की संभावना होती है, जिसे ईश्वर कहा जा सकता है।

प्रश्न : क्या ईश्वर सब जगह है?

कृष्णमूर्ति : क्या यह पता लगाने में सचमुच आपकी रुचि है? आप प्रश्न करते हैं और फिर दिलचस्पी खो देते हैं, आप फिर सुनते ही नहीं। क्या आपने यह ध्यान दिया है कि किस तरह वयस्क लोग आपको लगभग सुनते ही नहीं हैं? चूंकि वे अपने विचारों, अपनी भावनाओं, अपनी संतुष्टियों तथा दुःखों से इतने घिरे रहते हैं कि वे आपकी बात कभी-कभार ही सुनते हैं। उम्मीद है, आपने इस पर ध्यान दिया है। अगर आप जानते हैं कि अवलोकन कैसे करना है, सुनना कैसे है, वस्तुतः सुनना, तब आपको न केवल लोगों के विषय में, बल्कि संसार के विषय में भी ढेर सारी बातें पता चलेंगी।

यह लड़का पूछ रहा है कि क्या ईश्वर सब जगह है। यह प्रश्न पूछने के लिए अभी यह बहुत छोटा है; वस्तुतः इसका अर्थ क्या है, यह भी उसे नहीं मालूम है। शायद उसे किसी चीज का अस्पष्ट सा आभास है—सुंदरता की भावना, आकाश में उड़ते पक्षी, बहता दरिया, मुस्कुराता सलोना चेहरा, हवा में नृत्य करते पत्ते तथा बोझा ढोती स्त्री—इन सब के होने का एहसास; और क्रोध, कोलाहल, दुःख, जो हर तरफ है, तो आखिर ज़िन्दगी है क्या, यह पता लगाने में उसकी स्वाभाविक रुचि और उत्सुकता है। वह अपने से बड़ों को ईश्वर के बारे में बातें करते सुनता है और सोचता है, यह क्या गोरखधंधा है। इस प्रकार का प्रश्न करना उसके लिए अत्यधिक महत्त्वपूर्ण है, क्या ऐसा नहीं है? और उसके प्रश्न के उत्तर की तलाश आप सबके लिए भी समान रूप से महत्त्वपूर्ण है, क्योंकि जैसा कि मैंने उस दिन कहा था, आप इन सब बातों का अर्थ अंदरूनी तौर पर, अचेतन रूप से गहरे में समझना शुरू कर देंगे, और फिर जैसे-जैसे आप बड़े होंगे, संघर्षों की भद्दी दुनिया के अलावा कुछ और चीज़ों के संकेत भी आपको मिलने लगेंगे। यह विश्व सुंदर है, यह धरती इतना देती है, परंतु हम ही इसके लुटेरे हैं।

प्रश्न : जीवन का वास्तविक लक्ष्य क्या है?

कृष्णमूर्ति : सबसे पहले तो यही है कि आप इसका करते क्या हैं? जीवन का लक्ष्य वही है, जो आप जीवन को बनाएंगे।

प्रश्न : जहां तक यथार्थ का प्रश्न है, यह तो कुछ और ही होगा। व्यक्तिगत लक्ष्य में मेरी कोई विशेष दिलचस्पी नहीं है, पर मैं यह जानना चाहता हूं कि प्रत्येक व्यक्ति का लक्ष्य क्या है?

कृष्णमूर्ति : आप कैसे पता लगाएंगे? कौन बताएगा आपको? पढ़ने से क्या

आप इसे खोज सकते हैं? अगर आप पढ़ते हैं, तो हो सकता है, एक ग्रंथकार आपको कोई विशिष्ट पद्धति दे, जबकि कोई अन्य ग्रंथकार एक सर्वथा भिन्न पद्धति बताए। जो मनुष्य दुःखी है, अगर आप उसके पास जाएं, तो वह कहेगा कि जीवन का लक्ष्य प्रसन्न होना है। जो मनुष्य भूखा जी रहा है, जिसने वर्षों से पर्याप्त भोजन नहीं किया, उसका लक्ष्य होगा कि पेट भरा होना चाहिए। अगर आप किसी राजनीतिज्ञ के पास जाएं, तो संसार के शासकों, संचालकों में उसकी गिनती हो, यही उसका लक्ष्य होगा। अगर आप किसी युवा औरत से पूछें तो वह कहेगी, "मैं मां बनूं, यही मेरा लक्ष्य है"। अगर आप एक संन्यासी के पास जाएं, तो उसका उद्देश्य ईश्वर को पाना है। तो यह लक्ष्य, लोगों की भीतरी चाह, कुछ ऐसा पाने की है, जो परितोषप्रद तथा आरामदायक हो; वह एक प्रकार की सलामती चाहते हैं, सुरक्षा चाहते हैं, ताकि कोई संशय, प्रश्न, व्यग्रता या भय न रहे। हममें से अधिकांश एक स्थायी वस्तु चाहते हैं, जिससे चिपके रह सकें, ऐसा ही है न?

अतः मनुष्य के लिए जीवन का सामान्य लक्ष्य किसी तरह की आशा, कोई सुरक्षा, किसी प्रकार का स्थायित्व है। यह मत कहिए, "बस, यही सब है?" यह तो तात्कालिक तथ्य है। आप को इससे अच्छी तरह परिचित होना होगा। इस सब पर आपको प्रश्नचिह्न लगाना होगा। इसका अर्थ है, आप को खुद पर सवाल खड़ा करना होगा। चूंकि आप समग्र के अंश हैं, इसलिए मनुष्य के लिए जीवन का सामान्य लक्ष्य आप ही से जुड़ा है। आप स्वयं सुरक्षा, स्थायित्व, प्रसन्नता चाहते हैं; आप कुछ ऐसा चाहते हैं, जिससे आप चिपके रह सकें।

इस सबके पार भी क्या कुछ है, कोई सत्य जो मन के क्षेत्र का नहीं है, यह पता लगाने के लिए मन की सभी भ्रांतियों की आहुति दे देनी ज़रूरी है, यानी कि आप उन्हें समझ लें और एक तरफ कर दें। केवल तभी आप यथार्थ तत्त्व को खोज पाते हैं। यह शर्त जोड़ना कि लक्ष्य होना चाहिए, या यह विश्वास करना कि लक्ष्य होता ही है, भ्रांति के ही अन्य रूप हैं। अपने सारे द्वंद्वों, संघर्षों, पीड़ाओं, मिथ्याभिमान, महत्त्वाकांक्षा, आशा, भय—इन सब पर आप अगर प्रश्नचिह्न लगा सकें, और इन सबसे गुज़र सकें, इन सबके पार जा सकें, इनसे ऊपर उठ सकें, तो आपको उत्तर मिल जाएगा।

प्रश्न : अगर मैं आध्यात्मिक अंतर्दृष्टि विकसित कर लूं, तो क्या मैं अंततः परम के दर्शन कर सकता हूं?

कृष्णमूर्ति : जब तक आपके और उसके बीच इतने अवरोध हैं, आप परम के दर्शन कैसे कर सकते हैं? सर्वप्रथम आपको अवरोध हटाने होंगे। बंद कमरे में बैठ कर आप यह नहीं जान सकते कि ताज़ी हवा कैसी होती है। ताज़ी हवा के वास्ते आपको खिड़कियां खोलनी होंगी। आपको अपनी सभी प्रतिबद्धताओं, सीमाओं और अवरोधों को देखना होगा तथा समझ कर इन्हें परे हटा देना होगा। तब आपको

पता लग जाएगा। पर इस पार बैठे रहकर यह पता लगाने की कोशिश करना कि उस तरफ क्या है, इसका तो कोई अर्थ नहीं है।

'लाइफ अहेड',
अध्याय 7

नौ

ठहरे-ठहरे पानी पर शाम के लम्बे साये थे, और दिन ढलने के साथ नदी खामोश होती जा रही थी। मछलियां रह रह कर पानी की सतह से उछल आती थीं तथा बड़े-बड़े पक्षी विशाल वृक्षों पर अपने बसेरों की ओर लौट रहे थे। रजत-नील आकाश में एक भी मेघ नहीं था। सवारियों से भरी एक नाव नदी से गुज़री, वे लोग गा रहे थे और हाथों से ताल देते जा रहे थे; दूर से किसी गाय के रंभाने की आवाज़ आई। वातावरण में सांझ की महक थी। गेंदे के फूलों की एक माला पानी में बही जा रही थी, और यह पानी डूबते सूरज की रोशनी में झिलमिला रहा था। कितना सुंदर, कितना जीवंत था सब कुछ—वह नदी, वे पक्षी, वे वृक्ष और वे सब गांव के लोग।

हम एक वृक्ष के तले बैठे थे, जहां से नदी नज़र आती थी। इस वृक्ष के समीप ही एक छोटा सा मंदिर था, कुछ एक दुबली गायें वहीं आस-पास घूम रही थीं। मंदिर अच्छी तरह से बुहारा हुआ, स्वच्छ था; पास ही भली-भांति सींचे गए उस फूलों वाले पौधे की देखभाल होती थी। एक आदमी संध्या की पूजा-आरती में रत था, उसकी आवाज़ धीमी और उदास थी। सूर्य की अंतिम किरणों में पानी का रंग नवजात पुष्पों जैसा था। इस बीच एक व्यक्ति हमारे पास आ गया, और अपने अनुभवों के बारे में बताने लगा। उसने कहा कि अपने जीवन के कई वर्ष उसने ईश्वर की खोज को अर्पित कर दिए थे, आत्म-संयम की विविध साधनाओं का उसने अभ्यास किया था, और जो उसे प्रिय था, ऐसा बहुत कुछ उसने त्याग दिया था। उसने सामाजिक कार्य में, विद्यालय-निर्माण इत्यादि में भी भरपूर सहयोग दिया था। उसकी रुचि कई बातों में थी, पर उसकी प्रगाढ़ अभिरुचि थी ईश्वर की खोज में। इतने वर्षों के उपरांत अब उसे ईश्वर की वाणी सुनाई देने लगी थी, और अब इसी वाणी से अपने जीवन की छोटी बड़ी सभी बातों में उसे मार्ग-निर्देश मिलता था। अब उसका कोई भी कर्म अपने संकल्प से नहीं होता था, अपितु उसी आंतरिक ईश्वरीय वाणी के आदेशानुसार ही वह सारे काम करता था। किसी भी अवसर पर इस अंतर्वाणी ने उसे निराश नहीं किया, हालांकि उसकी स्पष्टता को वह प्रायः दूषित करता रहा। उसकी प्रार्थना

सदैव अपनी पात्रता को शुद्ध करने की होती थी, ताकि प्राप्त करने की इसकी योग्यता कायम रहे।

क्या वह अपरिमेय आपके और मेरे द्वारा पाया जा सकता है? समय द्वारा रचित माध्यम से क्या उसे खोजा जा सकता है, जो समय के क्षेत्र का नहीं है? क्या अध्यवसायपूर्वक अभ्यास से लाया गया अनुशासन हमें अज्ञात तक ले जा सकता है? जिसका न आदि है, न अंत, उस तक पहुंचने के लिए क्या कोई साधन है? क्या हम अपनी इच्छाओं के जाल में उस यथार्थ को पकड़ सकते हैं? जो कुछ हमारे हाथ लगता है, वह ज्ञात का प्रक्षेपण ही है, किंतु अज्ञात ज्ञात के हाथ नहीं आ सकता है। जिसे कोई नाम दिया जाता है, वह तो अनभिधेय, अनाम नहीं है, और नाम देकर हम केवल संस्कारजनित प्रतिक्रियाएं ही जगा रहे होते हैं। ये प्रतिक्रियाएं, ये प्रत्युत्तर चाहे जितने श्रेष्ठ और सुखद हों, यथार्थ से उद्भूत नहीं हैं। प्रतिक्रिया हम उद्दीपनों पर व्यक्त करते हैं, पर यथार्थ कोई उद्दीपक नहीं प्रस्तुत करता है, वह तो बस होता है।

मन की गति ज्ञात से ज्ञात की ओर होती है, किंतु इसकी पहुंच अज्ञात तक नहीं है। आप किसी ऐसे विषय पर विचार नहीं कर सकते, जिसे आप जानते न हों, ऐसा करना असंभव है। आप जो भी सोचते हैं, वह ज्ञात से, अतीत से ही आता है, भले ही वह सुदूर अतीत हो या अभी-अभी बीते क्षण का अतीत हो। यह अतीत विचार ही है, जिसे अनेकों प्रभावों ने आकार और संस्कार दिए हैं; परिस्थितियों और दबावों के अनुरूप यह अपने आपमें सुधार करता रहता है, पर विचार होता हमेशा समय की प्रक्रिया ही है। विचार निषेध अथवा आग्रह मात्र कर सकता है, यह नूतन की खोज या तलाश नहीं कर सकता, पर विचार जब मौन होता है तो नूतन का प्राकट्य हो पाता है, जिसे तुरंत विचार द्वारा पुरातन में, अनुभूत में परिवर्तित कर लिया जाता है। विचार अनुभव के प्रारूप के अनुसार सदैव स्वयं को ढालता रहता है, रंगता रहता है, अपने में कुछ-न-कुछ हेर-फेर करता रहता है। विचार का कार्य संप्रेषण है, अनुभूति की अवस्था में होना नहीं। जब अनुभूति में विराम आता है, तब विचार लगाम अपने हाथ में ले लेता है, और उस अनुभूति को ज्ञात की श्रेणी में रखने के लिए कोई संज्ञा दे दिया करता है। विचार अज्ञात को नहीं भेद सकता, इसलिए यह यथार्थ का अन्वेषण या अनुभव कभी नहीं कर पाता।

अनुशासन, त्याग, निरासक्ति, पूजा-पाठ, सदाचार का अभ्यास—ये सभी चाहे जितने श्रेष्ठ हों, विचार की प्रक्रिया ही हैं; और विचार केवल किसी लक्ष्य की दिशा में, उपलब्धि की दिशा में कार्यरत हो सकता है; उपलब्धि और लक्ष्य हमेशा ज्ञात ही होते हैं। उपलब्धि सुरक्षा है, ज्ञात की स्व-संरक्षी निश्चितता है। जो नामरहित है, उसमें सुरक्षा ढूंढ़ना तो उसका निषेध ही है। खोजने-पाने वाली सुरक्षा तो केवल अतीत के, ज्ञात के प्रक्षेपण में होती है। इस कारण, मन को पूर्णता से, गहनता से

मौन हो जाना होगा; किंतु इस मौन को त्याग, उदात्तीकरण अथवा दमन द्वारा खरीदा नहीं जा सकता। इस मौन का आगमन तब होता है, जब मन को अधिक की तलाश नहीं रह जाती, जब यह कुछ बन जाने की प्रक्रिया में नहीं उलझा होता। यह मौन संचयी नहीं है, इसे अभ्यास की प्रक्रिया द्वारा विकसित नहीं किया जा सकता। यह मौन मन के लिए वैसा ही अज्ञात होना चाहिए, जैसा अज्ञात वह कालातीत है, क्योंकि यदि मन इस मौन का अनुभव कर रहा है, तो उस स्थिति में, एक अनुभवकर्ता है जो गत अनुभवों का परिणाम है, जो भूतकाल में घटित हुए मौन को पहचानता है; और जिसका अनुभव किसी अनुभवकर्ता द्वारा किया जा रहा है, वह केवल आत्म-प्रक्षेपित दोहराव ही है। मन कभी भी उस नूतन का अनुभव नहीं कर सकता, इसलिए मन को तो पूर्णतः स्थिर, निश्चल हो जाना होगा।

मन केवल तभी निश्चल हो सकता है, जब यह अनुभव न कर रहा हो, अर्थात जब यह कोई शब्द या नाम न दे रहा हो, स्मृति में अंकित अथवा संगृहीत न कर रहा हो। कोई नाम दे देना व अंकित कर लेना केवल सतही मन की ही नहीं अपितु मन की विभिन्न परतों की अनवरत प्रक्रिया है। किंतु जब सतही मन चुप हो जाता है, तो गहरा मन अपने संकेत सूचित कर पाता है। जब समग्र चेतना मौन एवं शांत होती है, कुछ बनने की प्रक्रिया से मुक्त होती है, केवल तभी अपरिमेय अस्तित्व में आता है। इस मुक्ति, इस स्वतंत्रता को बनाए रखने की आकांक्षा कुछ बनते रहने के इच्छुक की स्मृति को निरंतरता देती है, जो यथार्थ के लिए बाधास्वरूप है। यथार्थ की कोई निरंतरता नहीं है, यह क्षण प्रति क्षण होता है, नित्यनूतन, चिरअभिनव। जिसकी निरंतरता हो, वह सर्जनात्मक कदापि नहीं है।

सतही मन तो संप्रेषण का एक उपकरण मात्र है; यह उसका परिमाण नहीं पा सकता, जो अपरिमेय है। यथार्थ कहने की बात नहीं है, और जब यह कहने की बात है, तो यथार्थ नहीं है।

यही ध्यान है।

'कमेंट्रीज़ ऑन लिविंग',
पहला खंड, अध्याय 18

दस

मुझे प्रतीत होता है कि मनुष्य शताब्दियों से शांति, मुक्ति तथा परमानंद की उस स्थिति को खोजता रहा है, जिसे वह ईश्वर कहता है। इसे उसने भिन्न-भिन्न नामों से और इतिहास के अलग-अलग कालखंडों में ढूंढ़ा है; तथा स्पष्टतया कुछ ने ही उस महान शांति व मुक्ति के आंतरिक भाव को, उस अवस्था को पाया है, जिसे मनुष्य ईश्वर कहता रहा है। आधुनिक समय में ईश्वर शब्द का महत्त्व इतना घट चुका है कि हम जब इस शब्द का प्रयोग करते हैं, तो उसका बहुत ही नगण्य अर्थ होता है। हम सदा इस संसार से दूर किसी परमानंद, शांति व मुक्ति की अवस्था को खोजते रहते हैं, तथा कुछ ऐसा पा लेने के लिए हम इस संसार से विविध रूपों में पलायन करते रहते हैं जो टिकाऊ हो, जो हमें शरण-स्थान एवं पुनीतता दे सके, जो हमें किसी गहन आंतरिक शांति का कुछ भाव प्रदान कर सके। किसी का ईश्वर में विश्वास करना या नहीं करना मानसिक प्रभाव, परंपरा व जलवायु पर निर्भर करता है। आनंद की उस स्थिति, उस स्वातंत्र्य, उस असाधारण शांति के—जो जीवंत है—अन्वेषण हेतु, मेरे विचार में, व्यक्ति को यह समझना होगा कि क्यों वह तथ्य का सामना करने व उस तथ्य को रूपांतरित करने और उससे परे जाने में समर्थ नहीं हो पाता।

यदि हो सका तो मैं इस बारे में बात करना चाहूंगा, बल्कि साथ-साथ, इस भाव को संप्रेषित करना चाहूंगा कि क्यों हम विचार को इतना अधिक महत्त्व देते हैं और कर्म को नहीं। यद्यपि हम इस बारे में भिन्न-भिन्न प्रकार से, अलग-अलग समय पर, और यहां बंबई में भी इन वार्ताओं के दौरान बात कर चुके हैं, मैं इस विषय को एक अलग तरीके से लेना चाहूंगा। क्योंकि मुझे ऐसा लगता है कि हम कुल मिला कर पूरी तरह से इस समाज के लिए ज़िम्मेवार हैं, जिसमें हम रहते हैं। हममें से प्रत्येक व्यक्ति पूरी तरह से, समग्र रूप से इस दुर्दशा के लिए, इस विभ्रम के लिए, आधुनिक जीवन की इस निपट नृशंसता के लिए उत्तरदायी है। हम संभवतः इससे पलायन नहीं कर सकते; हमें इसे रूपांतरित करना होगा। मनुष्य इस समाज का हिस्सा है तथा यह समाज उसी का बनाया हुआ है, इसके लिए वह हर तरह

से और पूरे तौर पर ज़िम्मेवार है; उसे इस समाज को रूपांतरित करना होगा, और अपने खुद के भीतर तथा उसके द्वारा समाज के ढांचे में भी एक आमूल परिवर्तन, एक रूपांतरण लाना उसके लिए तभी संभव है, जब वह अवधारणाओं में, विचारों में पलायन करना बंद कर दे।

ईश्वर एक अवधारणा है, जो जलवायु, उस वातावरण तथा उस परंपरा पर आधारित है, जिसमें आपका पालन-पोषण हुआ है। साम्यवादी संसार में लोग ईश्वर पर विश्वास नहीं करते, यह भी उनकी परिस्थितियों पर ही आधारित है। यहां आपका आधार आपकी परिस्थितियां, आपका जीवन और आपकी परंपराएं हैं और उसी पर आपने यह अवधारणा निर्मित की है। हमें इन परिस्थितियों से, समाज से स्वयं को मुक्त करना होगा, तथा केवल तभी मनुष्य के लिए, अपनी स्वतंत्रता में ही, उसका अन्वेषण संभव है, जो सत्य है। किंतु ईश्वर नाम के एक विचार में पलायन करने मात्र से समस्या कतई हल नहीं होती है।

'ईश्वर'—या और जो भी नाम आप इस्तेमाल करना चाहें—मनुष्य का चालाकी भरा आविष्कार है, तथा हम उस आविष्कार को, उस चालाकी को धूपबत्ती से, कर्मकांडों से, तरह-तरह के विश्वासों, मतों से ढांपते रहते हैं; हमने मनुष्य को कैथोलिक, हिंदू, मुस्लिम, पारसी, बौद्ध के रूप में बांट दिया है, जो सब की सब मनुष्य द्वारा ही आविष्कृत चतुर-चालाक संरचनाएं हैं। और मनुष्य इसका आविष्कार करके, इसी में फंस गया है। बिना वर्तमान संसार को समझे, उस संसार को जिसमें वह रहता है—उसकी दुर्दशा का संसार, उसके विभ्रम, दुःख, दुश्चिंता, हताशा और अस्तित्व के संत्रास का संसार, अशेष अकेलापन, जीवन की नितांत अर्थहीनता का एहसास, बिना इस सब को समझे, केवल अवधारणाओं को बहुगुणित करते जाना चाहे जितना संतोषदायी लगे, उसके मायने कुछ भी नहीं हैं।

यह समझना अत्यंत महत्त्वपूर्ण है कि क्यों हम किसी अवधारणा को निर्मित या प्रतिपादित करते हैं। मन एक अवधारणा का प्रतिपादन करता ही क्यों है? *प्रतिपादन* से मेरा अभिप्राय है, दार्शनिक या तार्किक अथवा मानवतावादी या भौतिकवादी अवधारणाओं का कोई ढांचा बनाना। अवधारणा संगठित विचार है; उस संगठित विचार, विश्वास, अवधारणा में मनुष्य जीता है। हम सब यही करते हैं, चाहे हम धार्मिक हों या अधार्मिक। मेरे विचार में यह पता लगाना महत्त्वपूर्ण है कि मनुष्य हमेशा से अवधारणाओं को इतना असाधारण महत्त्व क्यों देता आया है। हम अवधारणाएं प्रतिपादित करते ही क्यों हैं? हम ज़िंदगी से सीधे-सीधे क्यों नहीं मिल पाते हैं, कर्म क्यों नहीं हो पाता, हमेशा क्रियाशीलता संभव क्यों नहीं होती? यदि हम अपना अवलोकन करें, तो यह बात स्पष्ट होगी कि हम अवधारणाएं तब निर्मित करते हैं, जब अनवधान होता है, ध्यान का अभाव होता है। जब आप पूरी तरह सक्रिय होते हैं, जिसके लिए समग्र अवधान की ज़रूरत होती है—जो कि कर्म है—उस

स्थिति में कोई अवधारणा नहीं होती, आप कर्म कर रहे होते हैं।

यदि मेरा सुझाव मानें, तो सिर्फ सुनें। स्वीकार या अस्वीकार न करें; अपने विचारों, विश्वासों, विरोधाभासों तथा ऐसी अन्य बातों की दीवारें खड़ी करके सुन पाने में रुकावटें पैदा न करें। बस केवल सुनें। हम आपको किसी बात के लिए कायल करने का प्रयास नहीं कर रहे हैं; किसी भी तरीके से, हम आप पर यह ज़ोर नहीं डाल रहे हैं कि आप किसी अवधारणा या ढांचे या कर्म का अनुसरण करें। हम तो केवल तथ्य बता रहे हैं, चाहे आप उन्हें पसंद करें या न करें; और महत्त्व की बात है तथ्य के बारे में सीखना। 'सीखने' में समग्रता से सुनना, पूरी तरह से अवलोकन करना निहित है। जब आप उस कौए की आवाज़ सुनें तो अपने खुद के शोर, अपने ही भयों, विचारों, अपनी अवधारणाओं, मतों के साथ न सुने। तब आप देखेंगे कि कोई धारणा, कोई विचार बीच में नहीं आता है, बल्कि आप वाकई में सुन रहे होते हैं।

ठीक उसी तरह से, मेरा सुझाव है आप बस सुनें। मात्र सुनें, न केवल चेतन रूप से, बल्कि अचेतन स्तर पर भी—जो संभवतः कहीं अधिक महत्त्वपूर्ण है। हममें से अधिकतर लोग प्रभावित हो जाते हैं। चेतन प्रभावों को हम नकार सकते हैं, लेकिन अचेतन प्रभावों को परे हटा देना कहीं अधिक कठिन है। जिस ढंग से सुनने की हमने बात की है, जब आप उस तरह से सुन रहे होते हैं, तो यह मात्र चेतन अथवा अचेतन श्रवण नहीं होता। तब आप पूरी तरह सावधान, ध्यानपूर्वक होते हैं। और अवधान आपका अथवा मेरा नहीं होता है। यह राष्ट्रवादी नहीं होता, यह धार्मिक नही होता, इसके खंड नहीं किए जा सकते। अतएव जब आप पूर्ण रूप से सुन रहे होते हैं, तो कोई अवधारणा नहीं होती, बस एक सुनने की अवस्था होती है। हममें से अधिकतर ऐसा तब करते ही हैं, जब कुछ मधुर श्रवण कर रहे होते हैं, जब कर्णप्रिय संगीत सुनाई दे रहा होता है, अथवा जब आप एक पर्वत को, शाम के उजाले को या पानी पर झिलमिल करते प्रकाश को या किसी बादल को देखते हैं; तब अवधान की उस स्थिति में, सुनने, देखने की उस अवस्था में कोई अवधारणा नहीं होती है, विचार नहीं होता है।

इसी तरह से यदि आप उतनी आसानी से, उस प्रकार के प्रयास रहित अवधान के साथ सुन पाएं, तब संभवतः हम अवधारणा और क्रिया अर्थात विचार और कर्म के विषय की महती सार्थकता को देख सकेंगे। जैसा कि मैं कह रहा था, हममें से अधिकतर में जब अनवधान, सावधानी का अभाव होता है, तभी हम अवधारणाएं बुनने लगते हैं। हम अवधारणाओं की निर्मिति अथवा कल्पना तब करते हैं, जब वे अवधारणाएं हमें एक सुरक्षा, एक निश्चितता का भाव प्रदान करती हों। और निश्चितता तथा सुरक्षित होने का यह भाव ही अवधारणाओं को जन्म देता है, एवं इन्हीं अवधारणाओं, इन्हीं विचारों में हम पलायन करते रहते हैं, और इसीलिए कर्म

हो नहीं पाता है। जब हम, जो है, उसे पूरी तरह समझ नहीं पाते, तो हम अवधारणाएं निर्मित या प्रतिपादित कर लिया करते हैं। इस तरह अवधारणाएं तथ्य से कहीं अधिक महत्त्वपूर्ण बन जाती हैं।

यह मालूम करने के लिए, वस्तुतः इस तथ्य का पता लगाने के लिए कि ईश्वर है या नहीं, अवधारणाओं की कतई कोई सार्थकता नहीं है। आप विश्वास करते हैं या नहीं करते हैं, आप आस्तिक हैं या अनीश्वरवादी हैं, इन सारी बातों का कुछ मतलब नहीं है। अन्वेषण के लिए, पता लगाने के लिए आपको अपनी पूरी ऊर्जा की दरकार होगी—आपकी समस्त ऊर्जा; ऐसी ऊर्जा जिसमें दाग-धब्बे नहीं हैं, खरोंचे नहीं हैं, वह ऊर्जा जो विकृत नहीं की गई है, जिसे दूषित नहीं किया गया है।

अतः यह समझने, पता लगाने के लिए कि क्या उस यथार्थ जैसा कोई तत्त्व है, जिसे मनुष्य लाखों-लाखों वर्षों से खोजता रहा है, व्यक्ति के पास ऊर्जा होनी चाहिए, ऐसी ऊर्जा, जो पूर्णतः समग्र, दूषणरहित हो। और उस ऊर्जा के प्रादुर्भाव हेतु हमें प्रयास को समझ लेना होगा।

हममें से अधिकतर लोग अपना जीवन प्रयासों में, संघर्ष में बिता देते हैं और यह प्रयास, यह संघर्ष, यह प्रयत्न उस ऊर्जा का अपव्यय है। आदमी ने, पूरे ऐतिहासिक काल में, कहा है कि यथार्थ या ईश्वर को—चाहे जो नाम उसने उसे दिया हो—पाने के लिए आपको अविवाहित रहना होगा, मतलब यह कि आपको ब्रह्मचर्य की शपथ लेनी होगी तथा इस शपथ को कायम रखने के लिए जीवन पर्यंत अंतहीन दमन, नियंत्रण, स्वयं से संघर्ष करना होगा। देखिए तो ऊर्जा की इस बरबादी को ! भोग-विलास में जुटे रहना भी ऊर्जा की बरबादी ही है। तथा जब आप दमन करते हैं तो उसके निहितार्थ और अधिक दूर तक जाते हैं। दमन में, नियंत्रण में, अपनी कामना के उस नकार में जो प्रयास लगता है, वह आपके मन को विकृत कर देता है, तथा इस विकृति में आपको एक प्रकार की संयमशीलता का एहसास होता है, जिससे कठोरता आ जाती है। कृपया सुनें। स्वयं का अवलोकन करें एवं अपने आस-पास के लोगों का अवलोकन करें; और ऊर्जा की इस बरबादी का, इस लड़ाई का अवलोकन करें। यौन में, सेक्स में जो निहित है, वह नहीं, वास्तविक क्रिया नहीं, बल्कि वे कल्पनाएं, वे बिंब, वह मनोसुख—इस सब के बारे में लगातार चलता विचार ऊर्जा की बरबादी है। और अधिकतर लोग या तो आत्मदमन से या यौन-शुचिता की शपथ लेकर या इसके विषय में अंतहीन विचार करते हुए अपनी ऊर्जा गंवाते रहते हैं।

जिस समाज में हम रहते हैं, उसकी इस हालत के लिए मनुष्य उत्तरदायी है—आप उत्तरदायी हैं, और मैं। उत्तरदायी आप हैं, आपके राजनीतिज्ञ नहीं, क्योंकि राजनीतिज्ञों को आपने ही वैसा बनाया है, जैसे वे हैं—कुटिल, अपने को महिमामंडित करते, पद व प्रतिष्ठा की खोज में लगे—यही सब हम भी अपने रोज के जीवन में कर रहे हैं।

समाज के लिए ज़िम्मेवार हम हैं। समाज के संघटनात्मक पक्ष की अपेक्षा समाज की मनोवैज्ञानिक संरचना कहीं अधिक महत्त्वपूर्ण है। समाज का मनोवैज्ञानिक ढांचा लालच, डाह, बटोरने की ललक, होड़, महत्त्वाकांक्षा व भय पर आधारित है, अपने सभी संबंधों में सुरक्षित होने, संपत्ति के द्वारा सुरक्षित होने, लोगों से संबंध बनाकर सुरक्षित होने, अवधारणाओं, विचारों के साथ अपने संबंधों में सुरक्षित होने की अनवरत मांग पर आधारित है। यह है समाज का ढांचा, जिसे व्यक्ति ने ही बनाया है। और तब समाज हममें से हरएक पर मानसिक रूप से यह ढांचा थोपता है। तो लालच, डाह, महत्त्वाकांक्षा, प्रतिस्पर्द्धा—यह सब ऊर्जा का अपव्यय है, क्योंकि इसमें हमेशा अंतर्द्वंद्व होता है—अंतहीन अंतर्द्वंद्व, जैसा कि उस व्यक्ति में होता है जो ईर्ष्यालु है।

ईर्ष्या एक अवधारणा है। अवधारणा तथा तथ्य दो अलग-अलग बातें हैं। कृपया सुनें। आप इस 'ईर्ष्या' नामक भावना को अवधारणा के माध्यम से देखते हैं। आप ईर्ष्या नाम के इस एहसास के सीधे संपर्क में नहीं होते हैं, बल्कि आप ईर्ष्या को एक शब्द विशेष की स्मृति के माध्यम से देखते हैं, जिसे आपने ईर्ष्या के रूप में अपने मन में स्थापित कर लिया है। यही एक अवधारणा का रूप ले लेता है, और वह आपको प्रत्यक्ष रूप से उस भावना के संपर्क में आने से रोकता है, जिसे आप ईर्ष्या कहते हैं। पुनः, यह एक तथ्य है। तो वह प्रतिपादन, वह विचार आपको उस भावना के प्रत्यक्ष संपर्क में आने से रोकता है, और इसलिए उस विचार, उस अवधारणा से ऊर्जा का क्षरण होता है।

चूंकि इस दुर्दशा के लिए, गरीबी के लिए, युद्धों के लिए, शांति के नितांत अभाव के लिए *हम* ही उत्तरदायी हैं, इसलिए धार्मिक व्यक्ति ईश्वर को नहीं खोजा करता। धार्मिक व्यक्ति का सरोकार समाज के रूपांतरण से होता है, जो समाज वह स्वयं ही है। धार्मिक व्यक्ति वह नहीं है जो असंख्य कर्मकांडों में लगा रहता है, परंपराओं का अनुसरण करता है, किसी मृत, भूतकालिक संस्कृति में रहता है, गीता या बाइबल की अंतहीन व्याख्या करता रहता है, अनवरत मंत्रपाठ करता रहता है या संन्यास धारण कर लेता है; वह धार्मिक व्यक्ति नहीं है, ऐसा व्यक्ति तो तथ्यों से भाग रहा है। धार्मिक व्यक्ति का संबंध तो पूर्णतया, समग्र रूप से समाज को समझने से है, जो वह स्वयं है। वह समाज से भिन्न नहीं है। अपने आप में एक समग्र, संपूर्ण मौलिक परिवर्तन लाने का अर्थ है, लालच, ईर्ष्या, महत्त्वाकांक्षा की पूरी तरह समाप्ति, और इसलिए वह परिस्थितियों पर निर्भर नहीं करता है, यद्यपि वह परिस्थितियों का ही परिणाम है, यानी जो भोजन वह खाता है, जो किताबें वह पढ़ता है, जो सिनेमा वह देखने जाता है, धार्मिक रूढ़ियों, विश्वास, कर्मकांड और उस सारे गोरखधंधे का परिणाम वह है। वह ज़िम्मेवार है; और इसलिए धार्मिक व्यक्ति को स्वयं को समझना होता है, वह स्वयं उस समाज की ही उपज है, जिसे उसने खुद बनाया है। अतः यथार्थ को पाने के लिए उसे आरंभ यहीं से करना होता है, किसी मंदिर से नहीं,

किसी प्रतिमा में नहीं—चाहे प्रतिमा हाथ से गढ़ी हुई हो या मन से। अन्यथा वह कुछ पूर्णतः नया, एक नूतन अवस्था कैसे पा सकता है?

शांति मात्र कानून अथवा संप्रभुता का विस्तार नहीं है। शांति उससे एकदम अलग है, यह एक आंतरिक अवस्था है, जो संभवतः बाह्य परिस्थितियों में बदलाव लाकर नहीं लाई जा सकती, यद्यपि बाह्य परिस्थितियां बदलना भी आवश्यक है। परंतु एक भिन्न प्रकार के संसार को अस्तित्व में लाने के लिए प्रारंभ भीतर से ही करना होगा। तथा एक अलग तरह की दुनिया ले आने के लिए आपको विराट ऊर्जा की ज़रूरत पड़ती है, तथा उस ऊर्जा की इस समय अनवरत द्वंद्व में बर्बादी की जा रही है। इसलिए हमें इस द्वंद्व को समझना होगा।

द्वंद्व का प्राथमिक कारण पलायन है—विचार के माध्यम से पलायन। कृपया स्वयं का अवलोकन करें; ईर्ष्या, डाह का सामना करने की बजाय इसके सीधे संपर्क में आने की बजाय, आप कहते हैं, "मैं इससे कैसे छूटूं? मैं क्या करूं? कौन सी विधियां हैं, जिन्हें अपना कर मैं ईर्ष्यालु नहीं हो सकूंगा?"—जो सभी विचार हैं, अवधारणाएं हैं, और इसलिए इस तथ्य से पलायन है कि आप ईर्ष्यालु हैं, यह इस तथ्य से दूर चले जाना है कि आप ईर्ष्यालु हैं। अवधारणाओं के माध्यम से तथ्य से दूर हटना न सिर्फ आपकी ऊर्जा व्यर्थ करता है, बल्कि तथ्य के सीधे संपर्क में आने से आपको रोकता है। तो अब आपको अपना पूरा ध्यान देना होता है, किसी अवधारणा, विचार के माध्यम से नहीं; विचार, जैसा कि हमने कहा था, अवधान में, ध्यान देने में बाधा बनता है। तो जब आप ईर्ष्या के इस भाव का अवलोकन करते हैं, या इसके प्रति सजग होते हैं, और इसे बिना अवधारणाओं के, बिना विचारों के पूर्ण अवधान देते हैं, तो आप देखेंगे कि आप न सिर्फ उस भाव के सीधे संपर्क में होते हैं, अपितु चूंकि आपने इस भाव को, बिना अवधारणाओं, विचारों को बीच में लाए, अपना पूर्ण अवधान, पूरा ध्यान दिया है, इस भाव का अवसान हो जाता है; और तब आपमें आगामी घटना अथवा आगामी भावना, अगले एहसास से मिल पाने के लिए और अधिक ऊर्जा होती है।

अन्वेषण के लिए, एक संपूर्ण मूल परिवर्तन लाने के लिए आपमें ऊर्जा होनी चाहिए—वह ऊर्जा नहीं जो दमन के द्वारा लायी जाती है, बल्कि वह ऊर्जा जो आपको तब उपलब्ध होती है, जब आप अवधारणाओं के माध्यम से या फिर दमन के द्वारा तथ्य से पलायन नहीं कर रहे होते हैं। वास्तव में, यदि आप इस पर गौर करें, तो जीवन जीने के हमें केवल दो ही रास्ते मालूम हैं—या तो हम इससे पूरी तरह से पलायन करते हैं, जो विक्षिप्तता का ही एक रूप है और जो मानसिक असंतुलन की दिशा में ले जाता है, या फिर हम सब कुछ दमित करते जाते हैं, दबाते जाते हैं, क्योंकि हम समझते नहीं हैं। हमें बस यही मालूम है।

किसी भावना या संवेदन को ढक देना, दबा देना ही दमन नहीं है, बल्कि

बौद्धिक स्पष्टीकरण, तर्कसंगत व्याख्या भी एक प्रकार से दमन ही हैं। कृपया स्वयं का अवलोकन करें, और आप देखेंगे कि जो कहा जा रहा है, वह कितना तथ्यपरक है। इसलिए यह आवश्यक है कि आप पलायन न करें। और यह पता लगाना सबसे महत्त्वपूर्ण बातों में से एक है कि कभी पलायन न करें। यह पता लगाना सबसे कठिन बातों में से एक है—क्योंकि हम शब्दों द्वारा पलायन करते हैं। हम तथ्य से पलायन सिर्फ मंदिरों की तरफ भाग कर तथा दूसरे वैसे कामों के द्वारा ही नहीं करते, बल्कि शब्दों के द्वारा, बौद्धिक बहसों, अभिमतों, निर्णयों व मूल्यांकनों के माध्यम से भी पलायन करते हैं। तथ्य से पलायन के हमारे पास बहुत सारे तौर-तरीके हैं। उदाहरण के लिए यह तथ्य लें कि हम मतिमंद हैं। यदि हम मतिमंद हैं तो यह एक तथ्य है। और जब आपको इस बात का एहसास होता है कि आप मतिमंद हैं, तो चतुर बनने की कोशिश करना पलायन है। परंतु संवेदनशील होने के लिए यह ज़रूरी है कि आपका समस्त अवधान, पूरा ध्यान मन की उस स्थिति की ओर निर्देशित हो, जो मंद है, समझने में सुस्त है।

अतः हमें ऊर्जा की आवश्यकता होती है, जो किसी विरोधाभास, किसी तनाव का परिणाम नहीं होती, बल्कि जिसका आगमन तब होता है, जब कोई भी प्रयास न हो। कृपया इस एकदम सरल, वास्तविक तथ्य को समझ लें : हम अपनी ऊर्जा का अपव्यय प्रयास के द्वारा किया करते हैं तथा ऊर्जा का प्रयास द्वारा यह अपव्यय हमें तथ्य के सीधे संपर्क में आने से रोकता है। जब मैं आपको सुनने के लिए ज़बरदस्त प्रयास कर रहा होता हूं, तो मेरी सारी ऊर्जा इस प्रयास में जा रही होती है, तथा मैं वस्तुतः सुन नहीं रहा होता हूं। जब मैं क्रोधित या अधीर होता हूं, तो मेरी सारी ऊर्जा यह कहने में जाती है, "मुझे क्रोधित नहीं होना चाहिए।" किंतु जब मैं शब्दों के द्वारा अथवा निंदा या निर्णय के द्वारा पलायन न करते हुए, पूरी तरह से क्रोध अथवा मन की उस अवस्था पर ध्यान देता हूं, तब उस अवधान की अवस्था में क्रोध नामक उस लक्षण से मुक्ति घटित होती है। अतः अवधान, जो ऊर्जा की समग्रता है, प्रयास नहीं है। केवल वही मन जो प्रयासरहित होता है, धार्मिक मन है। और इसलिए ऐसा मन ही पता लगा सकता है कि ईश्वर है, या नहीं है।

यहां एक और कारक है—हम अनुकरणशील मानव हैं। हममें कुछ भी मौलिक नहीं है। हम हज़ारों सालों के समाज के परिणाम हैं। बचपन से ही हमें अनुकरण करने, आज्ञा मानने, परंपरा की नकल करने, धर्म-शास्त्रों का पालन करने, सत्ता का अनुसरण करने के लिए पोषित किया गया है। हम कानून की सत्ता की बात नहीं कर रहे, उसका तो पालन करना ही होगा, बल्कि हम तो शास्त्रों, आध्यात्मिक सत्ता-प्रामाण्य, उस ढांचे, उस ढर्रे की बात कर रहे हैं। हम आज्ञा मानते रहते हैं और अनुकरण करते रहते हैं।

जब आप अनुकरण करते हैं—जो आंतरिक रूप से किसी समाज द्वारा थोपे

या स्वयं अपने ऊपर थोपे हुए किसी प्रारूप को अपनाना है—तो ऐसी सहमति, ऐसा अनुकरण, ऐसी आज्ञाकारिता ऊर्जा की प्रांजलता को, स्पष्टता को नष्ट करती है। आप अनुकरण करते हैं, आप सहमत होते हैं, आप सत्ता का आज्ञा-पालन करते हैं, क्योंकि आप डरे हुए हैं। वह व्यक्ति जो समझ रहा है, जो स्पष्टता से देख रहा है, जो अवधानपूर्ण, ध्यानपूर्वक है, उसे कोई डर नहीं है, इसलिए उसके पास अनुकरण करने का भी कोई कारण नहीं है। वह प्रत्येक क्षण में वही होता है, जो वह वास्तव में है—चाहे उस क्षण उसकी वास्तविकता जो भी कुछ हो।

तो अनुकरण, किसी धार्मिक प्रारूप का अनुपालन, या किसी धार्मिक प्रारूप की अस्वीकृति किंतु अपने खुद के अनुभव की स्वीकार्यता—यह सब भय का ही परिणाम है। और जो भयभीत है, चाहे ईश्वर से, चाहे समाज से, चाहे अपने आप से—ऐसा मनुष्य धार्मिक मनुष्य नहीं है तथा मनुष्य मुक्त तभी होता है, जब कोई भय नहीं होता। इसलिए उसे भय के प्रत्यक्ष संपर्क में आना होगा, भय की अवधारणा, भय के विचार के माध्यम से नहीं।

उस निष्कलुष, निर्दोष, जीवंत ऊर्जा का सघन आगमन तभी संभव है, जब आप अस्वीकार करते हैं। मुझे नहीं मालूम कि आपने कभी इस बात पर गौर किया है कि जब आप कुछ अस्वीकृत करते हैं, किसी प्रतिक्रिया की तरह नहीं, तो वह अस्वीकृति ऊर्जा सृजित करती है। जब आप अस्वीकृत करते हैं, जैसे कि महत्त्वाकांक्षा को—इसलिए नहीं कि आप आध्यात्मिक होना चाहते हैं, कि आप शांत जीवन बिताना चाहते हैं, कि आपको ईश्वर या कुछ और चाहिए, बल्कि बस अस्वीकृत कर देते हैं; जब आप महत्त्वाकांक्षा से जुड़े अंतर्द्वंद्व की अतीव विनाशकारी प्रकृति को समझ लेते हैं, और इसे अस्वीकृत कर देते हैं, तो अस्वीकृति का वह कृत्य ही ऊर्जा है। मुझे नहीं पता कि आपने कभी कुछ अस्वीकार किया है या नहीं। जब आप किसी सुख विशेष को अस्वीकृत करते हैं—जैसे जब आप सिगरेट पीने के सुख को अस्वीकार कर देते हैं, इसलिए नहीं कि आपके डॉक्टर ने कहा है कि यह आपके फेफड़ों के लिए नुकसानदेह है, इसलिए नहीं कि आपके पास दिन भर में ढेर सारी सिगरेट पीने के लिए पैसे नहीं हैं, इसलिए नहीं कि आप एक गुलाम बना देने वाली आदत में फंस गये हैं, बल्कि इसलिए कि आप देख लेते हैं कि इसका कोई मतलब ही नहीं है—जब आप इसे बिना किसी प्रतिक्रिया के अस्वीकार कर देते हैं, तो वह अस्वीकृति एक ऊर्जा लाती है। इसी प्रकार जब आप समाज को अस्वीकृत करते हैं, उस तरह नहीं, जैसे संन्यासी, भिक्षु और तथाकथित धार्मिक लोग इससे भाग जाया करते हैं, बल्कि जब आप समाज की मनोवैज्ञानिक संरचना को पूर्णतया अस्वीकृत कर देते हैं—तो इस अस्वीकृति से आपको अगाध ऊर्जा उपलब्ध होती है। अस्वीकार की यह क्रिया ही ऊर्जा है।

अब आपने स्वयं यह देखा है या समझ लिया है या इस शाम सुना है कि

द्वंद्व व प्रयास, जो ऊर्जा का क्षरण करते हैं, इनकी प्रकृति क्या है; और आपने ऊर्जा के इस भाव को मात्र शाब्दिक रूप से नहीं अपितु वस्तुतः समझा या जाना है कि यह ऊर्जा द्वंद्व का परिणाम नहीं है, बल्कि इसका प्राकट्य तब होता है, जब मन ने पलायनों, दमन, द्वंद्व, अनुकरण, भय के पूरे जंजाल को समझ लिया होता है। तब आप आगे बढ़ सकते हैं, तब आप स्वयं यह पता लगाना आरंभ कर सकते हैं कि यथार्थ क्या है और यह अन्वेषण पलायन नहीं होगा, इस दुनिया की अपनी ज़िम्मेदारियों से भागना नहीं होगा। यथार्थ क्या है, शुभ क्या है—यदि शुभ होता है तो—इसका अन्वेषण आप विश्वास के द्वारा नहीं, वरन् अपनी संपत्ति के साथ, लोगों के साथ, अवधारणाओं के साथ अपने संबंधों को रूपांतरित करके, अतएव समाज से मुक्त होकर ही कर सकते हैं। केवल तभी आपके पास अन्वेषण के लिए ऊर्जा होती है, पलायन या दमन के ज़रिये नहीं।

यदि आप इतनी दूर आ चुके हैं—तब आपको उस अनुशासन, उस संयम की प्रकृति का पता लगाना आरंभ करना होगा जिसे व्यक्ति अपनाता है—चाहे वह संयम-अनुशासन परंपरागत हो, अथवा इसलिए हो कि आप समझ चुके हैं। संयम की, अनुशासन की एक स्वाभाविक प्रक्रिया होती है, जो कठोर नहीं है, जो किसी के अनुसार चलना नहीं है, जो किसी सुखदायक आदत विशेष का अनुकरण मात्र नहीं है। जब आप वैसा कर पाएंगे, तो आपको पता चल जाएगा कि सर्वोच्च कोटि की संवेदनशीलता की अपनी प्रज्ञा है। इस संवेदनशीलता के अभाव में आप सौंदर्य से परिचित नहीं हो पाते हैं।

एक धार्मिक मन के लिए संवेदनशीलता तथा सौंदर्य के इस असाधारण भाव के प्रति सजग होना ज़रूरी है। जिस धार्मिक मन के विषय में हम बात कर रहे हैं, वह रूढ़िवादियों के धार्मिक मन से पूरी तरह भिन्न है। क्योंकि उस परंपरावादी धार्मिक मन में सुंदरता का कोई भान नहीं है, वह इस विश्व से पूरी तरह अनजान है, जिसमें हम रहते हैं—इस विश्व की, इस धरती की सुंदरता, किसी पहाड़, किसी वृक्ष की सुंदरता, किसी मुस्कुराते हुए प्यारे चेहरे की सुंदरता से उसका कोई नाता नहीं हैं। उसके लिए सौंदर्य प्रलोभन है, उसके लिए सुंदरता नारी है, ईश्वर को पाने के लिए जिससे उसे हर कीमत पर बचना है। ऐसा मन धार्मिक मन नहीं है, क्योंकि वह संसार के प्रति संवेदनशील नहीं है—सुंदरता के संसार के प्रति, मलिनता के संसार के प्रति। आप केवल सौंदर्य के प्रति संवेदनशील नहीं हो सकते, आपको मलिनता के प्रति, गंदगी के प्रति, अस्त-व्यस्त मन के प्रति भी संवेदनशील होना होगा। संवेदनशीलता का अर्थ है सर्वत्र संवेदनशीलता, मात्र किसी विशेष दिशा में होने वाली संवेदनशीलता नहीं। अतः ऐसा मन, जो अपने सौंदर्य के प्रति स्वयं में ही सजग नहीं है, इस अन्वेषण में और आगे नहीं जा सकता। संवेदनशीलता का यह गुण होना आवश्यक है।

तब ऐसा मन, जो कि धार्मिक मन है, मृत्यु की प्रकृति को समझ लेता है। क्योंकि यदि यह मृत्यु को नहीं समझ पाता है, तो यह प्रेम को भी नहीं समझ पाएगा। मृत्यु जीवन का अंत नहीं है। मृत्यु कोई ऐसी घटना नहीं है, जो रोग, जराजीर्णता, वृद्धावस्था अथवा दुर्घटना की परिणति हो। मृत्यु तो कुछ ऐसी घटना है, जिसके साथ आप रोज जीते हैं, क्योंकि आप हर रोज उस सब के प्रति मर रहे होते हैं, जो-जो आपने जाना है। यदि आप मृत्यु से अवगत नहीं हैं, तो आप कभी नहीं जान पाएंगे कि प्रेम क्या है।

प्रेम स्मृति नहीं है; प्रेम कोई प्रतीक, कोई चित्र, कोई अवधारणा नहीं है; प्रेम कोई सामाजिक कृत्य नहीं है; न ही प्रेम कोई सद्गुण है। यदि प्रेम है, तो आप सद्गुणी हैं, आपको गुणवान बनने के लिए संघर्ष नहीं करना पड़ेगा। परंतु प्रेम है नहीं, क्योंकि आपने कभी समझा ही नहीं कि मरना क्या होता है—अपने अनुभव के प्रति मरना, अपने सुखों के प्रति मर जाना, अपनी किसी ऐसी खास तरह की छिपी हुई याद के प्रति मर जाना जो आपको ही पता नहीं है। और जब आप इस सबको अंतस् से बाहर उलीचते हैं, तथा प्रत्येक क्षण स्वेच्छा से, सहजता से व बिना किसी प्रयास के, अपने घर के प्रति, अपनी स्मृतियों के प्रति, अपने सुखों के प्रति मर जाते हैं, तब आप जान पाएंगे कि प्रेम क्या है।

एवं सौंदर्य और मृत्यु के एहसास के बिना, प्रेम के बगैर आप यथार्थ को कभी नहीं जान पाएंगे, चाहे आप कुछ भी कर लें—सारे मंदिरों में चले जाएं, हर बुद्धिहीन व्यक्ति द्वारा आविष्कृत प्रत्येक गुरु का अनुसरण कर लें—इन तरीकों से आप यथार्थ को कभी नहीं जान पाएंगे। वह यथार्थ ही सर्जन है।

सर्जन का अर्थ शिशुओं का प्रजनन, या कोई तस्वीर बना लेना या कविता लिख लेना अथवा कोई अच्छा व्यंजन तैयार करना नहीं है—यह सब सर्जन नहीं है, यह तो किसी विशेष प्रतिभा, देन, अथवा कोई खास तकनीक सीख लेने का परिणाम मात्र है। आविष्कार सर्जन नहीं है। सर्जन केवल तभी हो सकता है जब आप समय के प्रति मृत हो जाएं—अर्थात जब कोई कल न हो। सर्जन केवल तभी संभव है, जब ऊर्जा का संपूर्ण सघनीकरण होता है, जिसमें ऊर्जा की गति भीतर की ओर अथवा बाहर की ओर नहीं होती है।

कृपया इस बात पर ध्यान दीजिए। आप समझ पा रहे हैं या नहीं, इससे अंतर नहीं पड़ता। हमारा जीवन इतना घटिया, इतना दयनीय है, इसमें इतनी दुर्दशा, इतनी हताशा है। हम बीस लाख सालों से जीते आ रहे हैं, और नया कुछ भी नहीं है। हम केवल पुनरावृत्ति, ऊब तथा अपने द्वारा की गई प्रत्येक क्रिया की नितांत अर्थहीनता को ही जानते हैं। एक नूतन मन, एक निर्दोषता के, ताज़गी के एहसास को अस्तित्व में लाने के लिए इस संवेदनशीलता, इस मृत्यु व प्रेम तथा उस सर्जन का होना ज़रूरी

है। वह सर्जन तभी घटित हो पाता है, जब यह संपूर्ण ऊर्जा होती है, जिसमें किसी भी दिशा में कोई गति नहीं हो रही होती।

देखिए ! जब मन का किसी समस्या से सामना होता है, तो यह हमेशा इससे बाहर निकलने का रास्ता तलाश करता है, इसे हल करने की, इससे उबरने की, कतराने की, इसके ऊपर या पार जाने की कोशिश करता है, यानी कि यह समस्या के साथ सदा कुछ न कुछ करता रहता है, बाहर की ओर अथवा भीतर की ओर गति करता रहता है। यदि यह किसी भी दिशा में गति न करे—जब भीतर या बाहर की ओर गति हो ही नहीं, बस वह समस्या ही रह जाए—तब उस समस्या में ही एक स्फोट, एक प्रस्फुटन होता है। आप इसे कभी करके देखें, तो जो कहा जा रहा है आप उसकी वास्तविकता को देख पाएंगे—जिसके बारे में आपको विश्वास करने, बहस करने या न करने की ज़रूरत ही नहीं पड़ेगी। यहां कोई प्रमाण-सत्ता नहीं है।

अतएव जब ऊर्जा का यह सघनीकरण, एकत्रित हो जाना घटित होता है, जो निष्प्रयास होने का परिणाम है, तथा जब उस ऊर्जा में किसी भी दिशा में कोई गति नहीं होती है, उस क्षण ही सर्जन होता है। और यह सर्जन ही सत्य है, ईश्वर है या आप इसे जो भी कहें—तब नाम का कोई अर्थ नहीं रह जाता है। तब वह विराट प्रस्फुटन, वह सर्जन ही शांति है, आपको शांति की तलाश नहीं करनी पड़ती। वह सर्जन प्रेम है।

और केवल ऐसा धार्मिक मन ही इस विभ्रम एवं विषाद से व्याप्त संसार में व्यवस्था ला सकता है। और यह आपका ही दायित्व है—आपका, किसी और का नहीं—कि इस संसार में रहते हुए ही ऐसा सर्जनात्मक जीवन जी सकें। मात्र ऐसा मन ही धार्मिक मन है, धन्य मन है।

मुंबई,
3 मार्च 1965

ग्यारह

प्रश्न : इससे पहले कि मनुष्य ईश्वर को जान सके, उसे पता तो होना चाहिए कि ईश्वर क्या है। आप ईश्वर को मनुष्य के स्तर पर लाए बिना ईश्वर की अवधारणा प्रस्तुत कैसे करेंगे?

कृष्णमूर्ति : आप ऐसा नहीं कर सकते, सर। अब ईश्वर की इस खोज के पीछे कौन सी प्रेरणा काम कर रही है, और क्या यह खोज सच्ची है? हममें से अधिकतर के लिए यह खोज वास्तविकता से एक पलायन भर है। तो हमें इस बारे में अपने आप में बहुत स्पष्ट होना चाहिए कि क्या ईश्वर की यह खोज पलायन मात्र है, अथवा यह हर बात में सच की खोज है—हमारे संबंधों का सच, वस्तुओं को दिए जा रहे मूल्य का सच, अवधारणाओं का सच। यदि हम ईश्वर को सिर्फ इसलिए खोज रहे हैं क्योंकि हम इस संसार व इसकी दुर्गतियों से थक चुके हैं, तब तो यह खोज एक पलायन ही है। तब हम ईश्वर निर्मित कर रहे होते हैं और इसलिए वह ईश्वर नहीं होता। ज़ाहिर है कि मंदिरों का ईश्वर, पुस्तकों का ईश्वर, तो ईश्वर नहीं है, वह तो बस एक शानदार पलायन है। किंतु यदि हम सच की तलाश का जतन करें, क्रियाओं के किसी विशिष्ट समुच्चय में नहीं, अपितु अपनी सारी क्रियाओं, अपने सभी विचारों और संबंधों में, यदि अपने जीवन में हम भोजन, वस्त्र और आवास का सही मूल्यांकन मालूम कर पाएं, तब चूंकि हमारे मन स्पष्टता व समझ में सक्षम होंगे, तो फिर जब हम यथार्थ को खोजेंगे, उसे पा लेंगे। तब यह एक पलायन नहीं होगा। लेकिन यदि हम दुनियावी चीजों में ही दिग्भ्रमित हैं—रोटी, कपड़ा, मकान, रिश्ते और खयालात—तो हम यथार्थ को कैसे पा सकते हैं? हां, एक कल्पित यथार्थ हम गढ़ सकते हैं। अतः ईश्वर, सत्य अथवा यथार्थ को वह मन नहीं जान पाएगा, जो भ्रमित, संस्कारग्रस्त व सीमित है। ऐसा मन यथार्थ या ईश्वर के बारे में विचार कैसे कर सकता है? पहले इसे खुद को संस्कारमुक्त करना होगा। इसे स्वयं को अपनी ही सीमितताओं से मुक्त कर लेना होगा, केवल तभी इसे पता चलेगा कि ईश्वर क्या है, उससे पहले तो बिलकुल नहीं। यथार्थ अज्ञात है तथा जो ज्ञात है, वह यथार्थ नहीं है।

इसलिए वह मन जो यथार्थ को जानना-समझना चाहता है, उसे अपनी संस्कारबद्धता से स्वयं को मुक्त करना पड़ेगा, तथा यह संस्कारबद्धता या तो बाह्य रूप से या आंतरिक रूप से आरोपित की गई है; और जब तक मन संबंधों में कलह व द्वंद्व निर्मित करता रहता है, यह यथार्थ को नहीं जान पाता। तो यदि व्यक्ति को यथार्थ का बोध करना हो, मन को प्रशांत, निश्चल होना होगा; किंतु यदि मन को निश्चल होने के लिए बाध्य या अनुशासित किया जाता है, तो वह निश्चलता अपने आप में ही एक सीमाबद्धता होगी, एक आत्म-सम्मोहन मात्र होगी। मन मुक्त एवं निश्चल तभी हो पाता है, जब यह उन मूल्यों को समझ लेता है, जिनसे यह घिरा हुआ है। अतः जो उच्चतम है, परम है, यथार्थ है, उसे समझने के लिए हमें आरंभ नितांत निम्न से, नितांत निकट से करना होगा, जिसका अर्थ है कि जिन वस्तुओं, संबंधों व विचारों में, अवधारणाओं में हम दिन-रात व्यस्त रहते हैं, हमें उनका मूल्य मालूम कर लेना होगा। और उन्हें समझे बिना मन यथार्थ को खोज ही कैसे सकता है? यह यथार्थ को ईजाद कर सकता है, प्रतिछवि बना सकता है, अनुकरण कर सकता है, क्योंकि इसने खूब सारी किताबें पढ़ रखी हैं, यह दूसरों के अनुभव को दोहराता रह सकता है। पर निश्चित ही वह तो यथार्थ नहीं है। यथार्थ की अनुभूति हेतु मन को अपनी सृष्टि थाम देनी होगी, क्योंकि मन जो भी रचता है, वह अतीत की दासता ही होती है। समस्या यह नहीं है कि ईश्वर होता है या नहीं, अपितु यह है कि मनुष्य ईश्वर का अन्वेषण किस प्रकार करे; और यदि अपनी खोज में वह स्वयं को सबसे मुक्त कर ले, तो वह अपरिहार्य रूप से उस यथार्थ को पा लेगा। परंतु उसे आरंभ निकट से करना होगा, कहीं दूर से नहीं। ज़ाहिर है कि दूर जाना हो, तो शुरुआत पास से ही करनी होती है। पर हममें से अधिकतर लोग अनुमान लगा लेना चाहते हैं, जो अत्यंत सुविधाजनक पलायन है, इसी वजह से धर्म ज़्यादातर लोगों को हैरतअंगेज़ अफीम मुहैया कराते हैं।

तो मन को अपने ही बुने हुए समस्त मूल्यों के उलझाव से छुड़ा लेने का कार्य अत्यंत दुष्कर है, और चूंकि हमारे मन थके-हारे हैं, या हम आलसी हैं, हम धार्मिक पुस्तकें पढ़ लेने और ईश्वर के बारे में अटकलें लगाते रहने को तरज़ीह दिया करते हैं, लेकिन यकीनन वह तो यथार्थ की खोज नहीं है। अवबोध अनुभूति में है, अनुकरण में नहीं।

प्रश्न : क्या मन विचारक से भिन्न है?

कृष्णमूर्ति : क्या विचारक अपने विचारों से भिन्न है? क्या विचारों के बिना विचारक का अस्तित्व है? क्या विचार से अलग कोई विचारक है। विचार करना रोक दें, तो कहां होता है विचारक? क्या एक विचार का विचारक, अन्य विचार के विचारक से भिन्न है? क्या विचारक अपने विचार से अलग है, अथवा क्या विचार ही विचारक को निर्मित करता है जो तब विचार से अपना तादात्म्य कर लेता है,

जब वह इसे सुविधाजनक पाता है और जब यह सुविधाजनक नहीं होता तो स्वयं को विचार से विलग कर लेता है? अर्थात यह 'मैं', यह विचारक क्या है? स्पष्टतः विचारक विविध विचारों के संघात से बना होता है, जिन्होंने 'मैं' के रूप में पहचान बना ली है। तो विचार विचारक को उत्पन्न करते हैं, न कि इसका उलट होता है। अगर मुझमें विचार नहीं हैं, तो कोई विचारक भी नहीं है; ऐसा नहीं है कि विचारक हर बार अलग होता है, लेकिन यदि विचार नहीं होते हैं, तो विचारक भी नहीं होता है। अतः विचारक विचारों का उत्पाद है, जैसे कर्ता कर्मों का उत्पाद है। कर्ता कर्मों को निर्मित नहीं करता।

× × × × ×

श्रोता : मेरा अनुभव यह है कि 'मैं' के सहयोग के बिना बोध नहीं होता है।

कृष्णमूर्ति : हम विशुद्ध बोध की बात नहीं कर सकते हैं। बोध सदा बोधकर्ता से मिश्रित होता है—यह संयुक्त घटना है। यदि हम बोध की बात करते हैं, बोधकर्ता तुरंत उसमें निहित हो जाता है। बोधमात्र के बारे में बोलना अपनी अनुभूति के परे की बात करना है; केवल बोध हो रहा हो, ऐसी अनुभूति कभी हमें होती नहीं है। यह हो सकता है कि आप गहन सुषुप्ति में, गहरी नींद में चले जाएं, परंतु गहन सुषुप्ति में न तो बोध हो रहा होता है, न बोधकर्ता होता है। यदि आप ऐसी अवस्था से अवगत हैं, जिसमें बोधकर्ता को बिना बोध के अन्य विषय बीच में लाए, मात्र स्वयं का बोध हो रहा हो, केवल तभी आप प्रामाणिक रूप से बोधकर्ता की बात कर सकते हैं। जब तक वह अवस्था नहीं जानी गई है, तब तक हमें बोध से अलग किसी बोधकर्ता की बात करने का अधिकार नहीं है। तो बोधकर्ता और बोधक्रिया संयुक्त घटना है, वे एक ही तमगे के दो पहलू हैं। वे पृथक नहीं हैं और हमें उन दो घटनाओं को पृथक करने का कोई अधिकार नहीं है, जो पृथक नहीं हैं। हम बोधकर्ता को बोध से अलग करने का आग्रह करते हैं, जबकि उसके लिए कोई वैध आधार नहीं है। हम बोध से रहित बोधकर्ता से अवगत नहीं हैं, तथा हम बोधकर्ता से रहित बोध से भी अवगत नहीं हैं। अतएव एकमात्र प्रामाणिक निष्पत्ति यह है, कि बोध एवं बोधकर्ता, 'मैं' एवं संकल्प एक ही पदक के दो पक्ष हैं, वे एक ही घटना के दो आयाम हैं, जो न तो बोध है, न ही बोधकर्ता है; किंतु, इसकी सम्यक् परीक्षा गहन अवधान की अपेक्षा रखती है।

श्रोता : यह चर्चा हमें कहां ले जाती है?

कृष्णमूर्ति : सर, यह प्रश्न ईश्वर के अन्वेषण की समीक्षा के संदर्भ में उठा था। स्पष्टतः हममें से अधिकतर लोग यथार्थ के अनुभव के विषय में जानना चाहते हैं। निश्चित ही, इसे तभी जाना जा सकता है, जब अनुभवकर्ता अनुभव करना बंद कर दे, क्योंकि अनुभवकर्ता अनुभव की सृष्टि कर रहा है। यदि अनुभवकर्ता ही अनुभव को रच रहा है, तब वह ईश्वर रच तो लेगा, पर इसलिए वह ईश्वर नहीं होगा। क्या

अनुभवकर्ता का अंत हो सकता है? यही इस प्रश्न का समग्र अभिप्राय है। अब यदि अनुभवकर्ता और अनुभव संयुक्त घटना हैं, जो कि इतनी सीधी-साफ बात है, तो उस अनुभव करने वाले को, कर्ता को, विचारक को, विचार करना बंद करना पड़ेगा। क्या यह सुस्पष्ट नहीं है? तो क्या विचारक विचार करना बंद कर सकता है? क्योंकि जब वह सोचता है, तो वह रचता है, और जो वह रचता है, वह यथार्थ नहीं होता है। इसलिए यथार्थ, ईश्वर, या जो भी आप उसे कहते हों, वह है या नहीं है, यह पता लगाने के लिए विचार प्रक्रिया का समापन आवश्यक है, जिसका अभिप्राय है कि विचारक को समाप्त होना होगा। उसका निर्माण विचारों द्वारा हुआ है या नहीं, यह बात फिलहाल अप्रासंगिक है। समस्त विचार-प्रक्रिया को, जिसमें विचारक भी शामिल है, समाप्त हो जाना होगा। केवल तभी हम यथार्थ का अन्वेषण कर पाएंगे। अब, उस प्रक्रिया का अंत लाने के संदर्भ में सबसे पहली बात यह है कि कैसे यह किया जाना है और कौन इसे करने वाला है। यदि विचारक यह करता है तो विचारक अभी भी विचार की ही उपज है। विचार का अंत लाने वाला विचारक अभी भी विचार की ही निरंतरता है। तो विचारक को करना क्या है? उसकी ओर से किया जा रहा कोई भी आयास अभी भी विचार की ही प्रक्रिया है। उम्मीद है, मैं अपनी बात स्पष्ट कर पा रहा हूं।

× × × × ×

श्रोता : हम बोधकर्ता को बोध से, स्मरणकर्ता को स्मृति से विलग करने का आग्रह करते ही क्यों हैं? क्या यही हमारी समस्या के मूल में नहीं है?

कृष्णमूर्ति : हम इसे विलग इसलिए करते हैं, क्योंकि इस विलगता से स्मरणकर्ता, अनुभवकर्ता, विचारक स्थायी बन जाता है। स्मृतियां तो साफ तौर पर क्षणभंगुर होती हैं, अतः स्मरण करने वाला, अनुभव करने वाला यह जो मन है, अपने आप को पृथक कर लेता है, क्योंकि यह स्थायित्व चाहता है। वह मन जो किसी प्रयास में लगा है, होड़ में जुटा है, जो चुन रहा है, अनुशासित हो रहा है, निश्चित ही यथार्थ को नहीं पा सकता, क्योंकि जैसा कि हमने कहा है कि इस प्रयास के माध्यम से वह स्वयं का प्रक्षेपण करता है, और इस प्रकार विचारक को बनाए रखता है। अब विचारक को उसके विचारों से मुक्त कैसे किया जाए? इस पर हम विमर्श कर रहे हैं। क्योंकि जो भी वह सोचता है, वह अतीत का ही परिणाम होता है, और इस तरह वह स्मृति के आधार पर ईश्वर की, सत्य की रचना कर लेता है, जो कि स्पष्ट ही सत्य नहीं है। दूसरे शब्दों में, मन निरंतर ज्ञात से ज्ञात की ओर ही गतिमान होता है। जब स्मृति काम करती है तो मन सिर्फ ज्ञात के क्षेत्र में ही गति कर रहा है, जब स्मृति कार्यरत होती है, तो मन केवल ज्ञात के क्षेत्र में गति कर सकता है और जब यह ज्ञात के क्षेत्र में ही गति करता है, रहता है, तो यह अज्ञात को कभी नहीं जान सकता। अतः हमारी समस्या यह है कि मन को ज्ञात से मुक्त कैसे करें। स्वयं को ज्ञात से मुक्त करने हेतु कोई

भी प्रयास हानिकारक है, क्योंकि यह भी ज्ञात का ही प्रयास है। अतः समस्त प्रयास का अवसान आवश्यक है। क्या आपने कभी निष्प्रयास रह कर देखा है? यदि मैं समझ जाता हूं कि समस्त प्रयास व्यर्थ हैं, सारा प्रयास मन का ही, 'मैं' का ही, विचारक का ही एक और प्रक्षेपण है, यदि मुझे इसके सत्य का बोध हो जाता है, तो क्या घटित होता है? यदि मैं साफ-साफ देख लेता हूं कि किसी बोतल के लेबल पर 'विष' लिखा हुआ है, तो मैं उसे वहीं छोड़ देता हूं। उसकी ओर आकर्षित न होने के लिए मुझे कोई प्रयास नहीं करना पड़ता। ठीक इसी प्रकार से—और यही बात हमें सबसे कठिन लगती है—यदि मुझे यह स्पष्ट हो जाए कि मेरी ओर से किया जाने वाला कोई भी प्रयास क्षतिकारी है, यदि मैं इसके सत्य को देख लेता हूं, तो प्रयास से मुक्त हो जाता हूं। हमारी तरफ से किया जाने वाला कोई भी प्रयास हानिप्रद होता है, लेकिन हम इस बारे में सुनिश्चित नहीं हैं क्योंकि हम कोई परिणाम चाहते हैं, कोई उपलब्धि चाहते हैं—और यही हमारी मुश्किल है। इसीलिए हम प्रयास पर प्रयास करते चले जाते हैं। परंतु ईश्वर, सत्य, कोई परिणाम, कोई फल, कोई साध्य नहीं है। निश्चित ही इसे ही हम तक आना होता है, हम इस तक नहीं जा सकते; यदि हम इस तक जाने का प्रयास करते हैं, तो हम एक परिणाम, एक उपलब्धि ढूंढ़ रहे होते हैं। किंतु सत्य के आगमन हेतु मनुष्य को निष्क्रिय रूप से सजग होना होता है। निष्क्रिय सजगता एक ऐसी अवस्था है, जिसमें कोई प्रयास नहीं है; किसी चरम अर्थ में नहीं अपितु हर दृष्टि से, सजग होना है; आपको अपनी क्रियाओं के प्रति, अपने विचारों के प्रति, अपनी सापेक्ष प्रतिक्रियाओं के प्रति, बिना चयन के, बिना निंदा के, बिना तादात्म्य अथवा निषेध के सजग होना है, ताकि मन प्रत्येक विचार तथा प्रत्येक क्रिया को, बिना कोई राय बनाए, समझना आरंभ कर दे। इससे यह प्रश्न उभरता है कि क्या विचार के बिना समझना हो सकता है।

श्रोता : ज़रूर, यदि आपका किसी चीज़ के प्रति उपेक्षा-भाव है तो।

कृष्णमूर्ति : सर, उपेक्षा-भाव, उदासीनता भी राय बना लेने का ही एक प्रकार है। एक मंद मन, एक उदासीन मन, सजग नहीं है। बिना निर्णायक बने देखना, जो हो रहा है उसे ठीक-ठीक, तथ्यतः जानना ही सजगता है। अभी, निकटतम वर्तमान में सजग हुए बिना ईश्वर को खोजना वृथा है। मंदिर चले जाना तो अपेक्षाकृत सरल है, किंतु वह तो अनुमान के क्षेत्र में एक पलायन ही है। यथार्थ को समझने के लिए हमें इसे प्रत्यक्ष रूप से जानना होगा, और स्पष्ट है कि यथार्थ, समय तथा आकाश की परिधि का नहीं है; यह वर्तमान में है, एवं यह वर्तमान हमारा अपना विचार, हमारी अपनी क्रिया ही है।

बंगलोर,
4 जुलाई, 1948

बारह

प्रश्न : क्या बिना मनुष्य से प्रेम किए कोई सत्य से प्रेम कर सकता है? बिना सत्य से प्रेम किए क्या कोई मनुष्य से प्रेम कर सकता है? पहले-पहल क्या है?

कृष्णमूर्ति : निश्चित ही सर, पहले-पहल प्रेम है। क्योंकि सत्य को प्रेम करने हेतु आपके लिए सत्य को जानना आवश्यक होगा, और सत्य को जानना इसे नकार देना है। जो ज्ञात है, वह सत्य नहीं है, क्योंकि ज्ञात तो समय के आवरण में ही होता है, अतएव वह सत्य नहीं रह जाता। सत्य तो सतत गतिमान है, इसलिए समय या शब्द इसका पैमाना नहीं बन सकते, यह आपकी मुट्‌ठी में नहीं बंध सकता। तो सत्य को प्रेम करना सत्य को जानना है—आप किसी ऐसी चीज़ से प्रेम नहीं कर सकते, जिसे आप जानते न हों। लेकिन सत्य को पुस्तकों में, मूर्तिपूजा में, मंदिरों में नहीं पाया जा सकता। इसे तो कर्म में, जीने में, सोचने में पाया जाता है; इसलिए ज़ाहिर है कि पहले तो प्रेम ही है, अज्ञात की खोज अपने आप में ही प्रेम है, और अन्यों से संबंधित हुए बिना आप अज्ञात का अन्वेषण नहीं कर सकते। खुद को किसी एकांत में अलग-थलग करके आप यथार्थ, ईश्वर या जो कुछ भी है, उसको नहीं खोज सकते। आप अज्ञात को केवल संबंध में ही, जब मनुष्य मनुष्य से संबंधित हो, तभी खोज पाते हैं। अतः मनुष्य से प्रेम ही अज्ञात की खोज है।

बिना मनुष्य से प्रेम किए, बिना मनुष्यता से प्रेम किए यथार्थ की कोई खोज नहीं हो सकती, क्योंकि जब मैं आपको जानने लगता हूं—कम से कम जब मैं संबंध में आपको जानने की कोशिश करता हूं—तो उस संबंध में ही मैं स्वयं को जानना आरंभ कर देता हूं। संबंध एक आईना है, जिसमें मुझे अपना पता चल रहा है, अपने 'उच्चतर' स्व का नहीं, बल्कि मैं स्वयं की समग्र, पूरी की पूरी प्रक्रिया को देख-समझ पा रहा हूं। 'उच्चतर' स्व और 'निम्नतर' स्व मन के ही क्षेत्र की चीज़ें हैं; और बिना मन को समझे, बिना विचारक को समझे मैं विचार के परे कैसे जा सकता हूं, और अन्वेषण कैसे कर सकता हूं? वह संबंध ही यथार्थ की खोज है, क्योंकि वही स्वयं से मेरा एकमात्र संपर्क है, अतः संबंध में स्वयं की समझ ही निश्चित रूप से जीवन का आरंभ है। यदि मैं यह नहीं जानता कि आपसे कैसे प्रेम करूं, आपसे, जिसके

साथ मेरा संबंध है, तो मैं कैसे यथार्थ की खोज कर सकता हूं, और इसलिए कैसे यथार्थ से प्रेम कर सकता हूं? आपके बिना मैं नहीं हूं, या हूं? मेरा अस्तित्व आपसे पृथक नहीं हो सकता, मैं पृथकता में, अलगाव में विद्यमान नहीं रह सकता। इसलिए हमारे संबंध में, उस संबंध में जो आपके और मेरे बीच है, मैं खुद को समझना शुरू कर रहा होता हूं, और स्वयं को समझना ही प्रज्ञा का आरंभ है। अतः यथार्थ की खोज संबंध में प्रेम का प्रारंभ है। जिससे प्रेम करना हो, आपको उसे जानना होता है, समझना होता है, है न?

आपसे प्रेम करने के लिए मुझे आपको जानना होगा, मुझे पूछना और पता लगाना होगा, मुझे आपकी सभी मनोदशाओं, आपके बदलावों के प्रति ग्रहणशील होना होगा, स्वयं को अपनी ही महत्त्वाकांक्षाओं, लक्ष्यों और लालसाओं के दायरे में बांधे रखने से तो बात नहीं बनेगी। और आपको जानने में ही मैं अपने आपको बूझ रहा होता हूं। आपके बिना, मैं हो नहीं सकता; और अगर मैं आपके और अपने बीच उस रिश्ते को नहीं समझ पाता, तो प्रेम कैसे हो सकता है? और निश्चित ही, प्रेम के बिना कोई खोज नहीं होती, होती है क्या? आप यह नहीं कह सकते कि हमें सत्य से प्रेम करना चाहिए, क्योंकि सत्य से प्रेम करने के लिए आपका सत्य को जानना ज़रूरी है। क्या आप सत्य को जानते हैं? क्या आप जानते हैं कि यथार्थ क्या है? जिस क्षण आप कुछ जान लेते हैं, वह निबट चुका होता है, है न? वह समय के क्षेत्र में आ चुका होता है, अतएव सत्य नहीं रह जाता।

हमारी समस्या यह है : एक शुष्क हृदय, एक रीता हृदय सत्य को कैसे जान सकता है? नहीं जान सकता। सत्य ऐसा कुछ नहीं है, जो सुदूर कहीं हो। यह बहुत पास है, लेकिन हम जानते नहीं कि इसे ढूंढ़ें कैसे। इसे ढूंढ़ने के लिए हमें संबंध को समझना होगा, न केवल मनुष्य के साथ संबंध को, अपितु प्रकृति के साथ, विचार के साथ अपने संबंध को भी समझ लेना होगा। मुझे इस धरती के साथ अपने संबंध को तथा उद्भावना, कल्पना के साथ संबंध को, एवं साथ ही आपके साथ अपने संबंध को समझ लेना होगा; और संबंध को समझने के वास्ते यकीनन एक खुलेपन की ज़रूरत होती है। यदि मैं आपको समझना चाहता हूं, तो मुझे आपके प्रति अवरोधरहित होना होगा, ग्रहणशील होना होगा, मुझे आपसे कोई छिपाव-दुराव नहीं रखना होगा, अलगाव का कोई सिलसिला नहीं रह सकता है। समझ में ही सत्य है, और समझने के लिए प्रेम होना चाहिए, इसलिए कि प्रेम बिना समझना तो हो ही नहीं सकता। अतः मनुष्य अथवा सत्य नहीं, पहले-पहल तो प्रेम ही होता है, और प्रेम का उद्भव संबंध को समझने में ही होता है, जिसका अर्थ है कि हम संबंध के प्रति खुले, अवरोधरहित हों, अतएव यथार्थ के प्रति अवरोधरहित हों। सत्य को निमंत्रित नहीं किया जा सकता, इसे स्वयं ही आप तक आना होता है। सत्य की तलाश करना सत्य को नकारना है। सत्य आप तक तब आता है, जब आप खुले,

बिना किसी अवरोध के होते हैं, जब आप पूरी तरह, किसी भी रोक-रुकावट से रहित होते हैं, जब विचारक विचार करने में रत नहीं रह जाता, अपनी सृष्टि और निर्माण नहीं कर रहा होता, जब मन बिलकुल स्थिर, निश्चल होता है—बाध्य होकर नहीं, नशे में डूबकर नहीं, शब्दों द्वारा, पुनरावृत्ति द्वारा सम्मोहित होकर नहीं। आना सत्य को ही होता है।

जब विचारक सत्य के पीछे भागता है, तो वह सिर्फ अपने फायदे के पीछे ही भाग रहा होता है। इसलिए सत्य उसकी समझ के दायरे से बाहर रहता है। विचारक का अवलोकन केवल संबंध में ही किया जा सकता है, और समझने के लिए प्रेम आवश्यक है। प्रेम के बिना खोज होती ही नहीं।

× × × × ×

प्रश्न : आप ईश्वर का ज़िक्र कभी नहीं करते। क्या आपकी शिक्षाओं में उसका कोई स्थान नहीं है?

कृष्णमूर्ति : आप ईश्वर के विषय में बहुत चर्चा करते हैं, करते हैं न? आपकी किताबें इससे भरी हुई हैं। आप गिरजे बनाते हैं, मंदिर बनाते हैं, आप त्याग और बलिदान करते हैं, आप पूजा-पाठ करते हैं, अनुष्ठान आयोजित करते हैं और आप ईश्वर विषयक धारणाओं से भरे पड़े हैं, हैं कि नहीं? आप यह शब्द तो दोहरा लेते हैं, पर आपके कर्म तो ईश्वरीय नहीं हैं, या हैं? यद्यपि जिसे आप ईश्वर कहते हैं, उसकी आप उपासना करते हैं, आपके तौर-तरीके, आपके विचार, आपका अस्तित्व ईश्वरीय नहीं हैं, क्या हैं? हालांकि आप ईश्वर शब्द दोहराते रहते हैं, तो भी आप दूसरों का शोषण किया करते हैं, क्या आप ऐसा नहीं करते? आपके अपने-अपने ईश्वर हैं—हिंदू, मुस्लिम, ईसाई और बाकी सारे। आप मंदिर बनवाते हैं, आप जितने ज़्यादा अमीर होते जाते हैं, उतने ज्यादा मंदिर बनवाने लगते हैं। (हंसी) हंसिए मत, आप खुद भी यही कर रहे होते, बाकी फिलहाल आप अमीर होने की कोशिशों में लगे हैं, फर्क बस इतना ही है।

तो आप ईश्वर से खूब परिचित हैं, कम से कम इस शब्द से तो हैं ही; पर यह शब्द तो ईश्वर नहीं है, शब्द वह वस्तु नहीं होता है। हम इस मुद्दे पर पूरी तरह से स्पष्ट हो लें। यह शब्द ईश्वर नहीं है। आप ईश्वर शब्द का अथवा किसी अन्य शब्द का प्रयोग कर सकते हैं, किंतु ईश्वर वह शब्द नहीं है जिसका प्रयोग आप कर रहे हैं। चूंकि आप इसका प्रयोग कर लेते हैं, इसका मतलब यह नहीं है कि आप ईश्वर को जानते हैं, आप सिर्फ इस शब्द को जानते हैं। मैं इस शब्द का इस्तेमाल नहीं करता, इसकी बड़ी साफ वजह है कि आप इसे जानते हैं। जो आप जानते हैं, वह यथार्थ नहीं है। इसके अतिरिक्त, यथार्थ का पता लगाने के लिए मन की सारी शाब्दिक बड़बड़ का बंद होना ज़रूरी है, नहीं? आपके यहां ईश्वर की प्रतिमाएं

हैं, किंतु निश्चित ही वह प्रतिमा ईश्वर नहीं है। आप ईश्वर को कैसे जान पाएंगे? ज़ाहिर है, किसी मूर्ति के, किसी मंदिर के ज़रिये तो नहीं। ईश्वर को, अज्ञात को ग्रहण करने के लिए मन को भी अज्ञात हो जाना होता है। यदि आप ईश्वर की तलाश में हैं, तो आप ईश्वर को पहले से ही जानते हैं, आप उस लक्ष्य से अवगत हैं। यदि आप ईश्वर को ढूंढ़ रहे हैं, तो आप जानते ही होंगे कि ईश्वर क्या है, नहीं तो आप उसे ढूंढ़ते ही नहीं, या ढूंढ़ते हैं? आप उसे या तो अपनी पुस्तकों के मुताबिक ढूंढ़ते हैं, या अपनी भावनाओं के अनुरूप ढूंढ़ते हैं, और आपकी भावनाएं आपकी स्मृति की प्रतिक्रियाएं मात्र हैं। इसलिए जिसे आप ढूंढ़ रहे हैं, वह पहले से ही गढ़ लिया गया है, या तो स्मृति के द्वारा, या सुनी-सुनाई बात के द्वारा, और जो पूर्वनिर्मित है, वह शाश्वत नहीं है—वह तो मन की ही उपज है।

अगर किताबें नहीं होतीं, गुरु नहीं होते, दोहराने के लिए सूत्र नहीं होते, तो आपको पता होता केवल दुःख और प्रसन्नता का—यही होता न?—लगातार दुःख और परेशानियां एवं प्रसन्नता के कुछ विरल क्षण। और तब आप जानना चाहते कि आपको दुःख होता क्यों है। पर आप ईश्वर में पलायन नहीं कर पाते—लेकिन शायद आप दूसरे तरीकों से पलायन करने लगते, और शीघ्र ही पलायन के रूप में देवताओं का आविष्कार कर लेते। किंतु यदि आप दुःख की समग्र प्रक्रिया को वस्तुतः समझना चाहते हैं, एक नूतन मानव की तरह, एक नए खिले इंसान की तरह, पलायन नहीं बल्कि जांच-परख करते हुए, तब आप स्वयं को दुःख से मुक्त कर लेंगे, तब आप खोज लेंगे कि यथार्थ क्या है, ईश्वर क्या है। पर जो मनुष्य दुःख से ग्रस्त है, वह ईश्वर अथवा यथार्थ को नहीं खोज पाता; यथार्थ को तभी खोजा-पाया जा सकता है, जब दुःख का अंत हो जाता है, जब प्रसन्नता विद्यमान होती है, तुलना की जा सकने वाली विषमता के रूप में नहीं, विपरीत के रूप में नहीं, अपितु वह तो एक ऐसी अवस्था है, जिसमें विपरीत हैं ही नहीं।

अतः अज्ञात, वह जिसकी सृष्टि मन ने नहीं की है, मन द्वारा प्रतिपादित, सूत्रबद्ध नहीं किया जा सकता। वह जो कि अज्ञात है, उसके बारे में सोचा नहीं जा सकता। जिस क्षण आप अज्ञात के विषय में सोचने लगते हैं, यह ज्ञात ही होता है। निश्चित ही, आप अज्ञात के विषय में विचार नहीं कर सकते, कर सकते हैं क्या? आप विचार केवल ज्ञात के ही बारे में कर सकते हैं। विचार की गति ज्ञात से ज्ञात की ओर ही होती है; और जो ज्ञात है, वह यथार्थ नहीं है। तो जब आप सोचते और ध्यान करते हैं, जब आप बैठ जाते हैं और ईश्वर के विषय में विचार करने लगते हैं, तब आप उसी के विषय में विचार कर रहे होते हैं, जो ज्ञात है; वह समय में है, वह समय के जाल में आबद्ध है, अतएव वह यथार्थ नहीं है। यथार्थ केवल तभी अस्तित्व में आ सकता है, जब मन समय के जाल से मुक्त हो जाता है। जब मन सर्जन करना बंद कर देता है, तब सर्जन होता है। तात्पर्य यह कि मन का पूर्णरूपेण स्थिर

होना, निश्चल होना ज़रूरी है, लेकिन वह उकसाई गई तथा सम्मोहनजन्य स्थिरता नहीं होनी चाहिए, वह तो मात्र एक परिणाम ही होगी। यथार्थ का अनुभव करने के लिए स्थिर बनने की कोशिश करना पलायन का ही एक और रूप है। शांति, स्थिरता तभी होती है, जब सारी समस्याएं समाप्त हो चुकी होती हैं। जैसे समीर के थमने पर सरोवर शांत हो जाता है, वैसे ही मन स्वाभाविक रूप से मौन, शांत हो जाता है, जब बेचैन करने वाला, विचारक नहीं रहता। विचारक के अंत हेतु, वे सभी विचार जिनका वह निर्माण कर रहा है, सोच लिए जाने ज़रूरी हैं। विचार का प्रतिरोध करने से, उसके खिलाफ प्रतिरोध खड़े करने से कुछ होने वाला नहीं है, क्योंकि सभी विचारों को अनुभूत कर लेना, महसूस कर लेना आवश्यक है।

जब मन स्थिर, प्रशांत होता है, तो यथार्थ, वह अनिर्वचनीय प्रकट होता है। आप इसे निमंत्रित नहीं कर सकते। इसे निमंत्रित करने के लिए तो आपका इसे जानना ज़रूरी होगा, और जो जाना हुआ है, ज्ञात है, वह यथार्थ नहीं है। अतः यह आवश्यक है कि मन सरल हो, विश्वासों से, कल्पित धारणाओं से लदा हुआ न हो। और जब स्थिरता होती है, जब कोई इच्छा, कोई ललक नहीं रहती, जब ऐसी स्थिरता सहित, जिसे प्रवृत्त नहीं किया गया है, लादा नहीं गया है, मन खामोश होता है, तब यथार्थ का आगमन होता है एवं वह सत्य, वह यथार्थ ही एकमात्र रूपांतरकारी तत्त्व है, केवल यही वह कारक है, जो हमारे अस्तित्व में, हमारे दैनिक जीवन में एक आधारभूत, आमूल क्रांति ले आता है। और उस यथार्थ को पाने के लिए उसे खोजना नहीं पड़ता, बल्कि उन कारकों को समझ लेना होता है, जो मन को उद्वेलित, बेचैन करते रहते हैं, जो खुद मन ही को क्षुब्ध, अशांत कर दिया करते हैं। तब मन सरल, मौन, स्थिर होता है। उस स्थिरता में वह अज्ञात, वह अविज्ञेय आविर्भूत होता है। और जब ऐसा होता है, तो आशीर्वाद होता है, स्वस्ति होती है।

मुंबई,
8 फरवरी 1948

तेरह

मेरे विचार में कर्म की समस्या से हमारा गहरा सरोकार आवश्यक है। जब इतनी सारी समस्याएं हमारे सामने हैं—गरीबी, अधिक जनसंख्या, यंत्रों का असाधारण विकास, औद्योगीकरण, आंतरिक तथा बाह्य रूप से गिरावट का एहसास—तो हमें करना क्या होगा? समाज से अपने संबंधों के सिलसिले में व्यक्ति का कर्त्तव्य अथवा दायित्व क्या है? यह समस्या निश्चित रूप से सभी विचारशील लोगों के सरोकार का विषय होती है और व्यक्ति जितना अधिक बुद्धिमान, जितना अधिक सक्रिय होता है, उतना ही ज़्यादा वह खुद को किसी न किसी प्रकार के समाज-सुधार में झोंक देना चाहता है। तो व्यक्ति का वास्तविक दायित्व क्या है? मुझे लगता है इस प्रश्न का उत्तर पूरी तरह से तथा जीवंत सार्थकता सहित तभी दिया जा सकता है, जब हम सभ्यता के, संस्कृति के समग्र उद्देश्य को समझ लें।

आखिरकार, वर्तमान समाज को हमने ही बनाया है, यह हमारे ही व्यक्तिगत संबंधों का परिणाम है; और यथार्थ को, ईश्वर को, या जो भी नाम आप उसे देना चाहें, उसको खोजने-पाने के लिए क्या यह समाज आधारभूत रूप से मनुष्य की मदद करता है? या क्या यह मात्र एक ढांचा है जो प्रतिक्रियाओं को निर्धारित करता है कि किसी मसले पर हमें कैसे प्रतिक्रिया करनी है, अथवा समाज के साथ अपने संबंधों में कैसे कर्मरत होना है? यदि वर्तमान संस्कृति, वर्तमान सभ्यता ईश्वर को, सत्य को पाने में मनुष्य की मदद नहीं करती, तो यह एक बाधा ही है; और यदि यह एक बाधा है, तो इसके पुनरुत्थान हेतु किया गया प्रत्येक सुधार, प्रत्येक क्रिया-कलाप यथार्थ के अन्वेषण में एक और गिरावट ही है, एवं मात्र यथार्थ के उस अन्वेषण से ही सच्ची कर्मशीलता का जन्म होता है।

मेरे विचार में इस बात को समझ लेना बहुत महत्त्वपूर्ण है, न कि सिर्फ इससे सरोकार रखना कि किस प्रकार के सामाजिक सुधार या गतिविधि से तादात्म्य स्थापित कर लिया जाए। निश्चित रूप से, समस्या यह नहीं है। समस्या स्पष्ट ही अधिक गहरी है। बड़ी आसानी से व्यक्ति किसी गतिविधि या समाज-सुधार में जुट सकता है और तब यह पलायन का एक माध्यम बन जाता है, कर्म के द्वारा स्वयं के विस्मरण

अथवा बलिदान का साधन बन जाता है; पर मुझे नहीं लगता कि इससे हमारी अगणित समस्याओं का हल निकल आएगा। हमारी समस्याएं कहीं अधिक गहन हैं तथा हमारी आवश्यकता एक अधिक गहन समाधान की ही है, जो मेरे विचार में हमें तब मिलेगा जब हम इस प्रश्न की पड़ताल कर सकें कि क्या हमारी यह वर्तमान संस्कृति—संस्कृति में निहित है धर्म तथा समस्त सामाजिक व नैतिक संरचना—यथार्थ को खोज लेने में मनुष्य की कोई सहायता करती है। यदि ऐसा नहीं है, तो इस तरह की संस्कृति या सभ्यता का सुधार मात्र करना समय का अपव्यय है; लेकिन यदि यह सच्चे मायने में मनुष्य की सहायक है, तो हम सभी को इसके सुधार की ओर तहे दिल से, पूरे तौर पर ध्यान देना चाहिए। यह मसला, मेरे ख्याल में, इसी बात पर निर्भर करता है।

संस्कृति से हमारा तात्पर्य है विचार की समग्र समस्या, है न? हममें से अधिकतर के लिए विचार विभिन्न प्रकार की संस्कारबद्धता, शिक्षा, अनुसरण-वृत्ति एवं उन दबावों तथा प्रभावों का परिणाम है, जिनके अधीन किसी विशिष्ट सभ्यता के प्रारूप के भीतर रहते यह काम करता है। वर्तमान में हमारे विचारों को समाज द्वारा ही ढाला जाता है तथा जब तक हमारी सोच में एक क्रांति घटित नहीं होती है, तब तक किसी सतही संस्कृति या समाज का मात्र सुधार-कार्य मुझे तो एक मन-बहलाव भर लगता है, एक ऐसा कारक जो आखिरकार और दुर्दशा का ही कारण बनेगा।

अंततः जिसे हम सभ्यता कहते हैं, वह विचार को हिंदू सांचे, ईसाई या साम्यवादी सांचे या वैसे ही किसी और सांचे में ढालने की, शिक्षित करने की प्रक्रिया ही है; और क्या इस तरीके से शिक्षित की गई सोच कभी भी आधारभूत क्रांति सृजित कर सकती है? क्या विचार को आकार देने का कोई भी जतन, उस पर पड़ने वाला कोई भी दबाव सत्य के शोध को, उसकी समझ को जन्म दे सकता है? निश्चित ही, विचार को अपने आपको सभी दबावों से मुक्त करना होगा, जिसका असल में अभिप्राय यह है कि उसे खुद को समाज से, सभी तरह के प्रभावों से मुक्त कर लेना होगा और इस तरह खोज लेना होगा कि सत्य क्या है; तब उस सत्य की अपनी ही एक क्रिया होगी, जो एक पूरी तरह से भिन्न संस्कृति का सूत्रपात करेगी।

तात्पर्य यह कि क्या समाज का अस्तित्व यथार्थ के प्रकटन हेतु है, या क्या यथार्थ को पाने के लिए व्यक्ति का समाज से मुक्त होना आवश्यक है? यदि समाज यथार्थ को खोज पाने में मनुष्य का सहयोग करता है, तब तो समाज के भीतर हर तरह का सुधार अनिवार्य है; किंतु यदि यह उस खोज में एक रुकावट है तो क्या व्यक्ति को समाज से निकल नहीं आना चाहिए और सत्य की खोज में नहीं लग जाना चाहिए? केवल ऐसा व्यक्ति ही वास्तव में धार्मिक है, न कि वह व्यक्ति जो पूजा-पाठों का अनुष्ठान किया करता है अथवा जीवन को किन्हीं धर्मशास्त्रीय प्रतिमानों के अनुसार जीता है; और जब कोई व्यक्ति विशेष स्वयं को समाज से मुक्त कर लेता है और सत्य को खोजता है, तो क्या वह अपनी इस खोज में ही एक भिन्न संस्कृति का प्रादुर्भाव नहीं कर रहा होता?

मेरी सोच में यह एक महत्त्वपूर्ण मसला है क्योंकि हममें से ज़्यादातर लोगों का सरोकार महज़ सुधार ले आने से है। हम निर्धनता, बढ़ती जनसंख्या तथा हर तरह के विघटन, विभाजन व द्वंद्व को देखते हैं, और यह सब देखने पर व्यक्ति को करना क्या है? क्या उसे किसी विशिष्ट समूह में शामिल होकर या किसी विचारधारा के लिए काम करके शुरुआत करनी है? क्या यही धार्मिक मनुष्य का कार्य है? धार्मिक मनुष्य निश्चित तौर पर वही है जो यथार्थ को खोज रहा है, वह व्यक्ति नहीं जो गीता से उद्धरण देता रहता है, या जो रोज मंदिर जाया करता है। ज़ाहिर है कि यह धर्म नहीं है, यह तो बाध्यता है, समाज द्वारा विचार को संस्कारग्रस्त करना है। तो वह मनुष्य क्या करे, जो इस बारे में संजीदा है, जो एक अविलंब क्रांति के घटित होने की आवश्यकता को देखता है, उस क्रांति की अभीप्सा से युक्त है? क्या वह समाज के ढांचे के भीतर ही सुधार के लिए कार्य करे? समाज एक कारागार है, और क्या वह बस इस कारागार में सुधार लाता रहे, इसके सींखचों को सजाता रहे और इसकी दीवारों के भीतर चीज़ों को खूबसूरती से अंजाम देता रहे? निश्चित रूप से वही मनुष्य, जो सचमुच ही गंभीर है, जो खरे अर्थों में धार्मिक है, वही एक मात्र क्रांतिकारी है, और कोई नहीं; और ऐसा मनुष्य वही है जो यथार्थ को खोज रहा है, जो यह पता लगाने की कोशिश कर रहा है कि ईश्वर अथवा सत्य क्या है?

अब ऐसे मनुष्य का कर्म क्या है? वह क्या करे? क्या वह वर्तमान समाज के भीतर ही काम करे, या इससे निकल आए और उसके वास्ते समाज का बिलकुल भी संदर्भ न रहे। निकल आने का मतलब किन्हीं खास तरह के सम्मोहनकारी सुझावों के ज़ोर पर खुद को अलग-थलग कर लेना, संन्यासी बन जाना, एकांतवासी हो जाना नहीं है; फिर भी वह सुधारक तो नहीं बन सकता है क्योंकि किसी वाकई संजीदा इनसान के लिए महज़ सुधारों में जुट जाना ऊर्जा का, विचार का, सर्जनात्मकता का अपव्यय है। तो वह वस्तुतः गंभीर मनुष्य क्या करे? यदि वह जेलखाने की दीवारों को सजाने, कुछ सलाखें हटा लेने, थोड़ा और उजाला आने देने में उत्सुक नहीं है, यदि उसके लिए इन सब बातों का कोई संदर्भ ही नहीं बनता, और यदि वह मनुष्य तथा मनुष्य के बीच संबंध में—वह संबंध, जिसने यह भयावह समाज निर्मित किया है, जिसमें ऐसे लोग भी हैं जिनके पास अकूत संपत्ति है, और ऐसे भी हैं जिनके पास कुछ भी नहीं है, बाहरी और भीतरी दोनों रूपों में—उस संबंध में आमूल क्रांति, आधारभूत परिवर्तन लाने के महत्त्व को भी देखता है, तो उसे करना क्या होता है? मेरे विचार में, स्वयं के समक्ष यह प्रश्न रखना महत्त्वपूर्ण है।

अंततः, क्या संस्कृति सत्य के माध्यम से अस्तित्व में आती है, अथवा क्या संस्कृति मानव-निर्मित है? यदि यह मानव निर्मित है, तो स्पष्ट ही यह आपको सत्य की ओर नहीं ले जाएगी। और हमारी संस्कृति मानव निर्मित ही है, क्योंकि यह न केवल सांसारिक वस्तुओं के, अपितु तथाकथित आध्यात्मिक जिन्सों के विविध

प्राप्तिलोभों पर आधारित है। यह संस्कृति हर तरह की पद की अभिलाषा, आत्म-श्लाघा तथा इसी तरह की बातों का परिणाम है। यह बात बिलकुल साफ है कि इस प्रकार की संस्कृति मनुष्य को उसकी अनुभूति की ओर नहीं ले जा सकती, जो परम है; और यदि मैं इस बात को देख लेता हूं, तो मुझे करना क्या होगा? आप क्या करेंगे, सर, यदि आपको वास्तव में इसका एहसास हो जाए कि समाज बाधा है? समाज एक या दो क्रिया-कलाप मात्र नहीं है, यह मानव-संबंध की समस्त संरचना है जिसमें सारी सृजनशीलता समाप्त हो चुकी है, जिसमें निरंतर अनुकरण हो रहा है; यह भय का एक ढांचा है जहां शिक्षा केवल अनुसरण है और जिसमें प्रेम बिलकुल भी नहीं है, बस प्रेम के रूप में वर्णित एक प्रारूप है, क्योंकि यही तो है जिसके लिए हम सब होड़ में लगे हैं कि हमें मान्यता मिले। हमारी क्षमताओं को, हमारे ज्ञान को समाज की ओर से मान्यता मिले, ताकि हम कोई हस्ती बन जाएं। तो जब वह यह सब महसूस करता है और गरीबी को, भुखमरी को, तमाम तरह के विश्वासों में मन के विखंडन को देखता है, तो एक वस्तुतः गंभीर व्यक्ति को करना क्या होता है?

अब यदि हमें जो कुछ कहा जा रहा है, उसे हम वास्तव में सुनें, इस अर्थ में सुनें कि हमें यह पता लगाने की चाह हो कि सत्य क्या है, ताकि मेरी राय के विरुद्ध आपकी राय, मेरे स्वभाव के विरुद्ध आपके स्वभाव का द्वंद्व न रहे, यदि हम उस सबको एक तरफ हटा सकें और यह पता लगाने की कोशिश करें कि सत्य क्या है, जिसके लिए प्रेम की आवश्यकता है, तब मैं सोचता हूं कि हम उस प्रेम में ही, अच्छाई के उस एहसास में ही सत्य को पा लेंगे, जो एक नई संस्कृति का सर्जन करता है। तब व्यक्ति समाज से मुक्त होता है, वह समाज के सुधार के विषय में चिंतित नहीं होता है। परंतु यह पता लगाने के लिए कि सत्य क्या है, प्रेम की दरकार होती है, और हमारे हृदय खाली हैं क्योंकि वे समाज की वस्तुओं से भरे हुए हैं। इनसे भरे रहकर हम सुधार का प्रयास करते हैं, और हमारा यह सुधार-कार्य प्रेम की सुगंध से रहित होता है।

अतः वह मनुष्य जो गंभीर है; क्या करे? क्या वह सत्य, ईश्वर या जो भी नाम आप उसे देते हों, उसकी खोज करे, या वह अपना दिल और दिमाग समाज की उन्नति में लगाए, जो वास्तव में उसका अपना ही सुधार है। आप समझ रहे हैं न? वह सत्य क्या है, इसका अन्वेषण करे, या वह समाज के हालात में सुधार लाए, जो कि उसका स्वयं में सुधार लाना ही है? क्या वह समाज के नाम पर स्वयं को उन्नत करे, या वह सत्य की खोज करे, जिसमें उन्नति वाली बात ही नहीं है? उन्नति में समय निहित है, कुछ बनने के लिए समय, जबकि सत्य का समय से कोई वास्ता नहीं है, इसका बोध तो तत्काल करना होता है।

अतः यह समस्या असाधारण रूप से अर्थपूर्ण है, है न? हम समाज के सुधार के बारे में चर्चा कर सकते हैं, लेकिन वह अभी भी अपना खुद का सुधार ही है।

और उस मनुष्य के लिए, जो यह खोज रहा है कि यथार्थ क्या है, सत्य क्या है, स्व का कोई सुधार है ही नहीं; बल्कि बात इसके ठीक उलट है, स्व का तो, जो कि समाज है, पूर्ण अवसान ही होना है; इसलिए उसका सरोकार समाज के सुधार से नहीं है।

समाज की पूरी संरचना मान्यता तथा प्रतिष्ठा की प्रक्रिया पर आधारित है, और निश्चित ही, कोई गंभीर व्यक्ति समाज के सुधार की चाह नहीं कर सकता है, जो कि उसका खुद का ही सुधार है। समाज को सुधारने में, किसी भले से अपना तादात्म्य स्थापित करने में वह यह सोच सकता है कि वह अपना उत्सर्ग कर रहा है, पर है यह अभी भी आत्मोन्नति ही। जबकि जो मनुष्य उसे खोज रहा है जो परम है, सर्वोच्च है, उसके लिए आत्मोन्नति का प्रश्न ही नहीं है; उस दिशा में 'मैं' की कोई उन्नति, कोई सुधार नहीं है, कुछ बनना नहीं है, कोई अभ्यास नहीं है, "मैं हो जाऊं" का कोई विचार नहीं है। इसका वास्तव में अर्थ है, विचार पर समस्त दबाव की समाप्ति; और जब विचार पर कोई दबाव नहीं होता, तो क्या विचार करने की क्रिया होती है? विचार पर पड़ने वाला दबाव ही सोचने की प्रक्रिया है, किसी खास समाज के हिसाब से सोचना, या उस समाज के खिलाफ प्रतिक्रिया के हिसाब से सोचना; और जब कोई दबाव नहीं है, तो क्या सोचने की यह प्रक्रिया है? केवल वही मन जिसमें विचार की यह गतिविधि नहीं होती, जो कि समाज का दबाव ही है—केवल ऐसा ही मन यथार्थ का अन्वेषण कर पाता है, और उस परम को खोजने में ऐसा मन नई संस्कृति का सर्जन करता है। यही है, जो कि आवश्यक है : एक सर्वथा भिन्न प्रकार की संस्कृति को जन्म देना, न कि वर्तमान समाज को सुधारते रहना। और इस प्रकार की संस्कृति का उदय तब तक नहीं हो सकता, जब तक कि इस सबको वास्तव में गंभीरता से लेने वाला व्यक्ति संपूर्ण ऊर्जा के साथ, प्रेम के साथ, पूरी तरह से उसकी खोज में न लगे जो कि यथार्थ है। उस यथार्थ को किसी पुस्तक में, किसी अगुआ के माध्यम से नहीं पाया जा सकता; वह तब अस्तित्व में आता है जब विचार निश्चल होता है तथा वह निश्चलता किसी अनुशासन द्वारा नहीं लाई जा सकती। जब प्रेम होता है तो निश्चलता का आगमन होता है।

इन प्रश्नों में से कुछ पर गौर करते वक्त, मैं समझता हूं यह महत्त्वपूर्ण है कि जो कहा जा रहा है उसका हम प्रत्यक्ष रूप से अनुभव करें, और आप ऐसा नहीं कर सकते अगर आपका सरोकार सिर्फ उस प्रश्न के उत्तर से ही है। यदि हमें समस्या का मिलकर अन्वेषण करना है, तो हम उसके बारे में मताग्रह नहीं रख सकते, मेरे मत-सिद्धांत बनाम आपके मत-सिद्धांत, क्योंकि मतवाद और अनुमान समस्या को समझने में बाधक बनते हैं। लेकिन आप और मैं बिना किसी आग्रह के, शांतिपूर्वक समस्या में गहनता से प्रवेश करें, तो संभवतः इसे समझ पाएं। वास्तव में कोई समस्या है ही नहीं, यह मन ही है जो समस्या बना लिया करता है। किसी समस्या को समझने

में हम अपने आपको, अपने ही मन के कार्य-व्यापार को समझ रहे होते हैं। अंततः किसी समस्या की विद्यमानता तभी होती है, जब कोई मुद्दा या खलबली, बेचैनी मन की जमीन में जड़ें जमा ले। और क्या मन किसी बेचैनी के प्रति, उस बेचैनी को मन में जड़ें जमा दिए बिना, जागरूक होने में, किसी मुद्दे, किसी समस्या को देखने में सक्षम नहीं है? मन किसी संवेदनशील फिल्म की भांति होता है, यह अनुभूत करता है, विविध प्रकार की प्रतिक्रियाओं को महसूस करता है; किंतु क्या प्रेम सहित अनुभूत करना, महसूस करना, प्रतिक्रिया करना संभव नहीं है, ताकि मन ही वह मृदा, वह मिट्टी न बने, जिसमें प्रतिक्रिया जड़ पकड़ ले और एक समस्या बन जाए।

प्रश्न : आपने कहा है कि पूर्ण अवधान शुभ है; तब अशुभ क्या है?

कृष्णमूर्ति : मुझे संदेह है कि क्या अशुभ जैसा कुछ होता भी है? मेहरबानी करके थोड़ा ध्यान दें, साथ आएं, साथ-साथ छानबीन करें। हम कहते हैं कि शुभ है और अशुभ है। ईर्ष्या है, और प्रेम है, एवं हम कहते हैं कि ईर्ष्या बुरी है, अशुभ है तथा प्रेम भला है, शुभ है। हम इसे 'भला' और उसे 'बुरा' कहकर जीवन को विभाजित क्यों करते हैं, और ऐसा करके विपरीतों का द्वंद्व क्यों निर्मित कर लेते हैं? ऐसा नहीं कि मनुष्य के मन तथा हृदय में ईर्ष्या, घृणा, क्रूरता नहीं है, करुणा व प्रेम का अभाव नहीं है, पर हम 'शुभ' कहे जाने वाले विषय और 'अशुभ' कहे जाने वाले विषय में जीवन को क्यों बांटा करते हैं? क्या वास्तव में विषय-वस्तु एक ही नहीं है, जो कि वह मन है जो अनवधान में है, ध्यान नहीं दे रहा है? निश्चित ही, जब पूर्ण अवधान होता है, जिसका अर्थ है कि मन पूरी तरह से सजग, सतर्क, सावधान होता है, देख रहा होता है, तो शुभ या अशुभ जैसा कुछ नहीं होता, केवल एक जाग्रत दशा होती है। शुभता, अच्छाई तब कोई लक्षण, कोई सद्गुण नहीं है, यह तो प्रेम की दशा है। जब प्रेम है, तो न अच्छा है, न बुरा है, केवल प्रेम है। जब आपको किसी से प्रेम होता है, तो आप अच्छाई या बुराई, शुभ या अशुभ के बारे में नहीं सोच रहे होते, आपका समग्र अस्तित्व उस प्रेम से आपूरित होता है, भरा होता है। केवल तभी जब संपूर्ण अवधान का, प्रेम का अभाव होता है, तब 'जो मैं हूं' और 'जो मुझे होना चाहिए' के बीच द्वंद्व आ जाता है। तब जो मैं हूं, वह 'अशुभ' होता है, बुरा होता है, और जो मुझे होना चाहिए, वह तथाकथित 'शुभ' होता है, अच्छा होता है।

अब क्या यह संभव है कि हम विखंडन के संदर्भ में न सोचें, जीवन को शुभ और अशुभ में न तोड़ें, इस द्वंद्व में न फंसें। अच्छे और बुरे का द्वंद्व कुछ बनने के लिए किया जाने वाला संघर्ष है। जिस क्षण मन कुछ बन जाने की कामना करता है, प्रयास होगा ही, विपरीतों में द्वंद्व होगा ही। यह कोई परिकल्पना नहीं है। आप अपने खुद के मन को देखें तो आप पाएंगे कि जिस पल मन कुछ बन जाने की भाषा में सोचना बंद करता है, क्रिया का अवसान हो जाता है, वह रुक जाती है,

जो रुद्धता, गतिहीनता की स्थिति नहीं है, यह संपूर्ण अवधान की स्थिति है, जो कि शुभता है, अच्छाई है; परंतु वह संपूर्ण अवधान तब तक संभव नहीं होता, जब तक मन कुछ बनने के प्रयास में जकड़ा रहता है।

कृपया सुनें ज़रूर, न सिर्फ उसे जो मैं कह रहा हूं, बल्कि अपने खुद के मन की गतिविधियों को सुनें, जिससे आप पर यह प्रकट हो जाएगा कि किस असाधारण आग्रह के साथ मन कुछ बन जाने के घोर प्रयत्न में लगा है, जो यह है उससे भिन्न कुछ हो जाने के अंतहीन संघर्ष में जुटा है, जिसे हम असंतोष कहा करते हैं। कुछ बन जाने का जो यह प्रयत्न है, यही 'अशुभ' है, क्योंकि यह आंशिक अवधान है, अधूरा ध्यान है, पूर्ण अवधान नहीं है। जब पूर्ण अवधान होता है, तो बन जाने का कोई विचार नहीं होता, मात्र अस्तित्व की, होने की एक अवस्था होती है। पर जैसे ही आप पूछते हैं, "मैं होने मात्र की उस अवस्था तक कैसे पहुंच जाऊं, मैं पूरी तरह सजग कैसे हो जाऊं?" तो आप 'अशुभ' के पथ पर क़दम रख ही चुके होते हैं, क्योंकि आप उपलब्धि चाहते हैं। जबकि व्यक्ति इसे पहचान भर ले कि जब तक उसे कुछ बनना है, कुछ हो जाने का प्रयास करते रहना है, बन जाने की होड़ है, वह 'अशुभ' के पथ पर ही है, यदि व्यक्ति इस बात के सत्य का बोध कर पाए, इस तथ्य को ठीक जस-का-तस देख पाए, तब वह पाएगा कि वही पूर्ण अवधान की स्थिति है, और वही स्थिति शुभत्व है, अच्छाई है, उसमें कोई संघर्ष नहीं है।

प्रश्नः महान संस्कृतियां सदैव किसी प्रतिमान पर आधारित रही हैं, पर आप एक नई संस्कृति की बात करते हैं जो प्रतिमान से मुक्त है। पर क्या बिना प्रतिमान के, बिना किसी ढांचे के संस्कृति का होना संभव है?

कृष्णमूर्ति : क्या मन को यथार्थ के अन्वेषण के लिए सभी प्रारूपों से मुक्त नहीं होना चाहिए? और वह जो यथार्थ है, उसके अन्वेषण हेतु मुक्त होने पर क्या यह अपना प्रतिमान नहीं निर्मित कर लेगा, जिसे हो सकता है वर्तमान समाज मान्यता न दे? क्या वह मन जो किसी ढांचे में जकड़ा हुआ है, जो उस ढांचे के अनुरूप ही सोच पाता है जो समाज द्वारा संस्कारित-अनुकूलित है, क्या ऐसा मन उस अपरिमेय का अन्वेषण कर सकता है जिसका कोई प्रारूप, कोई बंधा-बंधाया ढांचा नहीं है? यह भाषा जो बोली जा रही है, अंग्रेजी, यह भी सदियों में विकसित एक प्रारूप ही है। यदि प्रारूपों से स्वतंत्र सर्जनात्मकता है, तो वह सर्जनात्मकता, वह स्वतंत्र भाषा की तकनीक का प्रयोग कर सकती है, पर उस तकनीक के माध्यम से, भाषा के ढांचे-ढर्रे के ज़रिये, यथार्थ को कभी नहीं पाया जा सकता। अभ्यास के द्वारा, किसी विशेष प्रकार के ध्यान के द्वारा, ज्ञान के द्वारा, किसी भी तरह के अनुभव के द्वारा, जो सभी एक प्रारूप के भीतर ही आते हैं, मन यह कभी नहीं समझ सकता कि सत्य क्या है। सत्य क्या है, इसे समझने के लिए, मन को प्रतिमानों-प्रारूपों से स्वयं को मुक्त कर लेना होगा। ऐसा मन एक निश्चल मन होता है, और तब

वह जो सर्जनशील है, अपनी स्वतः की गतिविधि का सर्जन कर सकता है। लेकिन बात ऐसी है कि हममें से अधिकतर, प्रतिमानों से कभी मुक्त नहीं हो पाते। न तो इस जगत में, न ही उस मनोगत, आध्यात्मिक जगत में, कभी ऐसा क्षण नहीं आता, जब मन भय से, अनुरूपता से, कुछ बनते रहने की इस आदत से पूर्णतया मुक्त हो। जब किसी भी दिशा में कुछ बनने की प्रक्रिया पूरी तरह से समाप्त हो जाती है, तब वह जो ईश्वर है, सत्य है, आविर्भूत होता है और एक नूतन प्रारूप, अपनी ही एक संस्कृति का सर्जन करता है।

प्रश्न : मन की समस्या और निर्धनता व असमानता की सामाजिक समस्या को एक साथ समझने की, हल करने की जरूरत है। आप सिर्फ एक ही पर क्यों ज़ोर देते हैं?

कृष्णमूर्ति : क्या मैं एक ही पर ज़ोर दे रहा हूं? क्या मन की समस्या से अलग, निर्धनता और असमानता की, पतन और दुर्दशा की सामाजिक समस्या जैसा कुछ है? क्या समस्या केवल एक ही नहीं है, जो कि मन है? यह मन ही है, जिसने सामाजिक समस्या निर्मित की है; और समस्या को निर्मित करके, यह स्वयं को आधारभूत रूप से बदले बिना उसे हल करने की कोशिश करता है। इसलिए हमारी समस्या मन ही है, वह मन जो श्रेष्ठ महसूस करना चाहता है और इस प्रकार सामाजिक असमानता रच लेता है, जो उपलब्धि के, लोभ-वृत्ति के विविध रूपों के पीछे भागता है, क्योंकि यह संपत्ति में, संबंध में या विचारों में, जो कि जानकारी है, सुरक्षित अनुभव करता है। सुरक्षित होने की यह सतत मांग ही असमानता निर्मित करती है, जो कि एक ऐसी समस्या है जिसे तब तक कदापि हल नहीं किया जा सकता, जब तक कि हम उस मन को न समझ लें जो भेद पैदा करता है, उस मन को, जिसमें प्रेम नहीं है। कानून बनाकर इस समस्या का हल नहीं निकलने वाला है, न ही इसे साम्यवादियों या समाजवादियों द्वारा हल किया जा सकता है। असमानता की समस्या का समाधान केवल तभी संभव है, जब प्रेम हो, और प्रेम सिर्फ एक शब्द नहीं है जिसे हम उछालते फिरें। जो मनुष्य प्रेम करता है उसे इस बात की चिंता नहीं होती कि कौन ऊंचा है और कौन नीचा है, उसके लिए न समानता है, न असमानता है; बस होने की एक अवस्था मात्र है, जो प्रेम है। पर हम उस अवस्था को जानते नहीं हैं, हमने उसे कभी महसूस नहीं किया है। अतः पूरी तरह अपनी ही गतिविधियों और व्यस्तताओं से वास्ता रखने वाला मन, जो पहले ही संसार में इतनी दुर्दशा ला चुका है तथा अभी भी और अधिक अनिष्ट और विनाश लाए जा रहा है—इस तरह का मन कैसे अपने ही भीतर एक संपूर्ण क्रांति को जन्म दे? निश्चित रूप से, समस्या यही है। और हम यह क्रांति किसी प्रकार के सामाजिक सुधार के द्वारा नहीं ला सकते; किंतु जब मन स्वयमेव ही इस बंधन-विमुक्ति की आवश्यकता को देख लेता है, तभी क्रांति घटित होती है।

सर, हम लोग हमेशा निर्धनता, असमानता और सुधार की बात किया करते हैं क्योंकि हमारे हृदय रीते हैं। जब प्रेम हो, तो हमारी समस्याएं होंगी ही नहीं, लेकिन प्रेम किसी अभ्यास द्वारा नहीं लाया जा सकता; इसका प्राकट्य तभी होता है जब आप नहीं होते हैं, मतलब यह कि जब आप अपने बारे में, अपने पद, अपनी प्रतिष्ठा के बारे में, अपनी महत्त्वाकांक्षाओं और कुंठाओं के बारे में चिंतित नहीं रह जाते हैं। जब आप अपने विषय में सोचना पूर्णरूपेण बंद कर देते हैं, कल नहीं, अभी। अपने विषय में यह व्यस्तता एक ही जैसी है, चाहे यह व्यस्तता उस शख्स की हो जो उसकी तलाश में लगा है जिसे वह ईश्वर कहता है, या फिर उसकी जो किसी सामाजिक क्रांति के लिए कार्य कर रहा है; और जो मन इस भांति व्यस्त है, वह कभी नहीं जान पाएगा कि प्रेम क्या है।

प्रश्न : हमें ईश्वर के बारे में बताइए?

कृष्णमूर्ति : मैं आपको ईश्वर के बारे में बताऊं, इसकी बजाय आइए, यह मालूम करते हैं कि क्या आप उस असाधारण अवस्था की अनुभूति कर सकते हैं अथवा नहीं, कल या किसी सुदूर भविष्य में नहीं, बल्कि ठीक इसी वक्त, जब हम यहां शांतिपूर्वक साथ-साथ बैठे हुए हैं। निश्चित ही यह कहीं अधिक महत्त्वपूर्ण है। लेकिन यह पता लगाने के लिए कि ईश्वर क्या है, समस्त विश्वास विदा हो जाने चाहिए। जो मन यह अन्वेषण करना चाहे कि सत्य क्या है, सत्य में विश्वास नहीं कर सकता, ईश्वर के विषय में धारणाएं और परिकल्पनाएं नहीं बनाए रख सकता। कृपया सुन लें। आपकी अपनी परिकल्पनाएं हैं, अपने विश्वास हैं, अपने मताग्रह हैं, आप अटकलबाजियों से भरे हुए हैं, सत्य अथवा ईश्वर क्या है, इसके बारे में इस या उस पुस्तक को पढ़कर आपके मन आश्चर्यजनक रूप से बेचैन हैं। जो मन जानकारी से भरा होता है, बेचैन होता है, शांत नहीं होता है, वह सिर्फ बोझिल होता है, और मात्र मंदता स्थिर मन की सूचक नहीं होती। जब मन विश्वास से भरा होता है—चाहे वह विश्वास इसमें हो कि ईश्वर है, या इसमें हो कि ईश्वर नहीं है—तो यह बोझ लिए होता है और बोझ से दबा मन कभी यह पता नहीं लगा सकता कि सत्य क्या है। यह अन्वेषण करने हेतु कि सत्य क्या है, मन को मुक्त होना होगा, इसे कर्मकांडों से, विश्वासों से, मत-सिद्धांतों से, ज्ञान और अनुभव से मुक्त हो जाना होगा। केवल तभी मन उसकी प्रतीति कर पाता है जो सत्य है, क्योंकि ऐसा मन मौन होता है, इसमें अब बाहर की ओर जाने वाली गतिविधि और भीतर की ओर आने वाली गतिविधि नहीं हो रही होती, जो कि इच्छा की गतिविधि है। इसने इच्छा का, जो ऊर्जा है, दमन नहीं किया है। इसके उलट, मन के निश्चल, स्थिर हो पाने के लिए प्रचुर ऊर्जा की आवश्यकता होती है; लेकिन ऊर्जा की परिपक्वता अथवा परिपूर्णता संभव नहीं हो पाती, यदि बाहर की ओर उन्मुख कोई भी गतिविधि और उसके फलस्वरूप भीतर की ओर प्रतिक्रिया विद्यमान हो। जब वह सब कुछ शांत

हो गया हो, मन स्थिर हो जाता है।

मैं आपको स्थिर, शांत बनाने के लिए सम्मोहित नहीं कर रहा हूं। सदियों के समस्त संचय को, अंध-आस्थाओं को, ज्ञान को, विश्वास को बिना किसी प्रतिरोध के, बिना किसी प्रयास के त्याग देने का, परे हटा देने का महत्त्व आपको स्वयं देखना होगा, आपको यह सत्य देख लेना होगा कि ढोते चले जाने का कोई भी रूप मन को बेचैन बनाता है, ऊर्जा की बरबादी करता है। मन के चुप होने के लिए ऊर्जा का प्राचुर्य चाहिए और वह ऊर्जा निश्चल, स्थिर होनी चाहिए। और यदि आप वास्तव में उस अवस्था तक आ गए हैं, जिसमें प्रयास है ही नहीं, तब आप पाएंगे कि वह ऊर्जा चूंकि स्थिर है, उसकी अपनी गतिशीलता है, जो समाज के दबाव अथवा बाध्यता का परिणाम नहीं है। चूंकि अब मन में अगाध ऊर्जा है, जो स्थिर और मौन है, मन स्वयं वह हो जाता है जो कि परम है : उस परम का कोई अनुभवकर्ता नहीं होता, ऐसी कोई हस्ती नहीं होती जो कहे, "मैंने यथार्थ का अनुभव किया है"। जब तक कोई अनुभवकर्ता है, यथार्थ हो नहीं सकता, क्योंकि अनुभवकर्ता तो अनुभव एकत्रित करने की या अनुभव का निरसन करने की, उसे मिटा देने की गतिविधि ही है; इसलिए अनुभवकर्ता का संपूर्ण समापन आवश्यक है।

इसे बस सुनें, कोई प्रयास न करें, केवल देखें कि अनुभवकर्ता, जो कि मन की बाहर जाने वाली तथा भीतर आने वाली गतिविधि है, उसका अंत ज़रूरी है। इस प्रकार की समस्त गतिविधि का अवसान ज़रूरी है, और इसके लिए अपार ऊर्जा की आवश्यकता है, जिसका अभिप्राय है कि ऊर्जा का न तो क्षरण हो रहा है, न उसे अनुशासन द्वारा विकृत किया जा रहा है, तब वही ऊर्जा प्रेम है। तब वह जो यथार्थ है, स्वयं उस ऊर्जा से भिन्न नहीं है।

मुंबई,
27 फरवरी 1955

चौदह

व्यक्ति का सर्वोच्च महत्त्व है, भले ही समाज, धर्म और सरकार इस तथ्य को मान्यता नहीं देते। आप अत्यंत महत्त्वपूर्ण हैं क्योंकि आप यथार्थ की प्रस्फोटक सर्जनात्मकता को लाने वाले एकमात्र साधन हैं। आप स्वयं ही वह वातावरण हैं जिसमें यथार्थ अस्तित्व में आ सकता है। लेकिन आप देख चुके हैं कि सभी सरकारें, सभी संगठित धर्म और समाज व्यक्ति के महत्त्व पर ज़ोर देते हुए भी व्यक्ति के मर्म, व्यक्ति की भावनाओं को मिटाने की कोशिश करते हैं, क्योंकि वे सामूहिक भावदशा, सामूहिक प्रतिक्रिया चाहते हैं। परंतु ऐसा मन वैयक्तिक मन नहीं है जो किसी खास ढर्रे के विश्वास के अनुसार संगठित हो, जो प्रथाओं, परंपराओं व ज्ञान के भार से दबा हुआ हो। वैयक्तिक मन तभी हो सकता है जब आप सोच-समझकर, जानते हुए, भावपूर्वक इन सब प्रभावों को अलग हटा देते हैं, क्योंकि आप उनका अभिप्राय, उनका सतही मूल्य समझ चुके हैं। एक वैयक्तिक सर्जनशील मन केवल उसी स्थिति में संभव है।

मनुष्य को समूह से अलग करना असाधारण रूप से कठिन है, लेकिन इस पृथक्करण के बगैर यथार्थ संभव नहीं है, अतः सच्चा व्यक्ति वह नहीं है जिसके पास बस एक नाम है, कुछ खास भावनात्मक प्रत्युत्तर हैं, कुछ विशेष प्रथागत प्रतिक्रियाएं हैं, कुछ संपत्ति आदि है, बल्कि सच्चा व्यक्ति वह है जो धारणाओं के इस विभ्रम, परंपरा के इस दलदल के पार लग जाने का यत्न कर रहा है, जो इस सबको परे हटाकर मनुष्य की दुर्दशा के मर्म, केंद्र, कारण को खोज पाने की कोशिश कर रहा है। ऐसा मनुष्य पुस्तकों, प्रभुसत्ता, जानी-पहचानी प्रथाओं में शरण नहीं लेता, बल्कि इन सबको दूर हटा कर जांचना आरंभ करता है—वही सच्चे अर्थों में व्यक्ति होता है। परंतु हममें से अधिकांश दोहराते, स्वीकारते, मानते, आज्ञा-पालन करते रहते हैं—क्या हम यह सब नहीं करते? क्योंकि हमारे लिए आज्ञा मानना नियम बन गया है—घर में आज्ञा मानना, पुस्तक की आज्ञा मानना, गुरु की, शिक्षक की आज्ञा मानना इत्यादि—तथा इस आज्ञाकारिता में हम सुरक्षा का, सलामती का अनुभव करते हैं। किंतु वास्तव में जीवन में सुरक्षा नहीं है, जीवन कभी भी सुरक्षित नहीं है, उलटे यह तो सबसे अधिक अनिश्चित बात है। और चूंकि यह अनिश्चित है, इसीलिए

यह गहन रूप से समृद्ध, अपरिमेय है। लेकिन मन अपनी तलाश में सुरक्षा और सलामती खोजता रहता है और यह आज्ञा मानता है, अनुपालन एवम् अनुकरण करता है; और ऐसा मन वैयक्तिक मन कदापि नहीं है।

हममें से अधिकतर लोग व्यक्ति नहीं हैं, यद्यपि हममें से हरएक का एक अलग नाम, एक अलग रूप है, क्योंकि आंतरिक रूप से मन की अवस्था समयबद्ध है, प्रथा, परंपरा तथा प्रभुत्व—सरकार का प्रभुत्व, समाज का प्रभुत्व, घर का प्रभुत्व—इस सबके भार से दबी हुई है। ऐसा मन वैयक्तिक मन नहीं है; वैयक्तिक मन इस सबसे बाहर होता है, वह समाज के ढर्रे के भीतर नहीं होता है। वैयक्तिक मन क्रांति की, विद्रोह की अवस्था में होता है, इसलिए उसे सुरक्षा की तलाश नहीं होती है। क्रांतिकारी कहा जाने वाला मन वस्तुतः क्रांति की स्थिति में नहीं है, बाहरी क्रांति का समर्थक मन हालात को बस एक खास ढर्रे के अनुसार बदलना चाहता है, तथा ऐसा मन अपने आप में असंतुष्ट, वास्तविक क्रांतिकारी मन नहीं है।

मुझे नहीं मालूम यदि आपने कभी ध्यान दिया है या नहीं कि असंतोष कितनी असाधारण बात है। आप बहुत से युवा लोगों को जानते होंगे जो असंतुष्ट हैं; वे नहीं जानते कि क्या करना है, वे तकलीफ में हैं, नाखुश हैं, बगावत की हालत में हैं, कभी कुछ तलाशते हैं, कभी कुछ कोशिश करते हैं, लगातार प्रश्न पूछते रहते हैं। परंतु जैसे ही वे उमर में बड़े होते हैं, नौकरी-धंधे से लग जाते हैं, शादी कर लेते हैं, और उस असंतोष का अंत हो जाता है। उनका आधारभूत असंतोष किनारों में बंध जाता है, और तब दुर्दशा आरंभ होती है। जब वे छोटे होते हैं, तो उनके माता-पिता, शिक्षक, [illegible], सब उनसे कहते हैं कि असंतुष्ट नहीं होना है, पता लगाओ कि क्या करना चाहते हो और वही करो—लेकिन हो वह हमेशा इस ढांचे के भीतर ही। ऐसा मन दरअसल बगावत में नहीं है, तथा सत्य को पाने के लिए आपको ऐसे मन की आवश्यकता है जो वास्तव में क्रांति की, विद्रोह की अवस्था में हो। विद्रोह का अर्थ है उत्कटता, आवेग।

इसलिए व्यक्ति होना अत्यंत महत्त्वपूर्ण है, तथा वैयक्तिकता मात्र स्व-ज्ञान से आती है—अपने आपको जानने से, यह जानने से कि क्यों आप अनुकरण करते हैं, क्यों आप किसी के अनुसार चलते हैं, क्यों आप आज्ञा मानते हैं। आप भय के कारण आज्ञा मानते हैं, क्या ऐसा नहीं है? आप सुरक्षित होने की इच्छा के चलते, अधिक पैसा, अधिक शक्ति या अधिक कुछ और प्राप्त करने के लिए अनुसरण करते हैं। परंतु जिसे आप ईश्वर कहते हैं, उसका सच जानने के लिए और पता करने के लिए कि यथार्थ है अथवा नहीं, एक ऐसे व्यक्ति का होना आवश्यक है जो अतीत के प्रति मर चुका हो, जो जानकारी के प्रति, अनुभव के प्रति मर चुका हो; ऐसा मन आवश्यक है जो पूर्णतया, समग्र रूप से नूतन, अनथका और निर्दोष हो। धर्म यथार्थ का अन्वेषण है, जिसका अर्थ है आपको स्वयं ही खोजना है और

किसी का अनुसरण नहीं करना है, जो कह रहा है कि उसने पा लिया है तथा आपको उस बारे में बताना चाहता है। एक ऐसा मन आवश्यक है, जो यथार्थ को ग्रहण करे, ऐसा मन नहीं जो मात्र शाब्दिक रूप से यथार्थ को स्वीकार कर ले, तथा फिर सुरक्षित होने की आशा में यथार्थ की उस अवधारणा का अनुसरण करता रहे।

अतः जानने और महसूस करने के बीच एक अंतर है, तथा मेरे ख्याल में इसे समझ लेना अत्यंत महत्त्वपूर्ण है। हमारे लिए व्याख्या ही पर्याप्त होती है, जो कि 'जानना' है। हम कहते हैं : "मैं जानता हूं कि मैं महत्त्वाकांक्षी हूं, मैं जानता हूं कि मैं लालची हूं, मैं जानता हूं कि मैं घृणा करता हूं", परंतु ऐसा जानना तथ्य से मुक्त होना नहीं होता। आप जान सकते हैं कि आप घृणा करते हैं, किंतु उससे मुक्त होना एवं उसकी व्याख्या और उसके कारण के पीछे पड़े रहना बिलकुल अलग चीज़ें हैं। तात्पर्य यह कि इस बात को जानना कि मैं स्फूर्तिहीन हूं, मूर्ख हूं, तथा अपनी स्फूर्तिहीनता, मूर्खता के भाव के प्रति सचेत रूप से जागरूक होना, दो एकदम अलग बातें हैं। भाव में, महसूस करने में, भरपूर जीवंतता, भरपूर शक्ति और ओजस्विता निहित है, परंतु केवल जानना तो जीवन के प्रति आंशिक पहुंच है, यह समग्र पहुंच, सम्पूर्ण दृष्टि नहीं है। आप वनस्पति-विज्ञान की दृष्टि से यह जान सकते हैं कि एक पत्ती कैसे बनती है, परंतु एक पत्ती का स्पर्श करने, उसे सूंघने, उसे वास्तव में देखने के लिए, अत्यधिक मर्मज्ञता की आवश्यकता होती है—स्वयं के मर्म में पैठने की आवश्यकता होती है। मुझे नहीं पता कि कभी आपने एक पत्ती अपने हाथ में ली है और उसे देखा है। आप सब शहरवाले हैं, और आप अपने आप में, अपनी प्रगति में, अपनी सफलताओं, महत्त्वाकांक्षाओं, ईर्ष्याओं में, अपने नेताओं, मंत्रियों और ऐसी ही अन्य निरर्थकताओं में व्यस्त रहा करते हैं। यह हंसने की बात नहीं है, त्रासद स्थिति है, क्योंकि यदि आपको मालूम हो कि गहराई से महसूस करना क्या होता है, तो आपके भीतर प्रचुर सहानुभूति होगी; तब आप कुछ करेंगे, तब आप अपने पूरे अस्तित्व के साथ कर्मरत होंगे, किंतु यदि आप जानते भर हैं कि गरीबी है, और सिर्फ बौद्धिक रूप से, बिना किसी भावना के, एक सरकारी अधिकारी या ग्राम-सुधारक के रूप में गरीबी हटाने के लिए काम करते हैं, बिना किसी एहसास के, तो जो भी आप कर रहे होते हैं, उसका एकदम नगण्य महत्त्व होता है।

देखिए, सत्य को समझना हो तो उत्कटता, आवेग आवश्यक है। मैं *आवेग* शब्द का प्रयोग उसके संपूर्ण अर्थ में कर रहा हूं—क्योंकि प्रबल भावना का होना, गहनता से तथा अपने पूरे अस्तित्व के साथ महसूस कर पाना अनिवार्य है; अन्यथा यथार्थ नामक उस अनूठे तत्त्व का कभी आपके जीवन में आगमन नहीं होगा। किंतु आपके धर्म, आपके संत कहते हैं कि आपमें इच्छा नहीं होनी चाहिए, आपको इसका निग्रह, दमन करना चाहिए, इसे जीतना और नष्ट कर देना चाहिए, जिसका अर्थ है कि आप सत्य के पास बुझे-बुझे, थके-मांदे, खाली-खाली, मरे-मराए पहुंचते हैं।

जीवन नामक इस विलक्षणता से मिल पाने के लिए आपमें आवेग होना चाहिए, लेकिन यदि आप समाज द्वारा, रिवाज़ों द्वारा सम्मोहित हैं, यदि आप विश्वासों, रूढ़ियों, कर्मकांडों में उलझे हुए हैं, तो आपके पास आवेग नहीं हो सकता। अतः उस प्रकाश, उस सत्य, उस अपरिमेय यथार्थ को समझने के लिए पहले हमें उसे समझना होगा, जिसे हम धर्म कहते हैं, और उससे स्वतंत्र होना होगा—मात्र शाब्दिक तौर पर नहीं, बौद्धिक रूप से या व्याख्याओं द्वारा नहीं, बल्कि वस्तुतः स्वतंत्र होना होगा, क्योंकि स्वतंत्रता—आपकी बौद्धिक स्वतंत्रता नहीं, अपितु स्वतंत्रता की वास्तविक अवस्था—जीवंतता प्रदान करती है। जब आप इस सारे कूड़े-करकट से आगे निकल जाते हैं, जब आप इन सब भ्रमित करने वाली पारंपरिक, अनुकरणात्मक बातों को परे कर देते हैं, तब मन स्वतंत्र होता है, तब मन सतर्क होता है, तब मन आवेगमय, उत्कट होता है और केवल ऐसा मन ही इसमें और आगे जा सकता है।

अतः हम व्यक्ति-मानवों के रूप में—क्योंकि आप और मैं ही इन बातों से संबंधित महसूस करते हैं, जनसमूह नहीं; जनसमूह, जनता तो महज़ राजनीतिक लेबल है—तो हम इस बात का पता लगाएं कि धर्म से हमारा क्या अभिप्राय है। हममें से अधिकतर के लिए यह क्या है? क्या यह किसी वस्तु में विश्वास नहीं है—किसी अतिमानवीय दिव्यता में, जो हमें नियंत्रित करती है, ढालती है, आशा देती है, निर्देशित करती है? और हम उस सत्ता को अपनी पूजा-स्तुतियां अर्पित करते हैं, उस सत्ता के नाम पर हम त्याग करते हैं, उसे प्रसन्न करते हैं, उससे मांगते हैं, प्रार्थना करते हैं, तथा मुसीबतों में सहायता करने वाले अपने 'पिता' के रूप में उसे देखते हैं। हमारे लिए धर्म पोषण मंदिर में तराशी हुई प्रतिमा, मस्जिद में खुदे हुए अक्षर अथवा गिरजे में लगा क्रॉस है, न सिर्फ हाथ से तराशी हुई प्रतिमा, बल्कि मन द्वारा, विचार द्वारा निर्मित प्रतिमा भी है। अतएव स्पष्टतः हमारे लिए धर्म अपने रोज़ के दुखों, रोज़ के विभ्रमों से पलायन का माध्यम है। हम असमानताओं, अन्यायों, मृत्यु, अनवरत दुखों, संघर्षों, नाउम्मीदी और हताशा को समझ नहीं पाते हैं, इसलिए हम किसी ईश्वर, किन्हीं अनुष्ठानों, सामूहिक प्रार्थनाओं की ओर मुड़ते हैं तथा उनके द्वारा कुछ सांत्वना, कुछ राहत पाने की आशा रखते हैं। और इस प्रक्रिया में संत-महात्मा, दार्शनिक लोग, पुस्तकें—ये सब हमें अपनी विशिष्ट व्याख्या, रीति व परंपरा के भार से दबाए रहते हैं। यही हमारे जीने का तरीका है, है कि नहीं? यदि आप अपने भीतर झांकें, तो क्या आप सहमत नहीं होंगे कि धर्म की यही सामान्य रूपरेखा है? यह मन को राहत पहुंचाने के लिए मन ही के द्वारा गढ़ी बात है, न कि कुछ ऐसा, जो जीवन को समृद्धता व पूर्णता प्रदान करे, जीने की उत्कटता दे। तो हम यह जानते हैं, मगर यहां फिर जानना और महसूस करना दो अलग-अलग बातें हैं। संगठित धर्म के झूठपने को जानना एक बात है, लेकिन इसे देखने, इस सबको बिलकुल परे कर देने के लिए वास्तविक भावना की अथाह गहराई की आवश्यकता होती है। अतः समस्या—जिसका

कोई आसान हल नहीं है—यह है कि कोई चीज़ कैसे छूटे, उसके प्रति मृत कैसे हों; इन सारी व्याख्याओं, इन सब मिथ्या ईश्वरों को कैसे तिलांजलि दें—क्योंकि ये सभी ईश्वर मन और हाथ द्वारा गढ़े गए हैं और मिथ्या हैं। कोई व्याख्या आपको इस सबसे उपराम नहीं कर सकती।

तो वह क्या है जो आपका इससे तिनका तुड़वा दे, जो आपसे यह कहलवा दे : 'अब मैं इसे छोड़ता हूं?' सामान्यतया हम कुछ बेहतर पाने के लिए ही कुछ छोड़ते हैं, तथा उसे ही हम त्याग कह देते हैं। किन्तु निश्चित तौर पर वह त्याग नहीं है। त्याग का अर्थ है बिना यह जाने छोड़ना कि भविष्य में क्या होगा, बिना यह जाने त्यागना कि आने वाला कल क्या लाएगा। यदि आप यह जानते हुए छोड़ते हैं कि कल क्या लाएगा, तब तो यह मात्र विनिमय है, बाज़ार की वस्तु है, इसका कोई मूल्य नहीं है। जब शारीरिक मृत्यु आती है तो आप नहीं जानते हैं कि आगे क्या होने वाला है, वह एक अंतिमता होती है। उसी तरह जिस सब को हम धर्म कहा करते हैं, उसके प्रति मर जाना, उसे पूरी तरह गहराई से छोड़ देना, परे कर देना, बिना यह जाने कि अब क्या होगा; क्या आपने कभी ऐसा करके देखा है? मुझे नहीं मालूम कि यह आपकी समस्या है या नहीं, लेकिन जो सतर्क है, ज़रा भी जागरूक है, निश्चित रूप से यह उसकी समस्या है, क्योंकि संसार में अन्याय इतना व्यापक है। ऐसा क्यों है कि कोई कार में घूमता है, जबकि दूसरे पैदल चलते हैं? ऐसा क्यों है कि भूख है, गरीबी है और बेइंतहा अमीरी भी है? ताकतवर, सत्ता और पद पर काबिज़ शख्स अपनी ताकत का प्रयोग क्रूरता से क्यों करता है? किसी बच्चे की मौत क्यों होती है? हर तरफ यह असहनीय दुर्गति क्यों है? जो मनुष्य ये प्रश्न पूछ रहा है, उसे इन प्रश्नों से प्रज्वलित होना चाहिए, न कि कोई मूर्खतापूर्ण कारण खोज कर बैठ जाना चाहिए—कोई आर्थिक, सामाजिक या राजनीतिक कारण। निश्चित ही एक बुद्धिमान व्यक्ति को मात्र व्याख्यात्मक कारणों की अपेक्षा किसी अधिक गहरी सार्थकता की ओर मुड़ना चाहिए। इसी में हमारी समस्या निहित है।

सबसे पहली और सबसे महत्त्वपूर्ण बात यह है—व्याख्याओं से संतुष्ट न हों, *कर्म* शब्द से, धूर्ततापूर्ण दार्शनिकताओं से संतुष्ट न हो जाएं, बल्कि आपको इसका एहसास हो, इसे पूरी तरह से महसूस करें कि यह समस्या इतनी विशाल है कि इसे मात्र व्याख्या से नहीं मिटाया जा सकता। यदि आप उस तरह से महसूस कर पाएं, तो देखेंगे कि मन में एक क्रांति घटित होती है। आम तौर पर अगर कोई व्यक्ति इस दुर्दशा का हल नहीं खोज पाता, तो वह कटु दोषदर्शी हो जाता है, या फिर वह अपनी कुंठा पर आधारित कोई दार्शनिक सिद्धांत आविष्कृत कर लेता है। किंतु यदि दुख के तथ्य से मेरा सामना होता है कि यहां मौत है, पतन है, तथा यदि मन समस्त व्याख्याओं, सभी समाधानों, सभी उत्तरों से पल्ला झाड़ लेता है, तो मन का सामना

सीधे-सीधे उस तथ्य से होता है, और विचित्र बात यह है कि हमारा मन यह प्रत्यक्ष-बोध कभी होने नहीं देता।

तो देखने और जानने से महसूस करना, प्रेम करना भिन्न है। प्रेम करने, महसूस करने का अर्थ समर्पण नहीं है; आप समर्पण के द्वारा यथार्थ तक नहीं आ सकते। भावुकतापूर्वक किसी धारणा के लिए स्वयं को अर्पित कर देना सामान्यतया समर्पण कहलाता है, परंतु यथार्थ इससे बाहर ही रह जाता है, क्योंकि किसी बात के लिए अपने को अर्पित कर देना उस चीज़ से अपना तादात्म्य स्थापित कर पाना मात्र है। अपने भगवानों से प्रेम करना, कुछ शब्दों को दोहराते रहना, अपने गुरु को हार पहनाना, उसकी उपस्थिति में बेसुध होना और आंसू बहाना—आप यह सब चाहे अगले हज़ार वर्षों तक करते रहें, किंतु इससे आप कभी यथार्थ को नहीं पा सकेंगे। किसी बादल, किसी वृक्ष, किसी मनुष्य का प्रत्यक्ष बोध कर पाने, उससे प्रेम कर पाने के लिए अमित अवधान की, ध्यान देने की आवश्यकता होती है और आप ध्यान दे ही कैसे सकते हैं जबकि आपका मन जानकारी द्वारा बाधित-विचलित है? जानकारी तकनीकी रूप से उपयोगी है, पर और कोई इसका उपयोग नहीं है। यदि एक चिकित्सक ऑपरेशन करना नहीं जानता, तो उससे दूर रहना ही अच्छा है। एक विशेष स्तर, एक विशेष दिशा में जानकारी आवश्यक है, परंतु वह हमारी दुर्दशा का हल नहीं है। संपूर्ण समाधान उस भावना में, उस उत्कटता में है जो आपके अनुपस्थित हो जाने पर, आप जो कुछ हैं उसके विस्मरण पर होती है। उत्कटता का, आवेग का यह गुण महसूस करने के लिए, समझने के लिए और प्रेम करने के लिए ज़रूरी है।

यथार्थ बुद्धिजन्य नहीं है, लेकिन हमने बचपन से ही शिक्षा द्वारा, हर तरह के तथाकथित सीखने के द्वारा एक ऐसा मन उपजा लिया है जो तेज़ है, जो होड़ में लगा रहता है, जो सूचना से लदा है—वकीलों, राजनीतिज्ञों, तकनीशियनों और विशेषज्ञों के मामले में यही बात है। हमारे मन तेज-तर्रार और होशियार बना दिए जाते हैं और जीवन चलाने के लिए यही दिशा सबसे महत्त्वपूर्ण होती जा रही है, तथा इसीलिए हमारी सारी भावनाएं कुम्हला गई हैं। गरीब आदमी की बदहाली को देखकर आपमें कोई भावना नहीं उपजती, किसी अमीर आदमी को अपनी आलीशान कार चलाते हुए देखकर आप कभी खुशी महसूस नहीं करते, एक अच्छा चेहरा देख कर आप कभी प्रसन्नता का अनुभव नहीं करते; जब आप एक इंद्रधनुष को अथवा हरी घास के वैभव को देखते हैं तो आपका हृदय उमगता नहीं। हम अपने काम-धंधों, अपनी दुःख-तकलीफों में इतने व्यस्त रहते हैं कि कभी भी हमारे पास अवकाश का कोई क्षण नहीं होता, जब हम महसूस कर सकें कि प्रेम करना, दयालु होना, उदार होना क्या होता है—यह सब न होने पर भी हम जानना चाहते हैं कि ईश्वर क्या है! कितनी अविश्वसनीय मूढ़ता और बचपना है! अतः व्यक्ति के लिए यह बहुत महत्त्वपूर्ण है कि वह जी उठे—बात पुनर्जीवित होने की नहीं है; आप मरी हुई भावनाओं

में, विदा हो चुकी महिमा में पुनर्जीवन नहीं फूंक सकते। किंतु क्या हम सघनता से, पूर्णता से, प्रचुरता से जी नहीं सकते, चाहे ऐसा एक ही दिन के लिए क्यों न हो? क्योंकि ऐसा एक दिन हजार सालों को आवृत कर लेगा। यह कोई काव्य-कल्पना नहीं है। जब आप एक ऐसा समृद्ध दिवस जी लेंगे, जिसमें समय नहीं है, न भविष्य है, न अतीत, तभी आप इसे जान पाएंगे, तभी आपको उस असाधारण स्थिति की संपूर्णता का बोध होगा। उस प्रकार से जीने का जानकारी के साथ कोई भी संबंध नहीं है।

मुंबई,
24 दिसम्बर 1958

पंद्रह

जब मैं अपने आप को एक हिंदू, एक ईसाई, एक बौद्ध कहता हूं—जो कि पूरी की पूरी परंपरा है, परंपरा का बोझ, ज्ञान का बोझ, संस्कारों का बोझ है—तो मैं कुछ देख नहीं सकता हूं, मैं स्पष्ट और सही तरीके से अवलोकन नहीं कर सकता हूं। इस प्रकार के मन से मैं जीवन को मात्र एक ईसाई, एक बौद्ध, एक हिंदू, एक राष्ट्रवादी, एक साम्यवादी अथवा किसी अन्य वाद के अनुगामी की दृष्टि से ही देख पाता हूं तथा उस तरह की दृष्टि मुझे अवलोकन करने से रोकती है। यह सीधी सी बात है।

जब मन एक संस्कारबद्ध इकाई के तौर पर अपना अवलोकन करता है, तो वह एक स्थिति है। किंतु जब मन कहता है, "मैं संस्कारबद्ध हूं" तब स्थिति अलग होती है। जब मन कहता है, 'मैं संस्कारबद्ध हूं' तो मन की उस स्थिति में प्रेक्षक के रूप में एक 'मैं' होता है, जो उस संस्कारबद्ध अवस्था को देख रहा है। जब मैं कहता हूं, 'मैं फूल को देख रहा हूं', तब वहां द्रष्टा और दृश्य होते हैं, अर्थात अवलोकन करने वाला, अवलोकन के विषय से भिन्न होता है, इसलिए उनमें दूरी होती है, समय का एक अंतराल होता है, द्वैत होता है, दो विपरीत होते हैं तथा उन विपरीतों से पार पाना पड़ता है, उस दुई को जोड़ना पड़ता है—वह एक स्थिति है। फिर एक अन्य स्थिति है जब मन स्वयं के संस्कारबद्ध होने का अवलोकन करता है, जिसमें ऐसा नहीं होता कि एक अवलोकन करने वाला है और एक अवलोकन का विषय है। आप अंतर देख रहे हैं?

क्या आपका मन सजग हो सकता है कि यह संस्कारग्रस्त है—अपने संस्कारग्रस्त होने को देखते हुए अवलोकनकर्ता की तरह नहीं—उस स्थिति की अनुभूति अभी कर सकता है, जिसमें अवलोकन करने वाला नहीं है, कल नहीं, अगले क्षण नहीं, अभी; ठीक उस तरह जैसे आप उस स्थिति में अनुभव करते हैं, जब आपको क्रोध आ रहा होता है? इसके लिए अत्यधिक अवधान की, ध्यान देने की आवश्यकता होती है; एकाग्रता की नहीं, क्योंकि जब आप एकाग्रता लाते हैं तो द्वैत होता है। जब आप किसी विषय पर एकाग्रता साधते हैं, तो मन उस ध्येय विषय को ही देखता

है, उसी पर केंद्रित होता है; अतएव वहां द्वैत होता है। अवधान में कोई द्वैत नहीं होता, क्योंकि उस स्थिति में मात्र अनुभूति की अवस्था होती है।

जब आप कहते हैं 'मुझे सारे संस्कारों से मुक्त होना चाहिए, मुझे अनुभव होना चाहिए', तो अभी भी 'मैं' होता है जो कि वह केंद्र है, जिससे आप अवलोकन कर रहे हैं; इसलिए उस हालत में कोई छुटकारा नहीं होता है, क्योंकि वहां हमेशा वह केंद्र, वह निष्कर्ष, वह स्मृति, वह वस्तु होती है, जो देख रही है, जो कह रही है "मुझे यह करना चाहिए, मुझे यह नहीं करना चाहिए।" पर जब आप देख रहे होते हैं, अनुभव कर रहे होते हैं, तो एक द्रष्टारहित अवस्था होती है, एक ऐसी अवस्था, जिसमें कोई केंद्र नहीं है, जिसके द्वारा आप देख रहे हों। वास्तविक पीड़ा की स्थिति में 'मैं' नहीं होता है। गहन उल्लास के पल में द्रष्टा नहीं होता है, सब कुछ उल्लासमय होता है, आप उस समग्र आनंद का हिस्सा होते हैं, उससे अलग नहीं होते। मन की यह स्थिति तब घटित होती है, जब मन उस मनःस्थिति के मिथ्यात्व को देख लेता है, जिसमें मन कुछ बनने, कुछ उपलब्ध कर लेने के प्रयत्न में रत है, किसी कालातीत अवस्था की चर्चा में लगा है। कालातीत अवस्था है, किंतु तभी, जब अवलोकनकर्ता नहीं है।

प्रश्न : जो मन अपने संस्कारों का अवलोकन कर चुका है, क्या विचार और द्वैत से परे जा सकता है?

कृष्णमूर्ति : आप देख रहे हैं कि किस तरह आप सीधी, एकदम सरल बात को भी देखने से इनकार कर देते हैं। सर, जब आप क्रोध में आते हैं तो उस अवस्था में क्या कोई धारणा होती है, कोई विचार होता है, अवलोकनकर्ता होता है? जब आप आवेगमय होते हैं, तो क्या उसके अतिरिक्त कोई अन्य तथ्य होता है? जब आप नफरत से भरे होते हैं, तो क्या द्रष्टा, धारणा और इस तरह की तमाम चीजें मौजूद रहती हैं? यह सब कुछ बाद में घटित होता है; चाहे एक सेकंड से भी कम अवधि के बाद; परंतु उस अवस्था में तो इस सब में से कुछ भी नहीं होता।

प्रश्न : प्रेम किसी प्रेम-पात्र की ओर निर्दिष्ट होता है। क्या प्रेम में द्वैत है?

कृष्णमूर्ति : सर, प्रेम किसी की ओर निर्दिष्ट नहीं होता। धूप आपकी या मेरी ओर निर्दिष्ट नहीं होती है; वह तो बस होती है।

द्रष्टा और दृश्य, विचार और कर्म, 'जो है' और 'जो होना चाहिए'—इसमें द्वैत है, उस द्वैत में निहित दो विपरीत हैं तथा उन विपरीतों में मेल बिठाने की लालसा है; इस क्षेत्र में दो का द्वंद्व है। यही समय का समस्त क्षेत्र है। ऐसे मन से आप इस बात की खोज-परख नहीं कर सकते कि समय है अथवा नहीं है। तो इसे कैसे मिटा पाना संभव है? 'कैसे' उस अर्थ में नहीं, किसी व्यवस्था, किसी विधि के रूप में नहीं, क्योंकि जिस क्षण कोई विधि प्रयोग में लाते हैं, आप पुनः समय के क्षेत्र में ही होते हैं। समस्या यह है : क्या उससे परे छलांग लगाना संभव है? आप इसे

क्रमबद्ध रूप से नहीं कर सकते हैं, क्योंकि उसमें फिर समय आ जाता है। क्या मन के लिए संस्कारबद्धता को दूर कर पाना संभव है? समय के माध्यम से नहीं, बल्कि प्रत्यक्ष बोध द्वारा; इसका अर्थ है कि मन को देखना होगा कि मिथ्या क्या है और सत्य क्या है। जब मन कहता है, "मुझे पता लगाना है कि कालातीत क्या है", तो समय में आबद्ध मन के लिए इस प्रश्न का कोई उत्तर नहीं होता। किंतु यह मन जो समय का ही परिणाम है, क्या किसी प्रयत्न और अनुशासन का सहारा लिए बिना स्वयं को मिटा सकता है? क्या मन इस चीज़ को बिना किसी कारण के पोंछ सकता है? यदि कोई कारण है, तो आप फिर समय में लौट आते हैं।

अतः आप निषेधात्मक रूप से पता लगाना आरंभ करते हैं कि प्रेम क्या है, जैसा कि मैंने पहले स्पष्ट किया है। यह बात तो साफ ही है कि वह प्रेम जिसका कोई प्रयोजन हो, प्रेम नहीं है। जब मैं किसी बड़े आदमी को हार पहनाता हूं, क्योंकि मुझे एक नौकरी चाहिए, क्योंकि उससे मैं कुछ चाहता हूं, तो क्या यह आदर है या वास्तव में यह अनादर ही है? वह व्यक्ति जिसमें किसी के लिए अनादर नहीं है, स्वाभाविक रूप से आदरयुक्त है। ऐसा मन निषेध की अवस्था में है, जो विधिपरक होने का विपरीत नहीं, अपितु ऐसा निषेध है, जो देख लेता है कि मिथ्या क्या है, और उस मिथ्या को मिथ्या के रूप में जानकर अलग हटा देता है—ऐसा मन ही अन्वेषण कर पाता है।

जब मन ने इस तथ्य को पूरी तरह से देख लिया हो कि यह चाहे जो भी कर ले, समय के माध्यम से उस अन्य को कभी नहीं पा सकता, तब वह अन्य विद्यमान होता है। यह ऐसा कुछ है, जो विराट, निस्सीम, अपरिमेय है; यह ऊर्जा है, जिसमें कोई आरंभ नहीं है, कोई अंत नहीं है। आप इस तक नहीं आ सकते, कोई मन इस तक नहीं आ सकता; इसका बस 'होना' मात्र है। हमारा सरोकार तो केवल उस मिटाने से होना चाहिए जिसकी हम बात कर रहे थे कि क्या मन को पोंछ-मिटाना संभव है, धीरे-धीरे नहीं; वही ऋजुता है, निर्दोषता है। मात्र निर्दोष मन ही इसको, इस असाधारण तत्त्व को देख सकता है, जो एक नदी की तरह है। आप नदी से तो परिचित हैं न? क्या आपने कभी नाव में बैठ कर आगे बहती और पीछे छूटती नदी को देखा है; कितनी प्यारी होती है यह! इसका आरंभ कहीं होगा, इसका अंत भी होगा। किंतु आरंभ नदी नहीं है, और अंत भी नदी नहीं है। नदी तो वह है जो इनके मध्य में है; यह गांवों से होकर निकलती है, बहुत कुछ इसमें मिलता चला जाता है; यह शहरों से गुज़रती है, जहां हानिकर रसायनों का बहाव इसे प्रदूषित करता रहता है, मल और गंदगी सब इसमें गिरते चले जाते हैं; पर कुछ मील आगे जा कर यह फिर शुद्ध-साफ हो जाती है; इस नदी पर ही सब रहते हैं—भीतर मछली रहती है और किनारे पर वह आदमी जो इसका पानी पीता है। यह नदी है, लेकिन

इसके पीछे अगाध जलराशि का अदम्य वेग है, तथा स्वतः शुद्ध होते रहने की प्रक्रिया ही यह नदी है।

निर्दोष मन इसी ऊर्जा की तरह है। इसका न कोई आरंभ है और न कोई अंत। यही ईश्वर है—मंदिर का ईश्वर नहीं। तो न आरंभ है और न अंत है, अतएव न काल है, न कालातीत है। और मन इस तक पहुंच नहीं सकता है। मन, जो समय में ही मापता है, उसे अपने आप को पोंछ डालना होगा एवं इसे जाने बिना ही इसमें प्रवेश करना होगा। क्योंकि आप इसे जान नहीं सकते हैं, आप इसे चख नहीं सकते हैं, इसका कोई रंग नहीं है, कोई स्थान नहीं है, कोई आकार नहीं है। वक्ता के लिए तो यह है, आपके लिए नहीं, क्योंकि आपने अभी इस वाले अन्य को छोड़ा नहीं है। मत कहिए कि वैसी अवस्था होती है। यह अवस्था मिथ्या ही होगी, जब इस बारे में वक्तव्य कोई ऐसा व्यक्ति दे रहा हो, जो प्रभावित हो रहा है। आप अगर कुछ कर सकते हैं तो यही कि इससे बाहर कूद पड़ें, और तब आप जान लेंगे—बल्कि आप जानेंगे तक नहीं—आप उस असाधारण अवस्था का ही भाग होंगे।

मुंबई,
8 मार्च 1961

सोलह

अनुभव कोई मापन नहीं है, यह सत्य की ओर ले जाने वाला मार्ग भी नहीं है। अनुभव आपको, अपने विश्वासों व संस्कारों के अनुसार होते हैं, और विश्वास का तो अर्थ ही स्वयं से पलायन है। मुझे यदि स्वयं को समझना हो, तो मुझे किसी विश्वास की दरकार नहीं है; मुझे केवल स्पष्टता से, बिना किसी चयन के अपना अवलोकन करना होगा, परस्पर संबंधों में, पलायनों में, आसक्तियों में स्वयं का निरीक्षण करना होगा। स्वतः का यह निरीक्षण बिना किसी पूर्वाग्रह, बिना किसी निष्कर्ष, बिना कोई निश्चय किए करना ज़रूरी है। इस निष्क्रिय सजगता में ही अकेलेपन की एक असाधारण दशा का हमें एहसास होता है। मुझे यकीन है कि आपमें से अधिकतर ने इसे जाना होगा—पूरी तरह से खाली-खाली होने का एहसास, जिसे कुछ भी नहीं भर पाता। केवल इस दशा में ठहरने से ही, जिसके दौरान सारे मूल्य समाप्त हो चुके होते हैं, केवल तभी हम इस अकेले को पाने में समर्थ होते हैं और इस अकेलेपन का किसी भी पलायन के भाव के बगैर सामना कर पाते हैं, तभी यथार्थ अस्तित्व में आता है। क्योंकि मूल्य तो हमारे संस्कारों का ही परिणाम होते हैं; अनुभव की भांति, वे भी किसी विश्वास पर ही आधारित होते हैं और यथार्थ को समझ पाने में बाधा बनते हैं।

परंतु यह दुःसाध्य कार्य है तथा हममें से अधिकतर ऐसा करने के इच्छुक नहीं होते हैं। इसलिए हम अपने अनुभवों से चिपके रहते हैं—अंधविश्वास पर आधारित, गूढ़ अनुभव, संबंधों के, तथाकथित प्रेम के अनुभव, अधिकार के अनुभव। ये बहुत महत्त्वपूर्ण बन जाते हैं, क्योंकि हमारा निर्माण ही इनसे हुआ है। हम विश्वासों, संस्कारों, परिवेशगत प्रभावों द्वारा निर्मित हैं; यही हमारी पृष्ठभूमि है। इसी पृष्ठभूमि से हम निर्णय लेते हैं, मूल्य निर्धारित करते हैं। और जब व्यक्ति इस सब से गुज़रता है, इस पृष्ठभूमि की समस्त प्रक्रिया को समझ लेता है, तो वह एक ऐसे बिंदु पर पहुंचता है, जहां वह नितांत एकाकी होता है। यथार्थ के अन्वेषण हेतु व्यक्ति को एकाकी होना ही होता है, जिसका अर्थ पलायन नहीं है, जीवन से भागना नहीं है। इसके उलट, यह तो जीवन को संपूर्ण सघनता से जीना है, क्योंकि उस स्थिति में अपनी

पृष्ठभूमि से, पलायन के उन अनुभवों की स्मृति से व्यक्ति मुक्त होता है। उस एकाकीभाव में, उस अकेलेपन में कोई चयन नहीं होता है, जो है, उसका कोई भय नहीं होता है। भय का निर्माण तो तभी होता है, जब हम, जो है उसे देखने या मानने से इनकार कर देते हैं।

अतः यथार्थ के प्राकट्य हेतु, उन अनगिनत पलायनों को परे हटा देना अनिवार्य है, जिन्हें व्यक्ति ने स्थापित किया है और जिनमें वह फंसा हुआ है। यदि आप गौर से देखें तो आपको साफ नज़र आएगा, कि हम किस तरह लोगों का इस्तेमाल किया करते हैं—कैसे हम अपने पतियों का, पत्नियों का या समूहों का, राष्ट्रीयताओं का इस्तेमाल अपने-आपसे भागने के लिए करते रहते हैं। अपने संबंधों में हम राहत खोजते हैं। राहत की यह तलाश कुछ प्रकार के अनुभव लाती है और उन अनुभवों को हम कस के पकड़े रहते हैं। जानकारी को भी स्वयं से पलायन का माध्यम बना कर हम असाधारण महत्त्व दे देते हैं; पर ज़ाहिर है कि जानकारी तो यथार्थ की ओर ले जाने वाला मार्ग नहीं है। यथार्थ के प्राकट्य के लिए मन को पूर्णतः रिक्त, स्थिर होना होता है। किंतु ऐसा मन जो ज्ञान की डुगडुगी बजा रहा है, विश्वासों और धारणाओं का नशेड़ी है, लगातार बड़बड़ा रहा है, उसे ग्रहण करने में असमर्थ रहता है जो वस्तुतः है।

इसी प्रकार, यदि हम संबंध में राहत तलाशते हैं, तो संबंध हमारा स्वयं से बचाव बन जाता है, खुद को टालने का ज़रिया बन जाता है। अंततः हम संबंध में राहत चाहते हैं, कुछ ऐसा चाहते हैं जिसका हम सहारा ले सकें, हम आसरा चाहते हैं, हम चाहते हैं हमें प्रेम किया जाए, हम किसी के बन जाना चाहते हैं—जो सब हमारे अपने वजूद की गरीबी को ही बताता है। यही बात संपत्ति, नाम, उपाधियों और वस्तुओं के स्वामित्व की हमारी लालसा के बारे में है, जो उस आंतरिक अभाव की ही सूचक हैं।

जब व्यक्ति को यह एहसास हो जाता है कि यह यथार्थ की राह नहीं है, तब वह उस स्थिति में होता है, जब मन आराम और राहत की तलाश नहीं कर रहा होता, जब मन, 'जो है' से पूरी तरह संतुष्ट होता है—जिसका अर्थ गतिहीनता नहीं है। जो है, उससे भागने में मृत्यु है; जो है, उसकी पहचान और सजगता में जीवन है। अतः संस्कारबद्धता पर आधारित अनुभव, किसी विश्वास का अनुभव जो कि स्वयं से हमारे पलायन का परिणाम है, और संबंध का अनुभव—ये सब बाधा बन जाते हैं, अवरोध बन जाते हैं, ये हमारी अपर्याप्तताओं पर, अपूर्णताओं पर पर्दा डाले रहते हैं। और केवल तभी जब हम इन सब को पलायन के रूप में पहचान लेते हैं, अतएव इनका सच में मूल्य देख लेते हैं—केवल तभी उस खालीपन में, उस अकेलेपन में शांत, स्थिर बने रहने की संभावना होती है। और जब मन नितांत मौन होता है, वह जो है उसके प्रति न उसे स्वीकार करते हुए, न अस्वीकार करते हुए निष्क्रिय

रूप से सजग होता है—मात्र तभी उस अपरिमेय यथार्थ की विद्यमानता की संभावना होती है।

प्रश्न : कोई दैवी प्रयोजन है या नहीं है? यदि नहीं है तो हमारे प्रयत्नरत रहने का क्या अर्थ है?

कृष्णमूर्ति : हम प्रयत्नरत क्यों रहते हैं? और वह क्या है, जिसके लिए हम प्रयत्नों में लगे हैं? यदि हम प्रयत्नरत न रहें तो क्या होगा? क्या हम गतिहीन हो जाएंगे, हमारा क्षय होने लगेगा? कुछ बन जाने के लिए लगातार किया जाने वाला यह संघर्ष क्या है? यह संघर्ष, यह प्रयास क्या दर्शाता है? और क्या समझ प्रयास से, प्रयत्नों में जुटे रहने से आती है? व्यक्ति बेहतर बनने के लिए, खुद को बदलने के लिए, खुद को किसी खास ढर्रे में ढाल लेने के लिए, कुछ बन जाने के लिए—क्लर्क से मैनेजर और मैनेजर से दिव्यात्मा बन जाने के लिए प्रयत्नों में लगातार जुटा रहता है। और क्या यह संघर्ष समझ लाता है?

मेरे विचार में प्रयास के इस प्रश्न को वस्तुतः समझ लेना चाहिए। वह क्या है, जो प्रयास कर रहा है, और 'होने के संकल्प' से हमारा मतलब क्या है? हम कोई परिणाम प्राप्त करने के लिए, कुछ बन जाने के लिए, अधिक सदाचारी हो जाने या कम, कुछ और हो जाने के लिए प्रयास किया करते हैं, करते हैं न? हमारे भीतर सकारात्मक और नकारात्मक इच्छाओं में यह लगातार लड़ाई चलती रहती है, एक इच्छा दूसरी पर हावी होती रहती है, एक इच्छा दूसरी को नियंत्रित करती रहती है—बस हम इसे उच्च या निम्न स्व कह दिया करते हैं। लेकिन ज़ाहिर है कि यह इच्छा ही है। आप इसे किसी भी स्तर पर आसीन कर सकते हैं और कोई अलग नाम दे सकते हैं, तब भी रहेगी यह इच्छा ही, कुछ बन जाने की तृष्णा भर। तो अपने भीतर और दूसरों के साथ, समाज के साथ भी यह निरंतर संघर्ष बना रहता है।

अब सवाल यह है कि क्या इच्छाओं का यह द्वंद्व समझ लाता है? क्या विपरीतों का, चाह और अचाह का यह द्वंद्व कुछ भी स्पष्ट कर पाता है? और क्या अपने आपको किसी धारणा के अनुरूप ढालने के संघर्ष से समझ का आगमन होता है? तो समस्या प्रयत्न की, संघर्ष की नहीं है, समस्या यह भी नहीं है कि यदि हम मानसिक रूप से और बाहरी तौर पर भी कुछ हो जाने के लिए प्रयत्नरत न रहते, यदि हम संघर्ष न करते, यदि हम प्रयास न करते, तो क्या होता; समस्या यह है कि समझ का आगमन कैसे होता है। क्योंकि एक बार यदि समझ आ जाए, तो प्रयत्न रहता नहीं। जो आप समझ लेते हैं, उससे आप मुक्त हो जाते हैं।

समझ अस्तित्व में कैसे आती है? मुझे नहीं मालूम अगर आपने कभी इस बात पर गौर किया है कि जितना ज़्यादा आप समझने के लिए संघर्ष करते हैं, उतना ही कम आप किसी समस्या को समझ पाते हैं। लेकिन जिस पल आप संघर्ष करना बंद करते हैं और उस समस्या को अपनी सारी कहानी सुनाने देते हैं, अपना समस्त

अभिप्राय बताने देते हैं—तब बात समझ आ जाती है, स्पष्ट ही जिसका अर्थ यह है कि समझने के लिए आपके मन का चुप होना ज़रूरी है। मन का, बिना हां-ना के, निष्क्रिय रूप से सजग रहना ज़रूरी है; और उस स्थिति में अपने जीवन की उन बहुत सारी समस्याओं की समझ हममें होती है।

प्रश्नकर्ता यह जानना चाहता है कि कोई दैवी प्रयोजन है अथवा नहीं है। मैं नहीं जानता कि 'दैवी प्रयोजन' से आपका क्या तात्पर्य है पर हम यह तो जानते ही हैं कि हम दुख में हैं, हम विभ्रम में हैं, उलझन में हैं, वह विभ्रम और दुख सामाजिक स्तर पर, मनोवैज्ञानिक स्तर पर, व्यक्तिगत और सामूहिक स्तर पर हमेशा बढ़ता ही जाता है। इस दुनिया का हमने यही हाल कर रखा है। तो कोई दैवी प्रयोजन है या नहीं, इस बात का कतई भी महत्त्व नहीं है। पर महत्त्व की बात उस विभ्रम को समझना है जिसमें हम बाह्य रूप से और आंतरिक रूप से भी रह रहे हैं। और उस विभ्रम को समझने के लिए आरंभ स्पष्टतः हमें स्वयं से ही करना होगा—क्योंकि हम ही विभ्रम हैं, हमने ही संसार में इस बाह्य विभ्रम को उत्पन्न किया है। और इस विभ्रम को दूर करने के लिए हमें स्वयं से ही आरंभ करना होगा, क्योंकि जो हम हैं, वही यह संसार भी है।

अब आप कहेंगे, "इस तरीके से संसार में व्यवस्था लाने में तो काफी लंबा वक्त लग जाएगा।" मैं ज़रा भी निश्चित नहीं हूं कि आप सही हैं, क्योंकि आखिरकार वे कुछएक ही होते हैं, जो बिलकुल स्पष्ट होते हैं और समझ लेते हैं, वे ही क्रांति लाते हैं, परिवर्तन लाते हैं। पर हम आलसी हैं, मुश्किल यही है। हम चाहते हैं कि दूसरे बदल जाएं, हम चाहते हैं कि परिस्थितियां बदल जाएं, सरकार हमारे जीवन में व्यवस्था ले आए या कोई चमत्कार घट जाए जो हमें रूपांतरित कर दे। और इस तरह, हम विभ्रम से निभाए चले जाते हैं।

तो जो वास्तव में महत्त्वपूर्ण बात है, वह इस बात की छान-बीन में लग जाना नहीं है कि कोई ईश्वरीय योजना होती है या नहीं होती है, क्योंकि उस अटकलबाजी में आप यह साबित करते हुए घंटों बरबाद कर सकते हैं कि होती है या नहीं होती है। वह प्रचारकों का खेल बन जाता है। पर महत्त्वपूर्ण बात स्वयं को विभ्रम से मुक्त कर लेना है, और उसके लिए समय की दरकार नहीं होती है। अनिवार्यता इस बात को देख लेने की है कि व्यक्ति विभ्रम में है, कि वह सारी गतिविधि, समस्त क्रिया जो उस विभ्रम से जन्म लेती है, वह भी दिग्भ्रमित ही होगी। यह ऐसे ही है जैसे कोई दिग्भ्रमित व्यक्ति किसी नेता की तलाश करे, उसका नेता भी दिग्भ्रमित ही होगा। तो आवश्यक यह है कि हम इसे देखें कि हम भ्रमित हैं, उलझन में हैं, और इससे भागने की कोशिश न करें, इसका स्पष्टीकरण न तलाशते रहें; निष्क्रिय रूप से, बिना हां-ना के सजग रहें। और तब आप देखेंगे कि उस निष्क्रिय सजगता से एक सर्वथा भिन्न क्रिया का जन्म होता है; क्योंकि यदि आप विभ्रम की अवस्था को स्पष्ट कर

लेने का प्रयास करते हैं, तो जो आप रचते हैं, वह अभी भी भ्रमित ही होगा। किंतु यदि आप स्वयं के प्रति सजग होते हैं, चुनावरहित और निष्क्रिय रूप से सजग होते हैं, तो वह विभ्रम, वह असमंजस खुलने लगता है और लुप्त हो जाता है।

यदि आप इसके साथ प्रयोग करेंगे, तो देख पाएंगे—और इसमें कोई बहुत अधिक समय नहीं लगने वाला है क्योंकि समय की तो इसमें कोई भूमिका ही नहीं है—कि स्पष्टीकरण भी मिल जाता है, चीजें स्पष्ट हो जाती हैं। पर आपको अपना पूरा ध्यान इसे देना होगा, अपनी पूरी दिलचस्पी इसे देनी होगी। और इस बारे में मैं ज़रा भी निश्चित नहीं हूं कि हममें से अधिकतर लोग विभ्रम में, उलझन में बने रहना पसंद नहीं करते हैं—क्योंकि असमंजस की हालत में आपको कुछ करने की दरकार नहीं होती। और इसलिए हम विभ्रम से संतुष्ट रहते हैं क्योंकि विभ्रम को समझना कर्म की मांग करता है, जो किसी आदर्श अथवा उद्भावना का अनुसरण नहीं है।

अतः ईश्वरीय योजना है या नहीं है, यह प्रश्न ही अप्रासंगिक है। हमें स्वयं को तथा इस विश्व को समझना है जिसे हमने निर्मित किया है : दुर्दशा, विभ्रम, द्वंद्व, युद्ध, शोषण। दूसरों के साथ संबंध में जो भी हम हैं, यह सब उसी का परिणाम है। यदि हम देख सकें कि कैसे हम दूसरों का इस्तेमाल करते हैं, कैसे हम लोगों के माध्यम से, संपत्ति के, जानकारी के माध्यम से स्वयं से भागने की कोशिश करते हैं और इस वजह से संबंध को, संपत्ति को, जानकारी को ज़बरदस्त महत्ता दे दिया करते हैं—यदि हम इस सब को देख सकें, इसके प्रति निष्क्रिय रूप से सजग हो सकें, तो हम उस पृष्ठभूमि से मुक्त हो जाएंगे जो कि हम हैं। केवल तभी, 'जो है' का पता लगाने की संभावना होती है। लेकिन यह अनुमान लगा देने में घंटों बिता देना कि ईश्वरीय योजना होती है या नहीं होती है, इसके बारे में पता लगाने के प्रयासों में लगे रहना, इसके बारे में व्याख्यान दिया जाना, मुझे ये सब एकदम बच्चों वाली बातें लगती हैं। क्योंकि शांति किसी योजना का अनुगामी बनने से नहीं आती, फिर वह योजना चाहे वामपंथी हो या ईश्वरीय हो। अनुगमन दमन मात्र है और दमन में भय होता है। शांति और निश्चलता केवल समझ में ही संभव है, और उस निश्चलता में यथार्थ का प्राकट्य होता है।

प्रश्न : क्या समझ व्यक्ति में अकस्मात आ जाती है? अतीत के प्रयास तथा अनुभव से क्या उसका कोई संबंध नहीं होता?

कृष्णमूर्ति : अतीत के अनुभव से हमारा क्या तात्पर्य है? आप किसी चुनौती का अनुभव कैसे करते हैं? जीवन अंततः चुनौती एवं प्रत्युत्तर की प्रक्रिया है, है कि नहीं? चुनौती हमेशा नयी ही होती है, अन्यथा वह चुनौती ही नहीं है। और हमारा प्रत्युत्तर अपरिहार्य रूप से हमारे संस्कारों की पृष्ठभूमि का ही परिणाम होता है। अतः यदि यह प्रत्युत्तर उस चुनौती के संदर्भ में उपयुक्त, निःशेष व संपूर्ण नहीं है, तो

यह संघर्ष व द्वंद्व ही निर्मित करेगा ही। चुनौती व प्रत्युत्तर के बीच इस द्वंद्व को ही हम अनुभव कहते हैं। मुझे नहीं मालूम कि यदि आपने कभी इस पर ध्यान दिया है कि अगर चुनौती के प्रति आपका उत्तर पूर्ण है, तो अनुभव करने की एक अवस्था मात्र होती है, अनुभव का स्मरण नहीं होता। परंतु जब प्रत्युत्तर चुनौती हेतु पर्याप्त नहीं होता, तो हम अनुभव की स्मृति से चिपटे रहते हैं।

यह इतना मुश्किल नहीं है, यूं परेशान न हों। इसकी थोड़ी छान-बीन और करते हैं और आप इसे देख पाएंगे। जैसा कि मैंने कहा, जीवन चुनौती और प्रत्युत्तर की एक प्रक्रिया है—सभी स्तरों पर, किसी एक विशेष स्तर पर नहीं; और जब तक वह प्रत्युत्तर, वह जवाब चुनौती के हिसाब से नाकाफी है, द्वंद्व होगा ही। निश्चित ही यह बात बिलकुल साफ है। और द्वंद्व निरपवाद रूप से समझ को घटित नहीं होने देता। द्वंद्व के द्वारा हम किसी समस्या को नहीं समझ पाते, क्या समझ पाते हैं? यदि मैं अपने पड़ोसी से, अपनी पत्नी से, अपने सहयोगियों से लगातार झगड़ता रहता हूं, तो उस संबंध को समझ पाना संभव ही नहीं है। समझना तभी संभव होता है, जब कोई द्वंद्व नहीं होता।

क्या समझ अकस्मात आ जाती है? तात्पर्य यह कि क्या द्वंद्व अकस्मात समाप्त हो सकता है? या फिर, क्या व्यक्ति को अनगिनत द्वंद्वों से गुजरना होगा, प्रत्येक द्वंद्व को समझना होगा, और तब कहीं जाकर समस्त द्वंद्व से मुक्ति मिल पाएगी? मतलब यह कि अगर इस समस्या को अलग तरीके से रखें, तो मुझे यकीन है कि इस प्रश्न के पीछे एक और प्रश्न है : चूंकि आप तमाम धुंधलकों, विभ्रमों व द्वंद्वों से होकर गुज़रे थे, दिव्यात्माओं, पुनर्जन्म, तरह-तरह की सोसाइटियों वगैरह-वगैरह में आपकी आस्था हुआ करती थी, तो क्या मुझे भी इन सब से होकर नहीं गुज़रना होगा? चूंकि आप कुछ विशेष अवस्थाओं में से होकर गुज़रे थे, "क्या मुझे भी मुक्त होने के लिए उन अवस्थाओं से होकर नहीं जाना पड़ेगा?" अर्थात क्या विभ्रम से मुक्त होने के लिए हम सब को विभ्रम का अनुभव नहीं कर लेना होगा?

इसलिए, क्या प्रश्न यह नहीं है : "क्या मुक्त होने हेतु कुछ विशिष्ट प्रारूपों का, ढांचों का अनुसरण करने या उन्हें स्वीकार करने एवं उन प्रारूपों के हिसाब से जी लेने से समझ का आगमन होता है?" उदाहरण के लिए, मान लें कि कभी किसी वक्त आप किन्हीं खास धारणाओं में विश्वास किया करते थे, पर अब आपने उन्हें परे हटा दिया है, आप मुक्त हैं और आपमें बोध है, समझ है। और मैं उधर आता हूं एवं देखता हूं कि आप कुछ विशेष विश्वासों के अनुसार जीते रहे और फिर आपने उन्हें त्याग दिया व समझ उपलब्ध कर ली। तो मैं खुद से कहता हूं, "मैं भी उन विश्वासों का अनुसरण करूंगा या उन विश्वासों को स्वीकार कर लूंगा और आखिरकार बोध तक, समझ तक पहुंच ही जाऊंगा।" निश्चित ही यह एक गलत प्रक्रिया है, है ना? जो महत्त्व की बात है, वह है समझना। क्या समझ समय

का मसला है? यकीनन नहीं। अगर आपकी किसी चीज़ में दिलचस्पी है, तो समय का सवाल ही नहीं उठता। आपका पूरा अस्तित्व एकाग्रता से, पूरी तरह उस चीज़ में तल्लीन होता है। समय का सवाल तो इसमें तभी आता है, जब आप कोई फल, कोई परिणाम प्राप्त करना चाहते हैं। अतः यदि आप बोध को, समझ को एक लक्ष्य की तरह मानकर चलते हैं जिसे आपने हासिल करना है, तब आपको समय की दरकार होती है, तब आप 'तत्काल कर लेने' या 'स्थगित कर देने' की बात उठाते हैं। परंतु समझ निश्चित ही एक परिणाम-प्रक्रिया नहीं है। समझ का, बोध का आगमन तब होता है, जब आप शांत होते हैं, जब मन निश्चल होता है। और यदि आप मन के निश्चल होने की आवश्यकता को देख लेते हैं, तो समझ तत्काल ही घटित होती है।

प्रश्न : आपके अनुसार सच्चे अर्थों में ध्यान क्या है?

कृष्णमूर्ति : ध्यान का उद्देश्य क्या है? और आप ध्यान को किस अर्थ में लेते हैं? मुझे मालूम नहीं कि आपने कभी ध्यान किया है क्या; अतः आइए, यह पता लगाने के लिए साथ-साथ प्रयोग करें कि सच्चे अर्थों में ध्यान क्या है। आप इस बारे में केवल मेरे कथन को ही न सुनें, अपितु हमें साथ-साथ अन्वेषण तथा अनुभव करना है कि सत्य ही में ध्यान होता क्या है। क्योंकि ध्यान महत्त्वपूर्ण है, है कि नहीं? यदि आप नहीं जानते कि सम्यक्, सही ध्यान क्या है, तो स्वयं का ज्ञान नहीं हो सकता है, और बिना स्वयं को जाने ध्यान का कोई मतलब नहीं है। किसी कोने में बैठकर अथवा किसी बगीचे या गली में इधर-उधर टहलने और ध्यान करने की कोशिश करने का कोई अर्थ नहीं है। यह एक खास निजी किस्म की एकाग्रता तक ले जाता है, जो एक को पृथक करके बाकी का बहिष्कार है। आप लोगों में कुछ ने इन सब विधियों को निश्चित ही आज़माकर देखा होगा। अर्थात आप किसी विशिष्ट विषय पर एकाग्रता साधते हैं, जब आपका मन यहां-वहां भटक रहा होता है तो उसे एकाग्र हो जाने के लिए मजबूर करने की कोशिश करते हैं, और जब यह बात बनती नहीं है तो आप प्रार्थना कर लेते हैं।

यदि हम वास्तव में जानना चाहते हैं कि सम्यक् ध्यान क्या है, तो हमें यह मालूम कर लेना होगा कि वे मिथ्या क्रियाएं क्या-क्या हैं, जिन्हें हमने ध्यान कहा है। निश्चित ही, एकाग्रता ध्यान नहीं है क्योंकि यदि आप निरीक्षण करें, तो एकाग्रता की प्रक्रिया में एक को विलग करके शेष का बहिष्कार है और इसलिए इसमें भटकाव है। आप किसी चीज़ पर एकाग्र होने की कोशिश करते हैं व आपका मन किसी और चीज़ में भटकने लगता है; और किसी एक विषय पर केंद्रित हो जाने की लड़ाई निरंतर चला करती है जबकि मन साफ मना कर देता है और फिर भटकने लगता है। और इस तरह एकाग्र होने के प्रयास में, एकाग्रता सीखने में, जिसे गलती से ध्यान कह दिया जाता है, हम सालों बिता देते हैं।

फिर प्रार्थना का प्रश्न नहीं आता है। स्पष्ट है कि प्रार्थना परिणाम तो देती है, अन्यथा लाखों लोग प्रार्थना न किया करते। प्रार्थना में कुछ विशेष शब्द-समूहों को लगातार दोहरा कर मन शांत बना लिया जाता है, मन शांत तो हो जाता है। और उस शांति में कुछ संकेत, कुछ अनुभूतियां, कुछ प्रत्युत्तर प्राप्त होते हैं। पर है यह अभी भी मन की युक्ति का ही एक भाग, क्योंकि एक प्रकार के सम्मोहन से आप मन को एकदम शांत बना सकते हैं। और उस शांति में कुछ प्रच्छन्न, छिपे हुए उत्तर प्रकट होते हैं, जो अचेतन से तथा चेतन मन के बाहर से आते हैं। लेकिन यह अभी भी एक ऐसी अवस्था ही है, जिसमें बोध नहीं है, समझ नहीं है।

और ध्यान पूजा-भक्ति भी नहीं है—चाहे वह भक्तिभाव किसी चित्र के प्रति हो या फिर किसी सिद्धांत के प्रति, क्योंकि मन की बनाई चीज़ें भी मूर्तिपूजा के दायरे में ही आती हैं। हो सकता है कोई व्यक्ति किसी मूर्ति को न पूजता हो, इसे मूढ़ता और अंधविश्वासपूर्ण बुतपरस्ती मानता हो, लेकिन वह भी ज़्यादातर लोगों की तरह मन की बनाई चीज़ों की पूजा तो करता है, तो यह भी बुतपरस्ती ही हुई। अतः किसी चित्र या धारणा या किसी गुरु-महात्मा के प्रति भक्तिपूर्ण होना, समर्पित होना ध्यान नहीं है। प्रत्यक्षतः यह स्वयं से पलायन का ही एक रूप है। यह बड़ा विश्रामदायक पलायन है, पर है तो पलायन ही।

सदाचारी बनने के लिए निरंतर प्रयत्नरत रहना, भली-भांति अपनी जांच-परख तथा अनुशासन के माध्यम से सद्गुणों की प्राप्ति करते रहना भी ध्यान नहीं है। हममें से अधिकतर लोग इन प्रक्रियाओं में उलझे हुए हैं, और चूंकि इनसे हमें स्वयं का बोध नहीं होता है, अपने बारे में समझ नहीं प्राप्त होती है, ये भी सही ध्यान का तरीका नहीं हैं। खुद को समझे बिना आपके पास आखिर सम्यक् विचार का, सही सोच का आधार ही क्या है? उस समझ के बिना आप जो कर लेंगे, वह इतना ही होगा कि आप अपने संस्कारों के प्रत्युत्तर का, उनकी पृष्ठभूमि का अनुसरण करने लगेंगे। और ऐसे संस्कारग्रस्त प्रत्युत्तर ध्यान नहीं हैं। लेकिन इन प्रत्युत्तरों, इन प्रतिक्रियाओं के प्रति सजग होना, ताकि स्व की हलचलें, स्व के रंग-ढंग पूरी तरह से समझ में आ जाएं—यही तरीका सही ध्यान का तरीका है।

जीवन से पीछे हट जाना ध्यान नहीं है। ध्यान अपने आप को समझने की एक प्रक्रिया है। और जब कोई अपने आपको, केवल चेतन स्तर पर नहीं अपितु भीतर के सभी प्रच्छन्न स्तरों पर भी समझना शुरू करता है, तब प्रशांति का आगमन होता है। जिस मन को ध्यान करके, बाध्य करके, अनुसरण करके स्थिर किया जाता है, वह मन स्थिर नहीं होता है। वह तो एक अवरुद्ध, गतिहीन मन होता है। वह ऐसा मन नहीं होता, जो सतर्क, निष्क्रिय एवं सर्जनात्मक ग्रहणशीलता में समर्थ हो। ध्यान में सतत प्रेक्षण की, जागरूकता की, प्रत्येक शब्द, प्रत्येक विचार तथा भाव के प्रति सजगता की दरकार होती है, जिससे हमारे अस्तित्व की, अपने होने की

अवस्था उद्घाटित होती है, साफ पता चलती है, जो छिपी थी वह भी, और जो सतह पर है वह भी; और चूंकि इसमें बहुत मेहनत लगती है, हम हर किस्म की, छलावे से भरी और राहत देने वाली चीज़ों के ज़रिये पलायन करते रहते हैं और इसे ही ध्यान कह दिया करते हैं।

यदि व्यक्ति यह देख पाता है कि स्वयं का ज्ञान ही ध्यान का प्रारंभ है, तब यह समस्या असाधारण रूप से रोचक तथा जीवंत बन जाती है। क्योंकि यदि आपको स्वयं का ही ज्ञान नहीं है, तो आप जिसे ध्यान कहते हैं, उसके अभ्यास में लगे रह सकते हैं, और इस पर भी अपने सिद्धांतों में, अपने परिवार में, अपनी संपत्ति में आसक्त बने रह सकते हैं, या फिर अपनी संपत्ति को छोड़-छाड़ कर आप किसी अवधारणा के प्रति, किसी विचार के प्रति आसक्त हो सकते हैं और उसमें इस कदर केंद्रित, एकाग्र रह सकते हैं कि उसी अवधारणा को आप और-और अधिक निर्मित करते चले जाएं। निश्चित ही, वह ध्यान नहीं है। अतः स्व-ज्ञान ही ध्यान का आरंभ है, और स्व-ज्ञान के बिना ध्यान होता ही नहीं है। और जब कोई स्व-ज्ञान के इस प्रश्न की और गहराई में जाता है, तो न केवल ऊपर का, प्रकट मन शांत, मौन हो जाता है, बल्कि प्रच्छन्न मन के विभिन्न स्तर भी प्रकाश में आते हैं। जब सतही मन चुप होता है, तब चेतना की छिपी हुई, अचेतन परतें अपना प्रक्षेपण करने लगती हैं, वे अपनी अंतर्वस्तु को प्रकट करती हैं, वे अपने इशारे ज़ाहिर करती हैं, ताकि हमारे अस्तित्व की समग्र प्रक्रिया को पूर्णरूपेण समझा जा सके।

तो मन नितांत निश्चल हो जाता है—यह निश्चल *है,* इसे निश्चल *बनाया* नहीं गया है। इसे निश्चल हो जाने के लिए किसी पारितोषिक द्वारा, भय द्वारा बाध्य नहीं किया गया है। तब एक खामोशी होती है, मौन होता है, जिसमें यथार्थ अस्तित्व में आता है। परंतु वह मौन ईसाई मौन, हिंदू मौन या बौद्ध मौन नहीं है। वह मौन बस मौन है, उसका कोई नाम नहीं है। यदि आप ईसाई या हिंदू या बौद्ध मौन के पथ का अनुसरण करेंगे, तो आप कभी मौन नहीं होंगे। जो मनुष्य यथार्थ का अन्वेषण करना चाहता हो, उसे अपनी संस्कारबद्धता का पूरी तरह से परित्याग करना होगा—चाहे वह संस्कारबद्धता ईसाई हो, हिंदू हो, बौद्ध हो या किसी अन्य समुदाय की हो। ध्यान के माध्यम से, अनुसरण के माध्यम से पृष्ठभूमि को मजबूत कर लेना केवल मन की गतिहीनता, मन की मंदता लाता है और मैं कतई निश्चित नहीं हूं कि यही वह नहीं है, जो हममें से अधिकतर लोग चाहते हैं, क्योंकि कोई प्रारूप, कोई ढांचा बना लेना और उसका अनुसरण करना अपेक्षाकृत बहुत आसान है। किंतु पृष्ठभूमि से मुक्त होना संबंध में निरंतर जागरूकता की, निरीक्षण की मांग करता है।

जब एक बार वह मौन आ जाए, तो एक असाधारण सर्जनशीलता की स्थिति होती है—ऐसा नहीं है कि आप कविताएं लिखेंगे ही, चित्र बनाएंगे ही; हो सकता है आप ऐसा करें, या हो सकता है आप यह सब न करें। लेकिन उस मौन के

पीछे नहीं भाग सकते, उसकी नकल नहीं उतारी जा सकती, अनुकरण नहीं किया जा सकता—उस हालत में वह मौन नहीं रह जाता। आप इस तक किसी मार्ग द्वारा नहीं पहुंच सकते। यह तब वजूद में आता है, जब स्व के, 'मैं' के तरीके समझ लिए जाते हैं और उस स्व का अपनी तमाम हलचलों और खुराफात के साथ अंत हो जाता है। अर्थात मन जब सर्जन करना बंद कर दे, तो सर्जन विद्यमान होता है।

अतएव मन को सरल होना होगा, शांत होना होगा—'होगा' तो गलत है : यह कहने में कि मन को शांत होना होगा, बाध्यता निहित है—और मन तभी शांत होता है, निश्चल होता है, जब स्व की, 'मैं' की समग्र प्रक्रिया का अवसान हो चुका हो। जब स्व के सारे तौर-तरीके समझ लिए गए हों, और इसलिए स्व की गतिविधियों का अंत हो गया हो, मौन केवल तभी होता है। वह मौन ही सच्चे अर्थों में ध्यान है। और उस मौन में ही शाश्वत का आविर्भाव होता है।

लंदन,
23 अक्टूबर 1949

सत्तरह

यदि संभव हो, तो इस शाम मैं ध्यान के बारे में चर्चा करना चाहूंगा। मैं इस बारे में बात करना चाहूंगा, क्योंकि मुझे लगता है कि यह विषय जीवन में सर्वाधिक महत्त्वपूर्ण है।

'ध्यान' को समझने के लिए और इसमें गहराई से पैठने के लिए सबसे पहले हमें शब्द और तथ्य को समझना होगा। कारण कि हममें से अधिकतर लोग शब्दों के गुलाम हैं। 'ध्यान' शब्द से ही अधिकतर लोगों में एक विशेष भावदशा, एक तरह की संवेदनक्षमता, शांति, कुछ न कुछ उपलब्ध करने की अभीप्सा जागने लगती है। किंतु शब्द वह वस्तु नहीं है, क्योंकि शब्द को, प्रतीक को, नाम को यदि कोई पूरी तरह न समझे, तो यह भयावह होता है। तब यह बाधा बन जाता है, मन ही को दासता में बांध लेता है। और शब्द की, प्रतीक की हममें जो प्रतिक्रिया होती है, वही हममें से अधिकतर को कर्मरत करती है, क्योंकि शब्द जिस तथ्य को व्यक्त कर रहा है, उसका हमें भान नहीं होता, एहसास नही होता। हम तथ्य तक, 'जो है' तक अपने मतों, निर्णयों, मूल्यांकनों के साथ, अपनी स्मृतियों के साथ पहुंचते हैं। इस तरह हम कभी भी तथ्य को, 'जो है', उसे देख नहीं पाते हैं। मुझे लगता है कि इस बात को स्पष्ट रूप से समझ लेना चाहिए।

किसी भी अनुभव को, मन की किसी भी अवस्था को, वास्तविक तथ्य, वस्तुस्थिति को, 'जो है' उसे भली भांति समझना हो, तो हमें शब्दों की गुलामी छोड़नी पड़ेगी—और यह काम बहुत कठिन होता है। उसे नाम देना, कोई शब्द देना अनेक स्मृतियां जगाता है; और ये स्मृतियां तथ्य का अतिक्रमण करती हैं, उस तथ्य को, 'जो है' उसे नियंत्रित करती, ढालती, दिशा देती हैं। अतः हमें इस विभ्रम के प्रति असाधारण रूप से सजग होना होगा और देखना होगा कि शब्द तथा वस्तुस्थिति, 'जो है' के बीच द्वंद्व न हो। और यह मन के लिए बहुत दुष्कर कार्य है, जिसके वास्ते अचूक और स्पष्ट होने की आवश्यकता होती है।

बिना स्पष्टता के वस्तुओं को हम जैसी वे हैं, वैसी ही नहीं देख पाते। वस्तुओं को जैसी वे हैं, ठीक वैसी, अपने मतों, निर्णयों, स्मृतियों के बिना देख पाने में असाधारण

सौंदर्य होता है। हमें किसी पेड़ को, बिना कोई भ्रम बीच में लाए, वैसा ही देखना होता है जैसा कि वह है; इसी तरह किसी झील के ऊपर संध्या के आकाश को हम देखते हैं—सिर्फ देखते हैं, शब्द दिए बिना, प्रतीकों, विचारों, स्मृतियों को जगाए बिना, और इस प्रकार देखने में अद्‌भुत सौंदर्य होता है। एवं सौंदर्य परमावश्यक है। अपने आस-पास जो कुछ भी है, प्रकृति हो, लोग हों, विचार हों, उन्हें कदर देना, उनके प्रति संवेदनशीलता ही सौंदर्य है। यदि संवेदनशीलता नहीं हो तो स्पष्टता भी नहीं आ पाती, ये दोनों संयुक्त हैं, समानार्थक हैं। यह स्पष्टता अनिवार्य हो जाती है, यदि हमें समझना हो कि ध्यान क्या है।

ऐसा मन जो भ्रमित है, धारणाओं, अनुभवों, इच्छा के तमाम आग्रहों में जकड़ा हुआ है, वह केवल अंतर्द्वंद्व ही निर्मित करता है। और उस मन को जिसे वस्तुतः ध्यान की स्थिति में होना हो, न केवल शब्द के प्रति, बल्कि उस अनुभव या उस स्थिति को नाम देने की स्वयंचालित अनुक्रिया के प्रति भी सजग होना होगा तथा उस स्थिति अथवा अनुभव को, वह जो भी अनुभव हो, चाहे जितना क्रूर, चाहे जितना वास्तविक, चाहे जितना मिथ्या हो—उसे कोई नाम दे देना मात्र ही स्मृति को दृढ़ता देता है, जिसे लादे हुए हम अगले अनुभव की ओर अग्रसर होते हैं।

कृपया मुझे यह ध्यान दिलाने दें कि जिस बारे में हम बात कर रहे हैं, उसे समझना बहुत महत्त्वपूर्ण है, क्योंकि यदि आप इसे नहीं समझ लेते हैं, तो वक्ता के साथ आप ध्यान की इस संपूर्ण समस्या में सहयात्रा नहीं कर पाएंगे।

जैसा कि हमने कहा, ध्यान जीवन की सर्वाधिक महत्त्वपूर्ण बातों में से एक है, या संभवतः जीवन में यह सर्वाधिक महत्त्वपूर्ण है। यदि ध्यान न हो, तो मस्तिष्क तथा मन एवं विचार की सीमाओं से परे जाने की कोई संभावना नहीं रहती। और ध्यान की इस समस्या में प्रवेश करने के लिए प्रारंभ में ही सदाचार की नींव रखनी होगी। मेरा तात्पर्य समाज द्वारा आरोपित सदाचार से नहीं है, उस नैतिकता से नहीं है जो भय, लोभ, ईर्ष्या, किसी तरह के दंड या पुरस्कार के माध्यम से पोषित होती है।

मैं उस सदाचार की बात कर रहा हूं, जो तब स्वाभाविक रूप से, स्वतः ही, सहजता से, बिना किसी द्वंद्व या अवरोध के आता है, जब अपने आपको जाना जाता है। स्वज्ञान के बिना, स्वयं को जाने बिना, आप चाहे जो कर लें, संभवतः ध्यान की स्थिति आ ही नहीं सकती। 'स्वज्ञान' से मेरा अभिप्राय है अपने प्रत्येक विचार, प्रत्येक भावदशा, प्रत्येक शब्द, प्रत्येक भावना को जानना; अपने मन की गतिविधि को जानना—न कि किसी 'परम स्व', 'विराट स्व' का ज्ञान; ऐसा कुछ नहीं है; 'उच्चतर स्व', 'आत्मन्' अभी भी विचार के क्षेत्र में ही हैं। विचार आपके संस्कारों का परिणाम है, विचार आपकी स्मृति का प्रत्युत्तर है—चाहे वह स्मृति पुरखों की हो अथवा तात्कालिक हो। तो पहले गहन व अचल रूप से उस सदाचार को जीवन में लाए बिना, जो

स्वज्ञान के माध्यम से आता है, मात्र ध्यान करने का प्रयास नितांत प्रवंचनापूर्ण और पूरी तरह व्यर्थ है।

देखिए, यह बात उनके लिए बहुत महत्त्वपूर्ण है, जो इस सबको संजीदगी से समझना चाहते हैं, क्योंकि यदि आप यह नहीं कर पाते तो आपका ध्यान और आपका वास्तविक जीवन जुदा रहते हैं, इनमें दूरी बनी रहती है—इतनी अधिक दूरी कि चाहे आप आसन-मुद्राएं लगा कर अनिश्चित काल तक ध्यान करते रहें, सारी उम्र आप अपने नासाग्र से आगे कुछ नहीं देख पाएंगे; कोई आसन आप लगा लें, चाहे जो आप करते रहें, उसका कुछ मतलब नहीं होगा।

अतः जो मन जांच-पड़ताल करता है—*जांच-पड़ताल* शब्द का प्रयोग मैं जान-बूझ कर कर रहा हूं—कि ध्यान क्या है, उसे यह नींव रखनी ही होगी, जो स्वाभाविक रूप से अपने आप ही, निष्प्रयास ही सहजता के साथ रखी जाती है जब स्वज्ञान होता है। और यह समझना भी महत्त्वपूर्ण है कि यह स्वज्ञान, स्वयं को जानना क्या है, यह है 'मैं' के प्रति, जिसका स्रोत स्मृतियों के ढेर में है, बिना कुछ चयन किए, सजग होना—मैं अभी सजगता के अर्थ में जाऊंगा—इस 'मैं' के प्रति बिना किसी व्याख्या के सचेत होना, मन की गति का अवलोकन मात्र करना। किंतु वह अवलोकन हो नहीं पाता है, जब आप अवलोकन के माध्यम से केवल संग्रह करते हैं कि क्या करना है, क्या नहीं करना है, क्या उपलब्ध करना है, क्या उपलब्ध नहीं करना है। और यदि आप ऐसा करते हैं, तो स्व के रूप में मन की गति की जीवंत प्रक्रिया पर रोक लगा देते हैं। तात्पर्य यह कि मुझे तथ्य का, वास्तविक या, 'जो है' उसका अवलोकन करना होगा, उसे देखना होगा। यदि मैं इस तक किसी मत, किसी धारणा के साथ आता हूं, जैसे कि 'मुझे यह नहीं करना होगा' या 'ऐसा करना होगा', जो स्मृति की प्रतिक्रियाएं ही हैं—तब 'जो है' की गति में अवरोध आते हैं, बाधा पड़ती है, अतएव सीखना नहीं हो पाता।

वृक्ष से होकर बहती हवा का अवलोकन करना हो, तो आप उसका कुछ कर नहीं सकते, वह वेग से बह सकती है, या सौम्यता से, सौंदर्य पूर्वक बह सकती है। आप, जो इसका अवलोकन कर रहे हैं, इसे नियंत्रित नहीं कर सकते। आप इसे आकार नहीं दे सकते, आप ऐसा नही कह सकते, "मैं इसे मन में संजो रखूंगा"। यह तो बस होती है। आप इसे याद तो रख सकते हैं। परंतु यदि आप इसे याद रखते हैं, और अगली बार वृक्ष से गुजरती हवा को निहारते समय उस याद को बीच में ले आते हैं, तो आप वृक्ष में हवा के प्राकृतिक बहाव को नहीं देख पाते, बल्कि केवल अतीत के बहाव को याद कर रहे होते हैं। इसलिए आप सीख नहीं रहे होते, अपितु जो आप पहले से जानते हैं, उसमें बस कुछ जोड़ रहे होते हैं। तो एक स्तर पर जानकारी, अगले स्तर के लिए बाधा बन जाती है।

मुझे उम्मीद है कि यह बात एकदम स्पष्ट है। क्योंकि जिस बात को अब

हम समझने जा रहे हैं, उसके लिए एक ऐसे मन की दरकार है जो पूरी तरह स्पष्ट हो, पूर्वपहचान की किसी भी गति के बिना देख और सुन पाने में समर्थ हो।

अतः पहले तो हमें बिल्कुल स्पष्ट होना चाहिए, भ्रमित नहीं रहना चाहिए। स्पष्टता अनिवार्य है। 'स्पष्टता' से मेरा अभिप्राय है, चीज़ों को जैसी वे हैं ठीक वैसी ही देख पाना; बिना किसी मत के, 'जो है' को देखना; अपने मन की गति को देखना, इसका बहुत करीब से, भली-भांति परिश्रमपूर्वक, किसी प्रयोजन के बिना, दिशा-निर्देश के बिना अवलोकन करना। इस प्रकार मात्र अवलोकन के लिए अद्‌भुत स्पष्टता की आवश्यकता होती है, अन्यथा आप अवलोकन नहीं कर सकते। यदि आपने घूमती हुई चींटी का, जो कुछ भी वह करती है उस सबका निरीक्षण करना हो, तो अगर ऐसा करने में आप चींटी के बारे में विविध जैविक तथ्यों को बीच में लाते हैं, तब वह जानकारी आपके देखने में रुकावट बन जाती है। इस तरह आप तत्काल यह देखने लगते हैं कि कहां जानकारी आवश्यक होती है, और कहां जानकारी बाधा बन जाती है। तो अब कोई उलझन नहीं रहती।

जब मन स्पष्ट, अचूक होता है, गहन व मूलभूत विवेचना में समर्थ होता है, तो यह निषेध की अवस्था में होता है। हममें से अधिकतर लोग बातों को आसानी से स्वीकार कर लेते हैं, हम इतने भोले, आशुविश्वासी होते हैं, क्योंकि हम तसल्ली चाहते हैं, सुरक्षा चाहते हैं, उम्मीद का एहसास चाहते हैं, हम चाहते हैं कोई हमारा उद्धार कर दे—दिव्यात्माएं, मसीहा, गुरु, ऋषि-मुनि, आप इस समस्त बखेड़े से परिचित ही हैं! हम तुरंत, आसानी से स्वीकार कर लेते हैं, और उतनी ही आसानी से, अपने मन के मौसम के मुताबिक, अस्वीकार भी कर देते हैं।

चीज़ें स्वयं के भीतर जैसी हैं, वैसी ही देख पाने का भाव 'स्पष्टता' है। क्योंकि यह जो स्वयं है, यह संसार का ही एक भाग है। व्यक्ति स्वयं ही संसार की गतिशीलता है। जिसे हम 'स्वयं' कह रहे हैं, वह बाह्य अभिव्यक्ति है, जो भीतर की ओर उन्मुख गति है—यह उस ज्वार-तरंग की तरह है जो बाहर की ओर प्रवाह लेती है, और फिर भीतर लौट आती है। संसार से भिन्न स्वयं पर आपका एकाग्र होना, अवलोकनरत होना आपको अलगाव की ओर ले जाता है, व्यक्ति-विलक्षणता, मन के असंतुलन और अकेला करने वाले भयों और ऐसी अन्य दशाओं की तरफ ले जाता है। किंतु यदि आप संसार का अवलोकन करते हैं, और संसार की गति का अनुसरण करते हुए उसी गति पर आरूढ़ होकर भीतर की ओर लौटते हैं, तब आपके और संसार के बीच कोई विभाजन नहीं होता, तब आप सामूहिक से विपरीत वैयक्तिक नहीं होते।

और अवलोकन का यह भाव आवश्यक है, जो अन्वेषी भी है—जो खोज रहा है—और साथ ही अवलोकन कर रहा है, सुन रहा है, सजग है। मैं 'अवलोकन' शब्द का प्रयोग उस अर्थ में कर रहा हूं। अवलोकन का कार्य ही अन्वेषण का कार्य है।

यदि आप स्वतंत्र नहीं है, तो खोज नहीं कर सकते। इसलिए खोजने के लिए, अवलोकन के लिए, स्पष्टता होनी ज़रूरी है; स्वयं के भीतर गहराई से खोजने के लिए आपको हर बार इस तक नये सिरे से आना होगा। तात्पर्य यह कि उस अन्वेषण में, उस खोज में आपने कभी कोई परिणाम उपलब्ध नहीं किया होता है, आप कभी किसी सीढ़ी पर नहीं चढ़े होते हैं, और आप ऐसा कभी नहीं कहते, 'अब मैं जानता हूं।' कोई सीढ़ी नहीं है। यदि आप चढ़ते भी हैं, तो आपको तत्काल नीचे आना होता है, ताकि आपका मन अवलोकन करने, देखने, सुनने के लिए अतिशय संवेदनशील रहे।

इस अवलोकन करने, सुनने, देखने, निरीक्षण करने में ही सद्गुण का वह असाधारण सौंदर्य आता है। अपने-आप को जानने से आने वाले सद्गुण के अतिरिक्त अन्य कोई सद्गुण नहीं होता। तब वह सद्गुण जीवंत, ऊर्जस्वी, सक्रिय होता है—न कि कोई मृत लक्षण जिसका आपने अभ्यास कर लिया है। और वह नींव आवश्यक है। अर्थात अवलोकन, स्पष्टता तथा सद्गुण ध्यान के लिए नींव हैं, उस अर्थ में जिसकी हमने बात की है—उस अर्थ में नहीं जो आपने सद्गुण को दिया हुआ है कि उसे दिन-ब-दिन अभ्यास से बढ़ाते हैं, वह तो प्रतिरोध मात्र होता है।

तब, वहां से हम तथाकथित प्रार्थनाओं, किसी कोने में बैठ कर शब्दों, मंत्रों के तथाकथित जप, और किसी विशेष वस्तु या शब्द या प्रतीक पर मन को एकाग्र करने के प्रयत्न, जो कि संकल्पपूर्वक आयोजित ध्यान है—इन सबके निहितार्थों को देख सकते हैं। ध्यान से सुनिएगा। जानते-बूझते किसी आसन-मुद्रा में बैठने या तय करके, सचेत रूप से ध्यान के लिए विशेष कुछ करने का आशय यही है कि आप अपनी ही कामनाओं, अपनी ही संस्कारबद्धता के क्षेत्र में खेल खेल रहे हैं; और इसलिए यह तो ध्यान नहीं है। यदि कोई अवलोकन करे तो भली-भांति देख सकता है कि जो लोग वैसा ध्यान करते हैं, उन्होंने मन में तमाम तरह की छवियां बना रखी होती हैं; वे कृष्ण, ईसा मसीह, बुद्ध को देखने लगते हैं और सोच लेते हैं कि उन्हें कुछ उपलब्ध हो गया है—जैसे कि जो ईसाई होता है वह ईसा मसीह को देखता है। अब यह जिस प्रकार होता है, वह बिलकुल सीधी, एकदम स्पष्ट बात है; यह उसके अपने संस्कारों, अपने भय, अपनी आशाओं, अपनी सुरक्षा की कामना का प्रक्षेपण होता है। ईसाई ईसामसीह को देख लेता है, जैसे आप राम को अथवा अपने किसी भी इष्ट देवता को देखते।

इन दर्शनों में कुछ भी असाधारण नहीं है। ये आपके अचेतन की उपज हैं, जो कि अत्यधिक संस्कारग्रस्त, भय में प्रशिक्षित रहा है। जब आप थोड़े से शांत होते हैं, तो यह अपनी प्रतिमाओं, प्रतीकों, धारणाओं सहित झट से ऊपर आ जाता है। तो दर्शनों, भाव-समाधियों, चित्रों और प्रत्ययों का कुछ भी, किसी भी तरह का मूल्य नहीं है। यह तो इस तरह है, जैसे कोई व्यक्ति कुछ मंत्र, वाक्यांश या नाम

बार-बार दोहराता चला जाए। जब आप किसी नाम को बारंबार पुनः दोहराते रहें, तो ज़ाहिर है कि यही होता है कि आप अपने मन को स्तब्ध, मूढ़ बना देते हैं और उस मूढ़ता में यह शांत हो जाता है। यह ऐसे ही है जैसे आप मन को शांत बनाने के लिए कोई मादक द्रव्य ले लें—इस तरह के द्रव्य होते हैं—और उस स्तब्धता की, नशे की अवस्था में आपको दर्शन होने लगते हैं। स्पष्टतः ये सब आपके अपने समाज, अपनी संस्कृति, अपनी आशाओं और भयों की उपज है; यथार्थ से इनका कुछ भी लेना-देना नहीं है।

प्रार्थनाओं की भी यही स्थिति है। वह व्यक्ति जो प्रार्थना करता है, उस व्यक्ति की तरह है जिसकी नज़र किसी और की जेब पर है। व्यापारी, राजनेता और प्रतिस्पर्द्धा में लगा सारा समाज शांति के लिए प्रार्थना तो करता है, लेकिन ये सारे वह सब कुछ करने में लगे हैं, जिससे युद्ध, घृणा और वैमनस्य उपजते हैं—इसका कोई अर्थ, कोई औचित्य नहीं है। आपकी प्रार्थना एक याचना है, आप कुछ ऐसा मांग रहे हैं जिसे मांगने का आपको कोई अधिकार नहीं है—क्योंकि आप जी ही नहीं रहे हैं, आप सदाचारी नहीं हैं। आप अपने जीवन को समृद्धि देने के लिए कुछ ऐसा चाहते तो हैं, जो शांतिमय हो, महान हो, परंतु कर आप वह सब कुछ रहे हैं जो इसके विपरीत है व इसे विनष्ट करता है : अधम, क्षुद्र, मूढ़ बनते जा रहे हैं।

तो प्रार्थनाएं, दिव्यदर्शन, किसी कोने में सीधे होकर बैठना, सही तरीके से सांस लेना, अपने मन के साथ कुछ न कुछ करते रहना, ये सब बचपने की, अपरिपक्व बातें हैं, इन सबका उस व्यक्ति के लिए कोई महत्त्व नहीं है, जो इस बात के पूरे तात्पर्य को समझना चाहता है कि ध्यान क्या है। अतः वह व्यक्ति जिसे यह समझना हो कि ध्यान क्या है, उस तरह की बातों को पूरी तरह त्याग देता है, चाहे उसका काम छूट जाए; वह नौकरी पाने के लिए किसी क्षुद्र देव के पास नहीं जा पहुंचता—इस तरह का खेल आप सब खेलते हैं। जब आप किसी प्रकार के दुख में होते हैं, परेशान होते हैं, मंदिर की ओर रुख करते हैं, और स्वयं को धार्मिक कहा करते हैं!—यह सब आपको पूरी तरह, एकदम से परे करना होगा, ताकि यह आपको छू तक न सके। यदि आपने यह कर लिया है, तो हम इस समस्त प्रश्न में आगे बढ़ सकते हैं कि ध्यान क्या है।

आपमें अवलोकन, स्पष्टता, स्वज्ञान और उससे उद्भूत सदाचार का होना आवश्यक है। सदाचार वह है, जो हर समय अच्छाई में पुष्पित होता है; हो सकता है आप कोई गलती कर बैठें, आपसे बुरे काम हो जाएं, लेकिन वे समाप्त हो चुके होते हैं; आप आगे बढ़ रहे होते हैं, अच्छाई में खिल रहे होते हैं क्योंकि आप स्वयं को जान रहे होते हैं। उस नींव को रख कर, तब आप प्रार्थनाएं, शब्दों का बुदबुदाना और आसन-मुद्रा लगाना एक तरफ हटा सकते हैं। तब आप इस बात की पड़ताल शुरू कर सकते हैं कि अनुभव क्या होता है।

अनुभव क्या है, इसे समझना बहुत महत्त्वपूर्ण है क्योंकि हम सब अनुभव चाहते हैं। एक तो हमारे रोज के अनुभव होते हैं—दफ्तर जाना, झगड़ना, डाह रखना, ईर्ष्यालु, क्रूर, प्रतिस्पर्द्धारत, कामातुर होना। जीवन में दिन-प्रतिदिन, चेतन या अचेतन रूप से, हम प्रत्येक प्रकार के अनुभव से गुजरते हैं। और हम अपने जीवन की सतह पर जीते रहते हैं, बिना सौंदर्य के, बिना किसी गहराई के; हमारे पास अपना ऐसा कुछ नहीं है जो मौलिक, नैसर्गिक, सुस्पष्ट हो। हम सब दोयम दर्जे के नकलची मनुष्य हैं, दूसरों को उद्धृत करते रहते हैं, दूसरों का अनुसरण करते रहते हैं, शंख की तरह खोखले हैं। और स्वभावतः हमें रोज के अनुभव से भिन्न अधिक अनुभूति की चाह होती है। अतः हम या तो ध्यान के माध्यम से, या कुछ नवीनतम मादक द्रव्य लेकर ऐसी अनुभूति प्राप्त करना चाहते हैं। एल एस डी 25 इन्हीं नये मादक द्रव्यों में से एक है; और जिस क्षण आप इसे लेते हैं, आपको लगता है कि आपने 'झटपट रहस्यदृष्टि' का अनुभव कर लिया है—ऐसा नहीं है कि मैंने इस द्रव्य को लेकर देखा है। (हंसी)

हम गंभीरता से बात कर रहे हैं। आप ज़रा सी उकसाहट पर हंस पड़ते हैं, इसलिए आप गंभीर नहीं हैं, आप स्वयं को देखते हुए एक-एक कदम करके इसमें प्रवेश नहीं कर रहे हैं, आप केवल शब्दों को सुन रहे हैं और उन पर सवार हो कर बहे जा रहे हैं—जैसा न करने के लिए मैंने आपको इस वार्ता के आरंभ में ही चेता दिया था।

तो ऐसे मादक द्रव्य होते हैं, जो आपकी चेतना को फैलाते से लगते हैं तथा उतने से समय के लिए आपको उच्च-संवेदनक्षम बना देते हैं। और उस बढ़ी हुई संवेदनक्षमता की दशा में आप वस्तुओं को देखते हैं : वृक्ष आश्चर्यजनक रूप से जीवंत लगने लगता है, चटख, स्पष्ट और निस्सीम सा। अथवा आप यदि धार्मिक वृत्ति के हैं, तो आपको उस तीव्र संवेदन वाली हालत में शांति और प्रकाश का एक असाधारण बोध होने लगता है; आपके द्वारा जो भी देखा जा रहा है उसके और आपके बीच भेद नहीं रहता, आप वही हो जाते हैं; जैसे पूरा सृष्टि-विस्तार आप ही का अंश होता है। और फिर आप इन मादक द्रव्यों के लिए ललकने-तरसने लगते हैं क्योंकि अब आपको और अनुभव चाहिए, और अधिक विस्तृत, और अधिक गहरा अनुभव, जिससे आपकी आशा बंधी होती है कि वह आपके समस्त जीवन की सार्थकता प्रकट करेगा, और इस तरह इन द्रव्यों पर आपकी निर्भरता शुरू हो जाती है। तो भी, आपको जब ये अनुभव होते हैं, आप उस समय भी होते विचार के ही क्षेत्र में हैं, वह क्षेत्र ज्ञात का ही होता है।

तो आपको अनुभव को समझना होगा; अनुभव अर्थात किसी चुनौती को दिया गया प्रत्युत्तर जो प्रतिक्रिया बन जाता है, और वह प्रतिक्रिया आपके विचार, आपकी भावना, आपके अस्तित्व को आकार देती है। तथा आप इसमें और-और अनुभव

जोड़ते चले जाते हैं, आप सोचते हैं कि आपको अधिकाधिक अनुभव होते रहें। जितनी अधिक स्पष्ट इन अनुभवों की स्मृति होती है, उतना ही अधिक आपको ख्याल होता है कि आप जानते हैं। लेकिन यदि आप गौर करें तो पाएंगे कि जितना अधिक आप जानते हैं, उतने ही अधिक छिछले और खाली आप हो जाते हैं। तो आपको न केवल वह समझना होगा जो आपको पहले मैंने कहा है, अपितु अनुभव की इस असाधारण मांग को भी समझ लेना होगा। अब हम आगे बढ़ सकते हैं।

ऐसा मन जो किसी भी प्रकार के अनुभव की तलाश में है, अभी भी समय के, ज्ञात के क्षेत्र में ही है, स्व-प्रक्षेपित इच्छाओं के क्षेत्र में ही है। जैसा कि मैंने वार्ता के प्रारंभ में कहा था, तय करके किया गया ध्यान केवल भ्रम की ओर ले जाता है। तो भी, ध्यान की आवश्यकता तो स्पष्ट है। संकल्पपूर्वक, सोच-बूझ कर किया गया ध्यान केवल आपको विभिन्न प्रकार के आत्म-सम्मोहन, आपकी अपनी इच्छाओं, अपने संस्कारों द्वारा प्रक्षेपित तमाम तरह के अनुभवों की ओर ले जाता है, और ये इच्छाएं, ये संस्कार आपके मन को आकार देते हैं, आपके विचार इनसे नियंत्रित होने लगते हैं। इसलिए वह व्यक्ति जो ध्यान की गहन अर्थवत्ता को वस्तुतः समझना चाहता हो, उसे अनुभव के अभिप्राय को भी समझ लेना होगा; और यह भी आवश्यक है कि उसका मन तलाशते रहने से मुक्त हो। यह बहुत कठिन होता है। मैं अब इसी पहलू की विस्तार से चर्चा करूंगा।

इन सब बुनियादी बातों को सहज, स्वतःस्फूर्त, सरल रूप से कह लेने के बाद अब हमें यह पता लगाना होगा कि विचारों को नियंत्रित करने का अर्थ क्या होता है। क्योंकि इसी की तो आप तलाश में हैं। जितना अधिक आप विचार को नियंत्रित कर पाते हैं, उतना अधिक आप ध्यान में आगे बढ़ गए हैं ऐसा सोचने लगते हैं। मेरे देखे तो, शारीरिक, मानसिक, बौद्धिक, भावात्मक किसी भी प्रकार का नियंत्रण क्षतिकारक है। कृपया इसे ध्यान से सुनें। यह न कहने लगें, "तब तो जो मुझे पसंद हो, करूंगा"। मैं ऐसा नहीं कह रहा हूं। नियंत्रण में, वश में करना, दमन, अनुकूलन, विचार को किसी विशेष सांचे में ढाल लेना, ये सारी बातें आ जाती हैं और यह भी कि वह सांचा, वह प्रारूप इस बात की खोज की अपेक्षा अधिक महत्त्व का हो जाता है कि सत्य क्या है। तो किसी भी प्रकार का नियंत्रण—वह प्रतिरोध, दमन या उदात्तीकरण चाहे जिस रूप में हो—मन को अतीत के अनुसार, उन संस्कारों के अनुरूप जिनमें आप पले-बढ़े हैं, किसी विशेष समुदाय के संस्कारों तथा ऐसी ही अन्य-अन्य बातों के मुताबिक ढालने लगता है।

ध्यान क्या है—यह समझना बहुत आवश्यक है। अब कृपया सावधानीपूर्वक सुनें। मुझे पता नहीं कि आपने पहले कभी इस प्रकार का ध्यान किया भी है या नहीं, शायद नहीं किया है। पर अब आप इसे मेरे साथ करने जा रहे हैं। हम यह यात्रा साथ-साथ करने वाले हैं, शाब्दिक रूप से नहीं अपितु वास्तव में, इस सबसे

गुज़रते हुए ठीक उस छोर तक जाना है, जहां तक शाब्दिक संप्रेषण की पहुंच है। अर्थात यह ऐसा ही है, जैसे कि हम उस द्वार तक साथ-साथ जाएं, और तब आप या तो उस द्वार से होकर जा सकते हैं, या द्वार के इस ओर ही ठिठक सकते हैं। आप द्वार के इस ओर ही रुक जाएंगे, यदि आपने वास्तव में, तथ्यतः वह सब नहीं किया है जिस बारे में बात की जा रही है—इसलिए नहीं कि वक्ता यह कह रहा है, बल्कि इसलिए, क्योंकि यह स्वस्थ, संतुलित व तर्कसंगत बात है और हर जांच, हर परीक्षा में खरी उतरेगी।

तो अब साथ-साथ हम ध्यान में उतरने जा रहे हैं—तय करके किये जाने वाला ध्यान नहीं, क्योंकि वैसा कुछ तो होता ही नहीं है। ध्यान तो ऐसा है जैसे कोई खिड़की खुली छोड़ दे, हवा को जब आना होगा, आ जाएगी—फिर वह हवा जो भी लाए, जैसी भी वह बयार हो। किंतु यदि आप हवाओं के आने की अपेक्षा रखें, प्रतीक्षा करें, क्योंकि आपने खिड़की खुली छोड़ रखी है, तो वे कभी नहीं आएंगी। अतः खिड़की का खुलना प्रेम की वजह से, स्नेह और स्वतंत्रता की वजह से हो, इसलिए नहीं कि आप कुछ चाहते हैं, और यही सौंदर्य की अवस्था है, यही मन की वह स्थिति है, जो देखती है और कुछ मांग नहीं करती।

सजग होना मन की एक असाधारण स्थिति है—अपने परिवेश के प्रति, वृक्षों के प्रति, उस गाते हुए पक्षी के प्रति, पीछे छूटते सूर्यास्त के प्रति सजग होना; उन चेहरों, उन मुस्कानों के प्रति सजग होना, सड़क की गर्द के प्रति सजग होना; धरती के सौंदर्य, डूबते सूरज के सामने खड़े ताड़ और पानी की छोटी सी लहर के प्रति सजग होना, बस केवल सजग, जागरूक होना, बिना किसी चयन के। कृपया इसे अब करें, जब आप साथ यात्रा कर रहे हैं। इन पक्षियों को सुनें, इन्हें नाम न दें, कौन सा पक्षी है यह न पहचानने लगें, बल्कि सिर्फ सुनें, उस ध्वनि को सुनें। अपने विचारों की हलचल को सुनें, उन्हें नियंत्रित मत करें, आकार न दें, यह न कहें, "यह सही है, वह गलत है", बस उनके साथ बढ़ें। यह सजगता है, जिसमें कोई चयन, चुनाव नहीं है, निंदा नहीं है, निर्णय नहीं है, कोई तुलना या व्याख्या नहीं है, बस अवलोकन मात्र है। ऐसी सजगता आपके मन को अत्यंत संवेदनक्षम, संवेदनशील बनाती है। जिस क्षण आप नाम देते हैं, आप वापस लौट चुके होते हैं, आपका मन मंद बन जाता है, क्योंकि उसी का आपको अभ्यास पड़ा हुआ है।

सजगता की उस स्थिति में अवधान, सावधानता होती है—नियंत्रण नहीं, एकाग्रता नहीं। अवधान है—इसका अर्थ है, आप पक्षियों को सुन रहे हैं, आप सूर्यास्त को देख रहे हैं, आप वृक्षों की हल-चल के रुक जाने को देख रहे हैं, गुज़रती हुई कारों की आवाज़ आपको सुनाई पड़ रही है, आप वक्ता को सुन रहे हैं और आप इन शब्दों के अर्थ के प्रति सावधान हैं, आप अपने विचारों और भावनाओं के प्रति एवं इस अवधान की गतिमयता के प्रति सावधान हैं। आप व्यापक रूप से, बिना

कोई सीमा बनाए, न केवल चेतन स्तर पर अपितु अचेतन तल पर भी सावधान हैं। अचेतन कहीं अधिक महत्त्वपूर्ण है, इसलिए अचेतन की आपको जांच-पड़ताल करनी होगी।

मैं 'अचेतन' शब्द का इस्तेमाल किसी पारिभाषिक शब्द या तकनीक के तौर पर नहीं कर रहा हूं। मनोवैज्ञानिक इसे जिस अर्थ में लेते हैं, उस अर्थ में मैं इसका प्रयोग नहीं कर रहा हूं, बल्कि मैं उसकी बात कर रहा हूं, जिसके प्रति आप सचेत नहीं होते। क्योंकि हममें से अधिकतर लोग मन की सतह पर ही जिया करते हैं : दफ्तर जाते हैं, कोई तकनीक या जानकारी हासिल करते हैं, झगड़ते रहते हैं, और इसी तरह की और चीज़ें किया करते हैं। हम अपने अस्तित्व के उस गहरे तल की ओर कभी ध्यान नहीं देते, जो हमारे समुदाय का, प्रजातीय आनुवंशिक अवशिष्टों का, समग्र अतीत का—केवल व्यक्ति के रूप में आपके अतीत का ही नहीं, बल्कि मनुष्यमात्र के अतीत का—और उसकी दुश्चिंताओं का परिणाम है। जब आप सो जाते हैं, तो यह सब कुछ अपने-आप को स्वप्नों के रूप में प्रक्षेपित करता है, और फिर उन स्वप्नों की व्याख्या की बात आती है। स्वप्न उस मनुष्य के लिए पूरी तरह अनावश्यक हो जाते हैं, जो जागा हुआ है, सतर्क है, जो देख रहा है, सुन रहा है, सजग है, अवधानयुक्त है, सावधान है।

अब ऐसा अवधान अत्यधिक ऊर्जा की मांग करता है : वह ऊर्जा नहीं जो आपने अभ्यास के द्वारा, अविवाहित रह कर या इसी तरह की अन्य बातों से इकट्ठी की है—वह सब तो लोभ की ऊर्जा है। मैं स्वज्ञान की, स्वयं को जानने की ऊर्जा की बात कर रहा हूं। चूंकि आप यह सही नींव रख चुके हैं, उसी से ऊर्जा आती है अवधान के लिए, जिसमें एकाग्रता वाला अभिप्राय नहीं होता।

एकाग्रता तो वर्जन है, बहिष्कार है—आप उस संगीत को सुनना चाहते हैं और वह भी सुनना चाहते हैं जो वक्ता कह रहा है, इसलिए आप अपने भीतर उस संगीत का प्रतिरोध करते हैं और वक्ता को सुनने का प्रयत्न करते हैं; अतः आप वास्तव में पूर्ण अवधान, अपना पूरा ध्यान नहीं दे रहे होते। आपकी ऊर्जा का एक हिस्सा उस संगीत का प्रतिरोध करने में जा रहा है और दूसरे हिस्से से आप वक्ता को सुनने का प्रयास कर रहे हैं, इसलिए आप पूरी तरह नहीं सुन रहे हैं, अतएव आप पूर्ण अवधान, पूरा ध्यान नहीं दे रहे हैं। अतः यदि आप एकाग्र होते हैं, तो केवल प्रतिरोध कर रहे होते हैं, बहिष्कार कर रहे होते हैं। किंतु ऐसा मन जो अवधानयुक्त है, बिना कुछ वर्जित किए एकाग्र भी हो सकता है।

तो इस अवधान से एक ऐसे मस्तिष्क का प्रादुर्भाव होता है जो मौन है, मस्तिष्क-कोशिकाएं स्वतः ही शांत हैं—उन्हें शांत बनाया नहीं गया है, उन्हें अनुशासित करके, बाध्य करके, ज़बरदस्ती अनुकूलित नहीं किया गया है। किंतु चूंकि यह समग्र अवधान स्वाभाविक रूप से, स्वतः ही बिना किसी प्रयास के, सहजता से घटित हुआ है,

मस्तिष्क की कोशिकाओं को विकृत जड़, रुक्ष, कठोर नहीं बना दिया गया है। मुझे आशा है, आप यह सब समझ रहे हैं। जब तक स्वयं मस्तिष्क-कोशिकाएं ही अद्भुत रूप से संवेदनशील, जीवंत नहीं होतीं, कठोर बना कर, ठोक-पीट कर, अतिकार्य से बोझिल होकर, ज्ञान के किसी खास विभाग में विशेषज्ञता द्वारा नहीं, अपितु जब तक वे असाधारण रूप से संवेदनक्षम नहीं हो जातीं, वे शांत नहीं हो सकतीं। तो आवश्यक है कि मस्तिष्क शांत हो, पर साथ ही हर प्रतिक्रिया के प्रति संवेदनशील हो, इस सारे संगीत, आवाज़ों, पक्षियों के प्रति सजग हो, इन शब्दों को सुन रहा हो, सूर्यास्त होता देख रहा हो—किसी भी दबाव, असर या तनाव के बिना। मस्तिष्क का शांत होना आवश्यक है, क्योंकि ऐसी शांति के बिना जो अप्रेरित है, जिसे कृत्रिम रूप से नहीं लाया गया है, स्पष्टता संभव नहीं है।

ऐसी स्पष्टता केवल तभी आ सकती है, जब अवकाश होता है, खाली जगह होती है। और आपके भीतर अवकाश तब होता है, जिस क्षण मस्तिष्क पूर्णतः शांत किंतु अत्यधिक संवेदनशील होता है, निर्जीव नहीं। और इसी कारण यह बहुत महत्त्वपूर्ण है कि आप सारा दिन क्या करते हैं। परिस्थितियों द्वारा, समाज द्वारा, आपके नौकरी-धंधों और विशेषज्ञता द्वारा, किसी दफ्तर में तीस या चालीस साल निर्दयता से घिसते-पिसते—इस सबके द्वारा मस्तिष्क कठोर बना दिया जाता है, उसकी असाधारण संवेदनशीलता नष्ट हो जाती है और मस्तिष्क का शांत होना ज़रूरी है। तब उसी से संपूर्ण मन, जिसमें मस्तिष्क भी शामिल है पूरी तरह निश्चल होने में समर्थ होता है। यह निश्चल मन अब कुछ नहीं खोज रहा है, इसे किसी अनुभव की प्रतीक्षा नहीं है, यह कतई किसी अनुभव से नहीं गुज़र रहा है।

मुझे आशा है कि आप यह सब समझ पा रहे हैं। शायद आप नहीं समझ रहे हैं—पर इससे कोई अंतर नहीं पड़ता। आप केवल सुनें। मुझसे सम्मोहित न हों, लेकिन इस बात के सत्य को सुनें। और शायद फिर कभी, जब आप बाज़ार में टहल रहे हों, बस में बैठे हों, किसी जल प्रवाह को, या हरे-भरे लहलहाते धान के खेत को निहार रहे हों, यह सच अनजाने ही, दूर देश से आती किसी सांस की तरह आपको स्पर्श कर ले।

इसलिए तब मन, बिना किसी दबाव के, बिना किसी बाध्यता के, पूर्णतः निश्चल हो जाता है। यह निश्चलता विचार द्वारा निर्मित नहीं है, क्योंकि विचार तो समाप्त हो चुका है, विचार का पूरा का पूरा यंत्र अब रुक चुका है। विचार का अंत आवश्यक है, नहीं तो विचार, और अधिक छवियां, और धारणाएं, और भ्रम उपजाता रहेगा—और, और, और। इसलिए आपको विचार के इस पूरे के पूरे यंत्र को समझना पड़ेगा—यह नहीं कि विचार करना रोकें कैसे। यदि आप विचार के समस्त यंत्र को समझ लेते हैं, जो कि स्मृति का प्रत्युत्तर, साहचर्य व पहचानना, नाम देना, तुलना तथा मूल्यांकन है—यदि आप इसे समझ लेते हैं, तो स्वभावतः विचार का अवसान हो जाता है।

जब मन पूर्णतः निश्चल होता है, तब उस निश्चलता से, उस निश्चलता में, एक बिलकुल अलग तरह की गति होती है।

वह गति विचार द्वारा, समाज द्वारा, आपने जो पढ़ा है या नहीं पढ़ा है उस सबके द्वारा निर्मित गति नहीं है। वह गति समय व अनुभव की नहीं है, क्योंकि उस गति में कोई अनुभव नहीं है। एक निश्चल मन में कोई अनुभव घटित नहीं होता है। एक प्रखर जगमगाते प्रकाश को कुछ और अधिक नहीं चाहिए होता है, वह अपना प्रकाश स्वयं होता है। वह गतिशीलता किसी दिशा की ओर गति नहीं करती है, क्योंकि दिशा में तो समय निहित है। उस गतिमयता का कोई कारण नहीं है, क्योंकि जिसका कुछ कारण होता है, उसका कोई कार्य अर्थात परिणाम भी होता है और वह कार्य पुनः कारण बन जाता है—और इस प्रकार से कारण और कार्य की अंतहीन शृंखला बनती जाती है, जो परिणाम होता है, वह फिर कारण बना करता है। तो अब न कहीं कोई परिणाम है, न कारण है, न प्रयोजन है, न ही किसी अनुभव का एहसास है। अतएव चूंकि मन पूर्णतः निश्चल है, स्वाभाविक रूप से निश्चल है क्योंकि आप वह नींव रख चुके हैं, इसका जीवन से प्रत्यक्ष संबंध है, यह दैनंदिन जीवन से विच्छिन्न, अलग नहीं है।

यदि मन वहां तक जा पाया है, तो वह गतिमयता ही सर्जन है। तब अभिव्यक्ति की बेचैनी नहीं होती है, क्योंकि जो मन सर्जन की स्थिति में है, उससे अभिव्यक्ति हो भी सकती है, नहीं भी हो सकती है। इस संपूर्ण मौन में मन की जो स्थिति है—उसमें गति होगी, उसकी अपनी गतिशीलता होगी, अज्ञात में, उसमें जिसे कोई नाम नहीं दिया जा सकता।

तो जो ध्यान आप किया करते हैं, यह ध्यान नहीं है जिसकी हम बात कर रहे हैं। यह ध्यान शाश्वत से शाश्वत की ओर है, क्योंकि आप नींव रख चुके हैं, समय पर नहीं, अपितु यथार्थ पर।

चेन्नई,
29 जनवरी 1964

अठारह

वे चीज़ें जिन्हें विचार ने पावनता के रूप में गढ़ा है, वे पावन नहीं हैं। वे तो जीवन को कोई सार्थकता दे देने के लिए प्रदत्त शब्द मात्र हैं, क्योंकि आप जैसा जीवन जी रहे हैं, वह तो पावन नहीं है, पवित्र नहीं है। *पवित्र* शब्द तो समग्र से आता है, जिसका अर्थ है स्वस्थ, संतुलित, अतएव पवित्र। उस शब्द में वह सब सन्निहित है। तो वह मन—ज़रा इसे समझिए—जो विचार के माध्यम से कार्यरत है, उस पावन को पा लेने के लिए चाहे जितना इच्छुक हो, अभी भी समय के क्षेत्र में, विखंडन के क्षेत्र में ही क्रियाशील है, तो क्या मन अविखंडित, समग्र हो सकता है? यह सब समझना, ध्यान क्या है इसे समझने का ही अंश है। मन, जो कि क्रम विकास का, समय का उत्पाद है, उतने सारे प्रभावों, उतनी सारी चोटों, क्लांतियों, इतने सघन दुःख, गहरी चिंता की उपज है, इन्हीं सब में जकड़ा हुआ है। और यह सब विचार का ही परिणाम है। जैसा कि हमने कहा है, विचार का स्वभाव ही खंडित होना है, और मन, जिस स्थिति में यह अब है, विचार का ही नतीजा है। तो क्या मन विचार की गतिविधि से मुक्त हो सकता है? क्या मन पूर्णतः अखंडित हो सकता है? क्या आप जीवन को समग्र रूप में देख सकते हैं? क्या मन समग्र हो सकता है, जिसका अर्थ है उसका एक भी खंड न हो। इसलिए यहां अध्यवसाय की, कर्मठता की बात आती है। मन तब समग्र होता है, जब यह अध्यवसायी होता है, जिसका अर्थ है, यह परवाह लेता है, इसमें गहन स्नेह, अथाह प्रेम होता है, जो नर-नारी के प्रेम सेनितांत भिन्न है।

तो ऐसा मन जो समग्र है, अवधानयुक्त होता है, सावधान होता है, इसलिए ध्यान रखता है, परवाह करता है और इसमें प्रेम के गहन स्थायी भाव की गुणवत्ता होती है। ऐसा मन ही वह समग्रता है। तब आप उस स्थल पर आते हैं, जब यह अन्वेषण आरंभ होता है कि ध्यान क्या है। अब हम पावन के अन्वेषण में आगे बढ़ सकते है। कृपया सुनें, यह आपका जीवन है, अपना हृदय तथा मन इस बात का पता करने में लगाएं कि जीवन जीने का एक बिलकुल भिन्न ढंग कौन-सा है। जिसका अर्थ है, जब मन समस्त नियंत्रण का परित्याग कर दे। इसके ये मायने नहीं हैं कि आप एक ऐसी ज़िन्दगी जीने लगें, जिसमें जो चाहे किया करें, खुद को हर

इच्छा, हर वासना भरी झलक या प्रतिक्रिया, हर सुख, सुख की दौड़ की मांग के हवाले कर दें, बल्कि यह पता लगाएं कि क्या आप किसी भी नियंत्रण के बिना, कोई भी बंदिश लगाए बिना अपना दैनिक जीवन जी सकते हैं। यह ध्यान का ही एक हिस्सा है। इसका अर्थ है कि व्यक्ति में अवधान का, सावधानी का यह गुण होना आवश्यक है। वह अवधान ही इस बारे में अंतर्दृष्टि को जन्म देता है कि विचार की सही जगह क्या है; विचार खंडनशील होता है, तथा जहां नियंत्रण होता है, वहां नियंत्रक और नियंत्रित होते हैं, जो कि विखंडन है। तो किसी भी नियंत्रण के बिना जीवन का ढंग पता लगाने के लिए अपार अवधान की, अनथक अनुशासन की दरकार होती है, और यह वैसा अनुशासन नहीं है जिसके आप अभ्यस्त हैं, जो दमन, नियंत्रण, अनुसरण मात्र है, अपितु हम बात एक ऐसे अनुशासन की कर रहे हैं, जिसका अर्थ होता है सीखना। *अनुशासन* शब्द *शिष्य* शब्द से आया है। शिष्य वह है, जो सीख रहा हो। अब यहां न कोई शिक्षक है, न शिष्य है : आप ही शिक्षक हैं और आप ही शिष्य हैं, यदि आप सीख रहे हैं। और सीखने का यह कृत्य ही अपनी व्यवस्था स्वयं लाता है।

अब विचार ने इस बात का पता लगा लिया है कि इसकी जगह, सही जगह क्या है। तो अब मन पर भौतिक प्रक्रिया के रूप में होने वाली उस गतिविधि का बोझ नहीं है, जो कि विचार है। जिसका अर्थ यह है कि मन पूरी तरह खामोश है, मौन है। यह स्वाभाविक रूप से मौन है, इसे मौन बनाया नहीं गया है। जिसे मौन बना लिया गया हो, शांत बना लिया गया हो, वैसा मन तो बंजर है। पर जब मन मौन होता है, खामोश होता है, तो उस खामोशी में, उस रिक्तता में कुछ नयाघटित होता है।

तो क्या यह मन, आपका मन, बिना नियंत्रण के, बिना विचार की गतिविधि के पूर्ण रूप से मौन हो सकता है, निश्चल हो सकता है? यह स्वाभाविक रूप से मौन हो जाएगा, यदि आपको वह अंतर्दृष्टि मिल जाय—वह अंतर्दृष्टि, जो विचार को इसके सही स्थान पर ले आती है। तब फिर विचार की अपनी एक सही जगह होती है, अतएव मन शांत हो जाता है। आप समझ रहे हैं कि *शांत* शब्द का, *मौन* शब्द का क्या अर्थ होता है? ऐसा है कि आप मन को कोई मादक द्रव्य ले कर, किसी मंत्रपाठ के द्वारा, उसको लगातार, बारबार दोहराकर शांत तो कर सकते हैं, ज़ाहिर है कि तब आपका मन चुप पड़ ही जाएगा। पर ऐसा मन एक मंद, मूढ़ मन होगा। फिर एक शांति वह है, जो दो ध्वनियों के मध्य में होती है। दो सुरों के बीच एक खामोशी होती है। फिर शाम की एक चुप्पी है, जब पंछी खूब बोलियां बोल लेने, चहचहा लेने के बाद सोने चले गए हैं और एक भी पत्ता नहीं खड़क रहा है, हवाएं थम गई हैं और फिज़ा पूरी तरह से खामोश है, किसी शहर में नहीं बल्कि जब आप कहीं बाहर होते हैं, कुदरत के साथ, पेड़ों के आस-पास, या आप किसी नदी के किनारे बैठे होते हैं तो एक चुप्पी उतर आती है धरती पर, और आप

उस चुप्पी का ही हिस्सा होते हैं। तो अलग-अलग ढंग की शांति होती है, पर जिस शांति की बात हम कर रहे हैं, मन के मौन की, उस मौन को खरीदा नहीं जा सकता, आप उसका अभ्यास नहीं कर सकते, वह ऐसा कुछ नहीं है जिसे एक भद्दी ज़िंदगी के मुआवज़े के तौर पर, ईनाम की शक्ल में आप हासिल कर लें। यह तो तभी घटित होता है, जब यह विद्रूप जीवन एक अच्छे जीवन में रूपांतरित हो जाए, यहां अच्छे से मेरा तात्पर्य वैभव से नहीं, अपितु शुभता के, अच्छाई के जीवन से है; उस शुभता के, सुंदरता के खिलने पर ही उस मौन का आगमन होता है।

और आपको इस प्रश्न पर भी सोच-विचार करना है कि सुंदरता क्या है। सौंदर्य होता क्या है? क्या आप कभी इस प्रश्न में गए हैं, या इसका जवाब आप किसी किताब में ढूंढ़ लेंगे और मुझे या एक-दूसरे को बताने लगेंगे कि उस किताब के मुताबिक सौंदर्य क्या है। तो क्या है सौंदर्य? क्या आपने यहां बैठे हुए इस शाम ढलते सूरज को देखा? वक्ता के पीछे की ओर सूरज ढल रहा था। क्या आपने उसे देखा? क्या आपने उस रोशनी को, पत्ते पर झलकती उस रोशनी की शान को महसूस किया? या फिर आप यह सोचते हैं कि सौंदर्य तो ऐंद्रिय है, इंद्रिय-संवेदन का विषय है, और जो मन पवित्रताओं की खोज में लगा है, उसे सौंदर्य में आकृष्ट नहीं होना चाहिए, सौंदर्य से उसे क्या लेना-देना, इसलिए आपको तो बस उस छोटी सी छवि पर एकाग्रता साधे रखनी है, जिसका शुभ के रूप में प्रक्षेपण आपने ही विचार द्वारा किया है। तो आपको यह मालूम करना होगा, यदि आप पता लगाना चाहते हैं कि ध्यान क्या है तो आपको यह पता लगाना होगा कि सौंदर्य क्या है। चेहरे का सौंदर्य, चरित्र का सौंदर्य—नहीं, चरित्र नहीं, क्योंकि चरित्र तो एक मामूली-सी बात है, जो आपकी परिवेशगत प्रतिक्रिया पर निर्भर करती है और उस प्रतिक्रिया का पोषण ही चरित्र कहलाता है। कर्म का सौंदर्य, व्यवहार की, आचरण की सुघड़ता, वह अंदरूनी खूबसूरती, जिस ढंग से आप चलते हैं, बात करते हैं, जो आपके हाव-भाव होते हैं, मुद्राएं होती हैं, उन सबकी सुंदरता, यह सभी कुछ सौंदर्य है। और इसके बिना ध्यान मात्र एक पलायन, सांत्वना, निरर्थक क्रिया बन जाता है। फिर सादगी में एक सौंदर्य है, अपरिग्रह का विराट सौंदर्य—अपरिग्रह संन्यासी का नहीं, अपितु उस मन का अपरिग्रह जिसमें व्यवस्था आ गई है। व्यवस्था तब आती है, जब आप उस समस्त अव्यवस्था को समझ लेते हैं, जिसमें आप रह रहे हैं और उस व्यवस्था में से एक सहज व्यवस्था उदित होती है, जो कि सदाचार है। अतः सदाचार, व्यवस्था ही परम अपरिग्रह है, न कि दिन में तीन बार खाने का निषेध अथवा उपवास या सिर मुंडाना या वैसी ही तमाम बातें।

तो एक व्यवस्था है, जो कि सौंदर्य है; प्रेम का सौंदर्य है, करुणा का सौंदर्य है। फिर एक साफ-सुथरी गली का, किसी भवन के सुरुचिपूर्ण शिल्प का सौंदर्य है, एक वृक्ष का, प्यारी सी पत्ती का, फैली हुई बड़ी-बड़ी शाखाओं का सौंदर्य है, इस

सबको निहारना सौंदर्य है, न कि संग्रहालयों में जाते रहना और सौंदर्य के बारे में लगातार बातें बनाते रहना। एक मौन मन की शांति ही इस सौंदर्य का सार है। चूंकि यह मौन है और विचार का कोई खेल-खिलौना नहीं है, अतः इस मौन में, इस शांति में उसका आगमन होता है, जो अविनाशी है, जो पुनीत है, पावन है। और उस पावन के आगमन के साथ ही जीवन पावन बन जाता है, आपका जीवन पावन बन जाता है, हमारा संबंध पावन बन जाता है, सब कुछ पावन बन जाता है क्योंकि आपने उसका स्पर्श कर लिया है, जो कि पावन है।

हमें इस बात का भी पता लगाना होगा कि क्या ध्यान में कुछ ऐसा है अथवा ऐसा कुछ नहीं है जो शाश्वत है, कालातीत है; जिसका अर्थ यह है कि क्या मन, जिसका पोषण समय के क्षेत्र में ही होता रहा है, क्या ऐसा मन उसका पता लगा सकता है या उस तक आ सकता है या उसे देख सकता है, जिसका विस्तार अनंतता से अनंतता तक है? इसका अभिप्राय है कि क्या मन समय से रहित हो सकता है—हालांकि यहां से वहां जाने और इस प्रकार की बातों के लिए समय आवश्यक है, क्या वह मन, वही मन जो समय के अंतर्गत कार्यरत है, यहां से वहां मनोवैज्ञानिक रूप से नहीं अपितु शारीरिक रूप से जा रहा है, क्या ऐसा हो सकता है कि वह मन अतीत से, वर्तमान से, भविष्य से रहित हो? क्या वह मन संपूर्ण शून्यता में हो सकता है? इस शब्द से भयभीत न हों। चूंकि यह रिक्त है, इसलिए इसमें विस्तीर्ण अवकाश होता है। क्या आपने कभी अपने मन का निरीक्षण किया है कि क्या इसमें कोई भी अवकाश है? अवकाश, आप समझ रहे हैं, बस थोड़ा सा रिक्त स्थल? या सब कुछ भरा-भराया है? इसमें भीड़ भरी है आपकी चिंताओं की, आपकी यौनवासना की अथवा उसके निषेध की, आपकी उपलब्धियों, आपकी जानकारी, आपकी महत्त्वाकांक्षाओं, भयों, आपकी दुश्चिंताओं की, आपकी क्षुद्रताओं की भीड़ ही भीड़ है। ऐसा मन कैसे उस स्थिति को समझ सकता है, जिसमें उसके भीतर विराट अवकाश है, जिसमें वही विराट अवकाश है? अवकाश हमेशा विराट होता है।

अवकाश, आकाश सदैव विराट ही होता है। ऐसा मन जिसके भीतर दैनिक जीवन में यह अवकाश नहीं है, संभवतः उस तक कभी नहीं आ सकता जो शाश्वत है, और इसी कारण ध्यान असाधारण रूप से महत्त्वपूर्ण हो जाता है। वह ध्यान नहीं जिसका आप सब अभ्यास करते हैं, वह तो ध्यान कतई नहीं है, पर जिस ध्यान की हम बात कर रहे हैं, वह मन में रूपांतरण ले आता है। केवल ऐसा मन ही धार्मिक मन है। और ऐसा धार्मिक मन ही एक भिन्न संस्कृति को जन्म देता है, यह अलग ही संबंध, जीवन जीने का एक अलग ही ढंग ले आता है, इसमें उस पावनता का भाव अतएव महान सौंदर्य एवं आर्जव होता है, ईमानदारी होती है। और इस सबका आगमन सहज-स्वाभाविक रूप से, बिना किसी संघर्ष के, निष्प्रयास ही होता है।

चेन्नई, 15 दिसम्बर 1974

उन्नीस

20 जुलाई, 1961

कमरा उस आशिष से परिपूर्ण हो उठा। इसके पश्चात जो कुछ घटित हुआ, उसे शब्दों में अभिव्यक्त कर पाना लगभग असंभव है; शब्द कितने निर्जीव होते हैं, उनका सुनिश्चित और तय अर्थ होता है और जो घटित हुआ, वह शब्दों तथा वर्णन की क्षमता से पूर्णतया परे था। यह समस्त सृष्टि का केंद्र था; यह एक पावनकारी गांभीर्य था, जिसने मस्तिष्क को हर विचार व हर भावना से मुक्त कर परिमार्जित कर दिया था। इसका यह गांभीर्य बिजली सा था जो नष्ट कर देती है, जलाकर भस्म कर देती है; इसकी गहनता को मापा जाना संभव न था, यह अचल, अभेद्य था, अविकंप और प्रत्यक्ष किंतु आकाश सा निर्भार। यह नेत्रों में था, श्वासों में था। जिन नेत्रों ने देखा, जिन्होंने अवलोकन किया, वे नेत्र स्थूल चक्षुओं से वैसे तो पूर्णतः भिन्न थे, तथापि ये थे वही। वहां बस देखना मात्र रह गया था, वे आंखें जो समय-आकाश से परे देख रही थीं। इसमें एक अभेद्य गरिमा थी और थी एक ऐसी शांति जो समस्त गतिशीलता का, समस्त कर्म का सार-स्वरूप तत्त्व है। इसे कोई पुण्य स्पर्श नहीं करता, क्योंकि यह समस्त पुण्य से और सभी मानवसम्मत निर्णयों से परे है। वहां केवल प्रेम था, जो अत्यंत भंगुर था, कोमल था, और इसलिए इसमें सभी सद्यःजात वस्तुओं जैसी सुकुमारता थी, आकस्मिक आघात से अपनी रक्षा न कर पाने की कोमलता, सुभेद्यता, भंगुरता थी, तथापि वह इन सबसे मुक्त था अतएव अविनाशी था, इसे कोई संज्ञा नहीं दी जा सकती थी, यह ज्ञान से अस्पर्शित था। इसे कोई विचार कभी न भेद सकता था; कोई कर्म इसे छू भी न सकता था। यह *विशुद्ध* था, स्पर्श से परे; और इसीलिए प्रति क्षण मर्त्य होते हुए सुंदर था।

यह सब मस्तिष्क को प्रभावित करता हुआ जान पड़ता था, अब यह पूर्व की तरह नहीं था (विचार कितनी सतही चीज़ होता है, आवश्यक, किंतु सतही)। इसकी विद्यमानता के कारण संबंध रूपांतरित हो गए से लगते थे। जैसे कोई भयानक झंझावात, कोई विनाशकारी भूकंप नदियों के रुख को बदल देता है, प्राकृतिक भूदृश्य को परिवर्तित कर देता है, धरती में गर्त निर्मित कर देता है, वैसे ही इसने विचार के रूपाकार

को संतुलन दे दिया है, हृदय की रचना को बदल डाला है।

30 जुलाई, 1961

यह एक मेघाच्छन्न दिवस था, काले बादलों के भार से बोझिल; सुबह वृष्टि हुई थी और वातावरण में ठंडक आ गई थी। घूमने के पश्चात यद्यपि हम लोग बातें तो कर रहे थे, पर हमारा अधिक ध्यान धरती के सौंदर्य पर, मकानों पर तथा वृक्षों के गहरे रंगों की छटा पर था।

अप्रत्याशित रूप से अचानक उस अलभ्यप्राय शक्ति और दृढ़ता की एक चमक कौंधी जो कि शरीर को स्तब्ध कर देने वाली थी। देह मानो ठिठक कर निश्चल हो गई हो, और अपने नेत्र बंद कर लेने पड़े, ताकि मूर्च्छा न आए। यह विभंजनकारी था, और ऐसा जान पड़ा जैसे वह सब कुछ जो वहां था, एकाएक अस्तित्वरहित हो गया हो। और उस शक्ति की अचलता ने तथा उसकी सहवर्ती विध्वंसात्मक ऊर्जा ने, दृष्टि तथा श्रवण शक्ति की सारी सीमितताओं को जलाकर भस्मसात् कर दिया था। यह कुछ ऐसा विराट था, जिसका वर्णन किया जाना असंभव है और जिसकी ऊंचाई तथा गहराई अनवगम्य है, उसे जाना नहीं जा सकता।

आज पौ फटने के साथ ही, सुबह-सवेरे, जब आकाश में एक भी मेघ न था, और हिमढके पर्वत बस आभासमान ही हुए थे कि अपने नेत्रों तथा कंठ में उस अभेद्य शक्ति की उपस्थिति के बोध से जाग गया; यह स्थिति कुछ ऐसी लग रही थी, जिसे छुआ जा सकता है, कुछ ऐसा, जिसका न होना कभी संभव ही न हो। प्रायः एक घंटे तक यह विद्यमान रही और मस्तिष्क रिक्त रहा। यह ऐसा कुछ नहीं था जिसे विचार पकड़ ले और रोककर स्मृति में संचित कर ले, ताकि फिर कभी इसे स्मरण कर सके। यह तो बस विद्यमान था, और समस्त विचार मृत था। विचार क्रियाधर्मी होता है और उसी परिप्रेक्ष्य में इसका उपयोग भी है; विचार इसके बारे में नहीं सोच सकता क्योंकि विचार समय है; और यह तो समस्त काल तथा परिमाण के पार था। विचार, कामना इसके सातत्य अथवा पुनरावृत्ति हेतु प्रयास नहीं कर सकते, क्योंकि विचार व कामना तो सर्वथा अनुपस्थित थे। फिर यह क्या है जो इसे लिख लेने के लिए स्मरण रखता है? केवल यंत्रचालित अंकन, परंतु यह अंकन, यह शब्द वह वस्तु नहीं है।

18 अगस्त 1961

प्रायः रात्रि-भर वर्षा होती रही थी, जिसके फलस्वरूप ठंड काफी बढ़ गई थी; ऊंची पहाड़ियों तथा पर्वतों पर ढेर सारी ताज़ा बर्फ जमा हो गई थी। और हवा में भी चुभन सी थी। हरे-भरे मैदान असाधारण रूप से उज्ज्वल थे, और उनकी हरीतिमा चमत्कृत कर देने वाली थी। लगभग पूरे दिन पानी बरसता रहा था और तीसरे पहर

के जाते-जाते आकाश खुलने लगा और सूर्य पर्वतों के मध्य दिखलाई देने लगा। हम एक ऐसे रास्ते पर चल रहे थे, जो कई गांवों से होकर गुज़रता था, जो फार्म हाउसों के बीच से मुड़ता-घूमता हुआ, हरे-भरे मैदानों से होकर जाता था। बिजली के उच्चशक्ति के तार ढोने वाले भीमकाय स्तंभ सांध्य आकाश की पृष्ठभूमि में चमत्कारी ढंग से खड़े थे। चपल मेघ और उनकी सन्निधि तक पहुंचती उत्तुंग लौह संरचनाएं, सुंदरता और शक्तिमत्ता का एक अद्‌भुत दृश्य प्रस्तुत कर रही थीं। लकड़ी के पुल पर से पार जाते हुए, इस सारी वृष्टि से उमड़ आई धारा अपने यौवन के चरम पर दिखलाई देती थी; यह एक ऐसी ऊर्जा और शक्ति के साथ तीव्र वेग से बहती जा रही थी, जो केवल पर्वत से निकलने वाली धाराओं में ही देखी जा सकती है। ऊपर तथा नीचे की ओर, पत्थरों और वृक्षों से भरे किनारों के बीच दृढ़तापूर्वक बंधी हुई उस धारा पर दृष्टि डालते समय, काल की गति का, अतीत, वर्तमान तथा भविष्य का पूरा भान था; पुल वर्तमान था और इस वर्तमान से ही होकर समस्त जीवन गतिमान तथा प्राणवान था, चिन्मय और चेतन था।

पर इस सबसे परे उस बारिश से धुली और कीचड़ सनी गली में वह अन्यतम, वह जगत विद्यमान था जिसे मानव विचार, उसकी गतिविधियां तथा उसकी अंतहीन वेदनाएं कभी स्पर्श तक नहीं कर सकतीं। यह जगत आशा अथवा विश्वास की उत्पत्ति न था। उस समय यद्यपि इस ओर पूर्ण एकाग्रता न थी, क्योंकि देखने, अनुभव करने तथा गंध लेने हेतु तब कितनी ही वस्तुएं वहां पर थीं; मेघ थे, पर्वतों के पार धूसर-नील आकाश था, और उसके मध्य स्थित सूर्य भी था; चमकदार मैदानों पर फैला सांध्य आलोक था तथा गोशालाओं एवं फार्म हाउसों के चारों ओर खिले लाल फूलों की गंध भी थी। इस अलौकिकता ने वहां पर इस सबको आवृत कर लिया था, कोई छोटी से छोटी वस्तु भी विस्मृत नहीं की गई थी; और शैया पर जाग्रत पड़े होने की इस अवस्था में, यह वृष्टि की तरह से उमड़ती हुई, मन और हृदय को परिव्याप्त करते हुए प्रविष्ट हुई। और इसके गहन सौंदर्य का, इसकी उत्कटता और प्रेम का स्पर्श बोध में उतरने लगा। यह प्रेम वह नहीं है, जिसे प्रतिमाओं में ढालकर मंदिरों में पूजा जाता है; यह प्रेम वह नहीं है जिसका प्रतीकों, चित्रों और शब्दों आदि के द्वारा आह्वान किया जाता है; यह प्रेम वह भी नहीं है जो ईर्ष्या और डाह के वेश में होता है; वरन् यह ऐसा प्रेम है, जो विचार तथा भावना से विमुक्त है, जो स्वतः संचालित स्वच्छंद गतिशीलता है। इसका सौंदर्य स्व-परित्याग के भावोद्रेक से युक्त होता है। यदि यह संयम से रहित हो, तो उस सौंदर्य में भावोद्रेक का अभाव रहेगा। संयम मन के क्षेत्र की कोई वस्तु नहीं होती, जिसे त्याग, दमन और अनुशासन के माध्यम से एकत्रित किया जा सके। इन सबका तो अनायास सहज रूप में पर्यवसान हो जाना आवश्यक है, क्योंकि उस अन्यतम के लिए इनका कोई प्रयोजन नहीं है। एक बाढ़ की तरह यह अपनी अमित विपुलता के साथ भीतर बरस गया। इस प्रेम

का न तो कहीं केंद्र था, और न परिधि थी और यह इतना परिपूर्ण, ऐसा अभेद्य था, कि इसमें कोई छाया तक विद्यमान न थी, जो इसे स्पर्श कर सकती हो; अतः यह सदैव मिटाया भी जा सकता था।

अपने अंतःकरण में भी हम सदा बाह्यपरक दृष्टि का ही प्रयोग करते हैं; जानकारी से हम और अधिक जानकारी की दिशा में आगे बढ़ते हैं, सदैव इसकी वृद्धि करने में ही संलग्न रहते हैं; और यदि कभी जानकारी से मुक्ति का प्रयत्न भी किया जाता है तो वह भी पुनः वृद्धि का ही एक और नया प्रकार मात्र होता है। और हमारी चेतना हजार स्मृतियों तथा परिचयों-मान्यताओं से निर्मित है; इसमें थरथराती पत्ती के प्रति हमारी चेतना, फूल के प्रति, उस मनुष्य के हमारे समीप से गुज़रने के प्रति, मैदान में दौड़ रहे उस बच्चे के प्रति, इसी प्रकार चट्टान के, निर्झर के, चटकीले लाल पुष्प तथा सुअरबाड़े की दुर्गंध के प्रति हमारी चेतना सभी संयुक्त है; हमारी चेतना इस सबका योग है। इस स्मरण तथा परिचय के आधार पर, इन बाहरी प्रत्युत्तरों के माध्यम से हम अपने अंतर्जगत को, अपने गहनतर प्रयोजनों और बाध्यताओं को समझने का यत्न करने लगते हैं, हम मन की विस्तीर्ण गहनताओं में अधिक से अधिक गहरे जाकर खोजबीन करने लगते हैं। चुनौतियों और प्रत्युत्तरों को, प्रच्छन्न तथा प्रकट गतिविधियों को अनुभव करने तथा पहचानने की यह सारी प्रक्रिया ही समय में आबद्ध चेतना है।

प्याला केवल उसकी आकृति, रंग तथा विन्यास भर नहीं है, प्याले की रिक्तता भी इसमें समाविष्ट है। वह प्याला, एक रूप-विशेष में गृहीत शून्यता भी है; उस शून्यता के अभाव में न तो प्याला हो सकता है और न रूप हो सकता है। चेतना को हम बाह्य लक्षणों से जानते हैं, ऊंचाई तथा गहराई, विचार तथा भावना के संबंध में इसकी सीमितताओं के आधार पर जानते हैं। परंतु यह सब चेतना का बाहरी रूप है; बाह्य के माध्यम से हम आंतरिक का पता लगाना चाहते हैं। क्या यह संभव है? सिद्धांत तथा अनुमान-आश्रित चिंतन इस विषय में बिल्कुल महत्त्व नहीं रखते; वस्तुतः वे तो समस्त अन्वेषण को सर्वथा अवरुद्ध ही करते हैं। बहिरंग से हम आंतरिक का पता लगाना चाहते हैं, ज्ञात से हम अज्ञात का पता लगा लेने की आशा रखते हुए खोज-बीन करते हैं। क्या अंतरंग से बाह्य का अनुसंधान किया जाना संभव है? उस यंत्र को तो हम जानते हैं, जो बाह्य के माध्यम से अनुसंधान करता है, परंतु क्या ऐसा कोई साधन या उपकरण है, जो अज्ञात की सहायता से ज्ञात का अनुसंधान करता हो? क्या उसका अस्तित्व है भी? और ऐसे किसी यंत्र का अस्तित्व किस प्रकार हो सकता है? ऐसा यंत्र हो नहीं सकता। और मान लें कि ऐसा यंत्र है, तो उसे पहचाना जा सकेगा; वह परिचय के अंतर्गत अवश्य होगा, और यदि यह परिचय के अंतर्गत है तो ज्ञात की परिधि में, ज्ञात के दायरे के भीतर ही रहेगा।

उस अद्‌भुत धन्यता का आगमन उसकी अपनी चाह से होता है, पर प्रत्येक

भेंट के साथ, अंतस् की गहराइयों में एक रूपांतरण भी घटित हो जाता है; यह फिर कभी पूर्ववत् नहीं रहता।

21 अगस्त 1961

आज भी फिर एक स्वच्छ धूप-भरा, लंबी-लंबी छायाओं और चमचमाती पत्तियों का दिन था; पर्वत शांत, सघन तथा निकट थे; आकाश का नीलवर्ण असाधारण था, निष्कलंक और मृदुल। छायाएं धरती पर सर्वत्र फैली हुई थीं, यह सुबह जैसे विशेष रूप से उनके ही लिए आई थी, छोटी-छोटी और बड़ी-बड़ी, लंबी-लंबी और दुबली-पतली छायाएं और स्थूलकाय, स्वस्थ और संतुष्ट छायाएं, सिमटी सी सीधी-सादी छायाएं, और उल्लास-उमंग भरी चंचल, नटखट और शैतान छायाएं। फार्म हाउसों तथा पर्वतीय आवासों की नई पुरानी छतें पालिशदार संगमरमर की तरह चमचमा रही थीं। ऐसा लग रहा था मानो वृक्ष और मैदान आनंदोत्सव मना रहे हों और शोरगुल कर रहे हों; उनका अस्तित्व एक दूसरे के लिए था और उनके ऊपर स्वर्ग था, वह मानव निर्मित नहीं था, जहां यातनाएं और आशाएं हुआ करती हैं। और सभी दिशाओं में जीवन का विस्तार था, अपार, विराट, वैभवशाली और स्पंदित प्राण यह जीवन ही था, चिरयुवा और सदैव चुनौतियों से भरा जीवन, जो कभी ठहरता नहीं, जो सारी धरती पर निःसंग भाव से विचरता रहता है, कभी कहीं भी अपना निशान नहीं छोड़ता, न कभी कुछ मांगता और न किसी के लिए प्रतीक्षारत। यह वहां पर प्रचुरतापूर्वक विद्यमान था, बिंबरहित और मृत्यु से अतीत, अमर; इसे इसकी परवाह न थी कि इसका आगमन कहां से हुआ है और गंतव्य कहां, किस दिशा में है। जहां यह था, वहीं जीवन था, काल और विचार से नितांत परे। यह अद्‌भुत था, मुक्त, निर्भार, और अथाह। इसे रोककर बंदी नहीं बनाया जा सकता था, जहां कहीं भी इसे बंदी बनाया गया, फिर चाहे वह पूजागृह हो, बाजार हो, घर हो, कहीं भी क्यों न हो, वहीं पर पतन, भ्रष्टता और उनसे संबद्ध अंतहीन सुधार अस्तित्व में आने लगे। यहां यह सहजतापूर्वक विद्यमान था, तेजस्वी और प्रलयंकर, और विचारातीत तथा भावनातीत है इसका सौंदर्य। यह इतना व्यापक और अतुलनीय है कि धरती और आकाश में सर्वत्र व्याप्त है, घास के उस तिनके में भी, जिसे शीघ्रता से मिटाया जा सकता है। यह विद्यमान है, प्रेम और मृत्यु सहित।

वन में शीतलता थी, जहां कुछ ही फुट नीचे एक जलधारा ऊंचे स्वरों में पुकार रही थी; चीड़ वृक्ष धरती पर एक दृष्टि तक न डालते हुए, तीव्र वेग से आकाश की ओर मानो उसे छूने जा रहे थे। वृक्षों में उगने वाली खुंबियों को खाती हुईं काली गिलहरियां वृक्षों पर संकीर्ण वर्तुलों में घूमते हुए एक-दूसरे का पीछा कर रही थीं; आसपास का सारा परिवेश अत्यंत मोहक था, अद्‌भुत रूप से लुभावना था; एक छोटी सी फुर्तीली चिड़िया संभवतः रॉबिन या उस जैसी ही दूसरी कोई उड़कर तेजी

से ऊपर जा रही थी और पुनः नीचे हवा में ही गोता लगा रही थी। ठंडी पर्वतीय जलराशि की उस धारा के सिवा वहां बस शीतलता और निःस्तब्धता का ही साम्राज्य था। और था प्रेम, सर्जन तथा संहार, किसी प्रतीक की तरह नहीं, विचारगत और भावनापरक नहीं, वरन् एक वास्तविक यथार्थ की तरह। आप इसे देख नहीं सकते थे, इसका संवेदन नहीं कर सकते थे, पर वहां यह था, प्रबल विस्तार सहित, दस सहस्र के समान शक्तिशाली एवम् सर्वाधिक नमनीय की दृढ़ता सहित। यह विद्यमान था, और सब कुछ स्तब्ध हो उठा, ठिठक कर निश्चल हो गया, मस्तिष्क और देह भी। यह एक अनुग्रह था, और मन इससे अभिन्न था।

गहनता की कोई सीमा नहीं होती; इसका सार-तत्त्व काल तथा आकाश से रहित है। इसे अनुभव नहीं किया जाता; अनुभव तो अत्यंत नकली, चमक-भरी सस्ती वस्तु है, आसानी से मिलने तथा खो जाने वाली; विचार इसे संयोजित नहीं कर सकता और न भावना इस तक पहुंच सकती है। ये मूढ़तापूर्ण और अपरिपक्व बातें हैं। परिपक्वता का समय से कोई संबंध नहीं होता, यह आयु से संबंधित नहीं है, और न यह प्रभावों और परिवेश के द्वारा, वातावरण के द्वारा लायी जा सकती है। इसे खरीदा नहीं जाता, पुस्तकें, शिक्षक अथवा एक या अनेक उद्धारकर्ता इस परिपक्वता के लिए अनुकूल परिवेश निर्मित नहीं कर सकते। परिपक्वता स्वयं अपने आपमें कोई लक्ष्य नहीं है; यह विचार के द्वारा संवर्धित नहीं की जाती, उसके बिना स्वयं ही अस्तित्व में आती है, चुपचाप ध्यान के आयोजन बिना, अज्ञात रूप से। इस परिपक्वता का होना आवश्यक है, इस प्रौढ़ता का जीवन में घटित होना आवश्यक है; वह प्रौढ़ता नहीं जो व्याधि और अराजकता से, विषाद और आशा से स्वयमेव आ जाती है। हताशा तथा कष्ट इस सर्वांगीण परिपक्वता को अस्तित्व में नहीं ला सकते, इसे तो अनायास ही आना होता है।

क्योंकि इस सर्वांगीण परिपक्वता में ही संयम-तप का वास है, भस्मी रमाने और टाट लपेटने वाला संयम नहीं, वरन् संसार की वस्तुओं, इसके सद्गुणों, भगवानों, प्रतिष्ठाओं, आशाओं तथा मूल्यों के प्रति सहज स्वाभाविक और अनायोजित उदासीनता। एकाकीपन से फलित होने वाले इस संयम हेतु इन सबका पूर्णरूपेण निषेध आवश्यक है। इस एकाकीपन को समाज अथवा संस्कृति का कोई प्रभाव कभी स्पर्श तक नहीं कर सकता। पर यह सहज रूप से ही हो, समय और प्रभाव की संतति न हो, मस्तिष्क से उत्पन्न होने वाली कोई काल्पनिक रचना न हो। मेघ-गर्जन की तरह इसका आगमन हो; इसका उद्गम कहां है यह जान सकना संभव न हो। और इसके अभाव में पूर्ण परिपक्वता नहीं आ पाती। एक अकेलापन वह होता है जो आत्मदया व आत्मरक्षा का सार होता है, जो किसी मिथक में, जानकारी में और धारणा आदि के रूप में बंधकर जीवन से अलगाव का ही सारभूत रूप होता है, और यह अकेलापन एकाकी होने से एकदम अलग बात है; अकेलेपन में तो पुनः जुड़ने और पुनः विलग होते

रहने का अनवरत प्रयास सदा के लिए बना ही रहता है। पर एकाकीपन जीवन का वह रूप है, जिसमें सभी प्रभावों की इति हो चुकी है। यही एकाकीपन संयमित जीवन का सार-सर्वस्व है।

22 अगस्त 1961

वातावरण में उस असह्य तेजस्विता की प्रखर और प्रभावी उपस्थिति थी। यह कपोल कल्पना न थी; जहां यथार्थ है, वहां कल्पना खो जाती है; कल्पना संकटकारी होती है, इसकी कोई प्रामाणिकता नहीं होती, केवल तथ्य ही प्रामाणिक होता है। मन के सपने और कल्पना सुखदायी और छल-भरे हैं, और उनका पूर्णरूपेण निरसन कर दिया जाना आवश्यक है। हर प्रकार के मिथकों, मनस्तरंगों और कल्पनाओं को समझ लिया जाना आवश्यक है, और उनकी यही समझ उनमें प्रतीत हो रही सार्थकता से उन्हें वंचित कर देती है। यह विद्यमान था, और ध्यान के रूप में जो प्रारंभ हुआ था, उसकी समाप्ति हो चुकी थी। जब यथार्थ प्रत्यक्ष हो, तो ध्यान का क्या अर्थ रह जाता है! यथार्थ की विद्यमानता, ध्यान का परिणाम कदापि नहीं थी, कोई भी बात इसके प्रकटन का कारण नहीं हो सकती; ध्यान के होते हुए भी यह विद्यमान था, परंतु आवश्यक था एक अत्यंत संवेदनशील, सतर्क मस्तिष्क जिसने पूरी तरह से, स्वेच्छा से और अनायास, अपनी तार्किक और अतार्किक बड़बड़ बंद कर दी हो। यह एकदम मौन हो गया था, कोई व्याख्या, कोई वर्गीकरण न करते हुए यह बस देख रहा था और सुन रहा था; यह चुप था व और कोई ऐसी सत्ता या आवश्यकता नहीं थी, जो इसे चुप कर रही हो। मस्तिष्क पूर्णतः निश्चल और अतीव चैतन्य था। उस अगाधता ने रात्रि को स्वयं से आपूरित कर दिया और आनंद सघन हो उठा।

यह संबंधित किसी से भी नहीं था; यह किसी को आकार देने, किसी में परिवर्तन लाने, या किसी भी आग्रह को व्यक्त करने का कोई प्रयत्न नहीं कर रहा था; यह प्रभाव से विरहित था, और इसीलिए अदम्य था। यह कल्याण करने के कार्य में नहीं लगा था, सुधार नहीं ला रहा था; यह प्रतिष्ठा-प्राप्ति में रत नहीं था, अतएव अमित संहारक था। किंतु यह प्रेम था, वैसा प्रेम नहीं जिसे समाज संवर्धित करता है, जो एक उत्पीड़ित स्थिति है। यह तो जीवन, प्रवाह का सार-तत्त्व ही था। यह विद्यमान था, अदमनीय, संहारकारी और इसमें एक ऐसी कोमलता भी थी जिसे केवल अभिनव ही जानता है, जैसे वसंत ऋतु की वह नयी पत्ती; वह आपको बता देगी। और एक सुदृढ़ता थी जो परिमाण से परे थी, तथा वह शक्ति भी जो केवल सर्जन में हुआ करती है। सब कुछ चुप था। वह एक तारा जो पहाड़ से थोड़ा ही ऊंचा दिख रहा था, अब बहुत ऊपर तक आरोहण कर चुका था, और अपने एकांत में तेजोदीप्त था।

'कृष्णमूर्ति नोटबुक'

बीस

प्रश्न : मैं ईश्वर का अनुभव कैसे कर सकता हूं? इस अनुभव के बिना जीवन का क्या उद्देश्य है?

कृष्णमूर्ति : क्या मैं जीवन को सीधे-सीधे समझ सकता हूं, अथवा मुझे अपने जीवन को अर्थ प्रदान करने के लिए किसी तत्त्व का अनुभव करना होगा? क्या आप समझ रहे हैं? क्या सौंदर्य की कदरदानी के लिए मुझे उसका उद्देश्य समझना होगा? क्या प्रेम का एक कारण होना चाहिए? और यदि प्रेम का कोई कारण हो, तो क्या वह प्रेम होगा? प्रश्नकर्ता कहता है कि यदि उसे अपने जीवन को कुछ अर्थ प्रदान करना है, तो उसके लिए कुछ अनुभव घटित होना चाहिए–इसका तात्पर्य यह है कि उसका जीवन अपने आप में महत्त्वपूर्ण नहीं है? अतः वह वास्तव में ईश्वर की तलाश में जीवन से पलायन कर रहा है; शोक से, सौंदर्य से, कुरूपता से, क्रोध, क्षुद्रता, ईर्ष्या, व सत्ता की आकांक्षा से, जीने की असाधारण जटिलताओं से पलायन कर रहा है। यह सब ही जीवन है, तथा चूंकि वह इस सब को समझ नहीं पाता, इसलिए कहता है, "मैं कुछ और महान वस्तु खोजूंगा, जो मेरे जीवन को अर्थ प्रदान कर सके।"

कृपया सुनें कि मैं क्या कह रहा हूं, परंतु मात्र शाब्दिक, बौद्धिक रूप से नहीं, क्योंकि तब इसका कोई मतलब नहीं होगा। आप इस बारे में ढेर सारे शब्द बुन सकते हैं, इस धरती की समस्त पवित्र पुस्तकें पढ़ सकते हैं, लेकिन वह व्यर्थ होगा क्योंकि वह आपके जीवन से, आपके दैनंदिन अस्तित्व से जुड़ा हुआ नहीं होगा।

क्या है हमारा जीवन? वह क्या है, जिसे हम अपना अस्तित्व कहते हैं? दार्शनिक रूप से नहीं, सहज रूप से देखें तो यह सुख और पीड़ा के अनुभवों की शृंखला है, तथा हम सुखों को पकड़े रह कर पीड़ा को टालना चाहते हैं। शक्ति का सुख, सत्ता की बड़ी दुनिया में बड़ा आदमी होने का सुख, अपने छोटे से पति या पत्नी पर आधिपत्य जमाने का सुख, पीड़ा, हताशा, महत्त्वाकांक्षा के साथ आने वाली दुश्चिंता, महत्त्वपूर्ण व्यक्तियों की चाटुकारिता करके लाभ उठाने की कुरूपता आदि–इस सबसे ही हमारा रोज का जीवन निर्मित होता है। मतलब यह कि जिसे हम जीवन कहते हैं, वह ज्ञात

के क्षेत्र के भीतर स्मृतियों की शृंखला है, और यदि मन ज्ञात से मुक्त न हो, तो ज्ञात समस्या बन जाता है। ज्ञात के क्षेत्र में कार्य करते हुए—ज्ञात अर्थात ज्ञान, अनुभव और उस अनुभव की स्मृति—मन कहता है, "मुझे ईश्वर को जानना चाहिए।" तो यह अपनी परंपराओं, धारणाओं, अपने संस्कारों के अनुसार एक सत्ता का प्रक्षेपण करता है, जिसे यह *ईश्वर* कह लेता है। परंतु यह सत्ता ज्ञात का ही परिणाम है, वह अब भी समय के क्षेत्र के भीतर ही है।

जब मन ज्ञात से पूरी तरह मुक्त होता है, तभी आप स्पष्टता, सच्चाई और यथार्थ अनुभव के साथ पता लगा सकते हैं कि ईश्वर है अथवा नहीं है। यह निश्चित है कि ऐसा कुछ जिसे ईश्वर अथवा सत्य कहा जा सके, वह पूर्णतः नवीन होता है, आपकी पहचान के दायरे में नहीं होता; और यदि वह मन, ज्ञान से, अनुभव से, विचार से, संचित किये हुए सद्गुणों से इस तक जाने की कोशिश करता है, तो वह ज्ञात के क्षेत्र में रहते हुए अज्ञात को ग्रहण करने की चेष्टा कर रहा होता है जो संभव ही नहीं है। मन मात्र यही कर सकता है कि इस बात की जांच करे कि स्वयं को ज्ञात से मुक्त करना संभव है अथवा नहीं। ज्ञात से मुक्त होना अतीत के सारे प्रभावों, परंपरा के सारे भार से मुक्त हो जाना है। मन अपने आप में ज्ञान की ही उपज है, इसे समय द्वारा 'यह मैं' और 'यह मैं नहीं' के रूप में गढ़ा गया है, जो द्वैत का द्वंद्व ही है। यदि ज्ञात चेतन स्तर पर और अचेतन में भी पूरी तरह समाप्त हो जाता है और मेरा कहना है, और यह बात मैं केवल सिद्धांततः नहीं कह रहा, कि इसका समाप्त होना संभव है—तब आप कभी नहीं पूछेंगे कि ईश्वर है अथवा नहीं है, क्योंकि ऐसा मन अपने आप में ही अपरिमेय होता है; प्रेम की भांति, इसकी अपनी चिरंतनता होती है।

नई दिल्ली,
31 अक्टूबर 1956

इक्कीस

क्या मन अपनी समस्त अंतर्वस्तुओं को, अपने निषेधों, प्रतिरोधों को, अपनी अनुशासनात्मक गतिविधियों को, सुरक्षा के लिए किए जा रहे अपने विविध प्रयत्नों को, जो इसकी सोच को संस्कारित और सीमित बना देते हैं—इन सब को समझकर मन एक एकीकृत प्रक्रिया के रूप में शाश्वत का अन्वेषण करने के लिए मुक्त हो सकता है? क्योंकि उस अन्वेषण के बिना, उस यथार्थ अनुभव के अभाव में हमारी सारी समस्याएं और उनके हल हमें और अधिक तबाही की ओर ले जाएंगे। यह प्रत्यक्ष है, इसे आप अपने दैनिक जीवन में देख सकते हैं। व्यक्तिगत, राजनीतिक, अंतर्राष्ट्रीय स्तर पर, अपनी प्रत्येक गतिविधि से हम अधिकाधिक अनिष्ट उत्पन्न कर रहे हैं, जो अपरिहार्य है, जब तक हमें धर्म की उस स्थिति का अनुभव न हुआ हो जो तभी अनुभवगम्य है, जब मन पूर्णतः मुक्त होता है।

अब क्या यह सुनने के बाद आप, चाहे एक क्षण के लिए ही सही, उस मुक्ति को, उस स्वातंत्र्य को जान सकते हैं? आप इसे सिर्फ इसलिए नहीं जान लेंगे क्योंकि मैं इसका सुझाव दे रहा हूं; तब तो यह केवल एक विचार, एक मत होगा, जिसमें कोई अर्थवत्ता नहीं होगी। परंतु यदि आपने पर्याप्त गंभीरतापूर्वक इन सब वार्ताओं पर गौर किया है, तो आप स्वयं के विचार की प्रक्रिया के प्रति, इसकी दिशाओं, इसके उद्देश्यों, इसकी प्रेरणाओं के प्रति सजग होना आरंभ कर देते हैं; तथा सजग होते हुए आप एक ऐसी स्थिति में आ ही जाने वाले हैं, जहां मन अब तलाश नहीं कर रहा है, चुन नहीं रहा है, उपलब्ध करने के लिए संघर्षरत नहीं है। स्वयं की समग्र प्रक्रिया का बोध हो जाने पर मन बिना किसी निर्देशन, बिना किसी चाह के, संकल्प की किसी भी क्रिया के बिना, असाधारण रूप से स्थिर हो जाता है। संकल्प तो इच्छा ही है, है कि नहीं? जो आदमी सांसारिक अर्थों में महत्त्वाकांक्षी है, उसमें उपलब्धि की, सफल होने की, प्रसिद्ध होने की तीव्र इच्छा होती है, तथा वह अपने अहंकार की पूर्ति के लिए अपने संकल्प का प्रयोग करता है। इसी प्रकार हम सद्गुण विकसित करने के लिए, किसी तथाकथित आध्यात्मिक अवस्था को प्राप्त करने के लिए, संकल्प को प्रयोग में लाते हैं। परंतु मैं जिसकी बात कर रहा हूं वह स्थिति

बिलकुल भिन्न है, वह किसी भी इच्छा से, पलायन की किसी भी क्रिया से, 'यह' या 'वह' हो जाने के किसी भी दबाव से पूर्णतः रहित होती है।

जो मैं कह रहा हूं, उसकी जांच के लिए आप विवेक का, तर्क का प्रयोग कर रहे हैं, ऐसा ही है न? परंतु तर्क आपको मात्र यहीं तक ला सकता है, और आगे नहीं ले जा सकता। निश्चित ही हमें तर्क का, चीजों को पूरी तरह सोच विचार लेने की सामर्थ्य का प्रयोग करना ही चाहिए, आधे रास्ते में रुक नहीं जाना चाहिए। परंतु जब तर्क अपनी सीमा तक पहुंचा दिया जाता है तथा उसे और आगे नहीं खींच सकते, तब मन तर्क, चतुराई, हिसाब-किताब, आक्रमण व रक्षा का उपकरण नहीं रह जाता है, क्योंकि जहां से हमारे सारे विचार, सारे अंतर्द्वंद्व जन्म लिया करते हैं, उस केंद्र का अंत हो चुका होता है।

तो अब, जबकि आप इन वार्ताओं को सुन चुके हैं, निश्चित ही आप अपनी दिन भर की विविध गतिविधियों के प्रति, क्षण-प्रतिक्षण सजग होने का आरंभ कर रहे हैं; मन स्वयं को अपने सारे विचलनों, प्रतिरोधों, विश्वासों, दौड़ों, महत्त्वाकांक्षाओं, अपने सभी भयों, तृप्ति के समस्त आग्रहों सहित जान रहा है। इस सब के प्रति सजग होते हुए, क्या मन के लिए, चाहे एक पल के लिए ही सही, पूर्णतः निश्चल हो पाना, उस मौन को जान पाना संभव है जिसमें मुक्ति है, और जब मौन का वह स्वातंत्र्य होता है, तो क्या वह मन स्वयं ही शाश्वत नहीं है?

अज्ञात की अनुभूति के लिए मन को स्वयं ही अज्ञात हो जाना होगा। अब तक मन ज्ञात का ही परिणाम रहा है। आप ज्ञात के संचय, अपनी सारी परेशानियों, आडंबरों, महत्त्वाकांक्षाओं, पीड़ाओं, परितोषों और कुंठाओं के अलावा और क्या हैं? वह सब कुछ ज्ञात ही है, और ज्ञात समय और स्थान के दायरे में ही होता है, तथा जब तक मन समय के, ज्ञात के क्षेत्र में कार्यरत है, वह अज्ञात कभी नहीं हो पाता। वह मात्र उसका अनुभव करता रह सकता है, जो इसका जाना हुआ है। देखिए, इसमें कुछ जटिल या रहस्यमय नहीं है। हमारे दैनिक जीवन के जो सुपरिचित तथ्य हैं, उन्हीं का मैं वर्णन कर रहा हूं। ज्ञात के बोझ में दबा हुआ मन अज्ञात को ढूंढ़ निकालने की खोज में लग जाता है। यह ऐसा कैसे कर सकता है? हम सब ईश्वर की बातें करते हैं, प्रत्येक धर्म में, प्रत्येक गिरजे और मंदिर में इस शब्द का प्रयोग होता है, पर इसका अर्थ-बिंब हमेशा ज्ञात का ही होता है। बहुत, बहुत कम ऐसे होते हैं जो सारे मंदिरों, गिरजों, पुस्तकों को छोड़ देते हैं, जो पार जाते हैं और खोज लेते हैं।

अभी मन समय का, ज्ञात का ही परिणाम है तथा जब ऐसा मन अन्वेषण आरंभ करता है, तो यह मात्र उसी का अन्वेषण कर पाता है, जिसका इसे पहले से ही अनुभव हो चुका है, जो कि ज्ञात है। अज्ञात का अन्वेषण करने के लिए मन को स्वयं को ज्ञात से, अतीत से मुक्त कर लेना होगा, और यह धीमे विश्लेषण

द्वारा, कदम-दर-कदम अतीत को खोदते हुए, हर स्वप्न, हर प्रतिक्रिया की व्याख्या करते हुए नहीं होगा बल्कि इसके लिए आपको अभी इसी क्षण, जब आप यहां बैठे हुए हैं, आपको इस सबका सत्य पूरी तरह से देख लेना होगा। जब तक मन समय का, ज्ञात का परिणाम है, वह कभी उस अज्ञात को नहीं खोज सकता जो ईश्वर है, यथार्थ है या जो भी आप उसे कहें। इस बात के सत्य को देख लेना मन को अतीत से मुक्त कर देता है। अतीत से मुक्त हो जाने का झट से यह मतलब न लगा लें कि आपको अपने घर का रास्ता याद नहीं रहेगा। वह तो अम्नीसिया, स्मृति-लोप है। इसे इस तरह की बचकानी सोच के स्तर तक न लाइए। परंतु मन उसी क्षण मुक्त हो जाता है, जब वह देख लेता है कि ज्ञात के बोझ से लदे रह कर वह उस यथार्थ को, अज्ञात की उस असाधारण अवस्था को नहीं पा सकता है। जानकारी अनुभव है, अहं है, 'स्व' है, जो इकट्ठा करता रहा है, जमा करता रहा है; अतएव समस्त ज्ञान को स्थगित होना होगा, समस्त अनुभव को छोड़ना पड़ेगा। और जब उस मुक्ति का मौन होता है, तब क्या मन स्वयं में ही शाश्वत नहीं है? तब इसे कुछ सर्वथा नूतन की अनुभूति हो रही होती है, जो यथार्थ है; पर उस अनुभूति के लिए मन को वही हो जाना होता है। यह मत कहने लगिए कि मन ही यथार्थ होता है; ऐसा नहीं है। मन को यथार्थ की अनुभूति तभी हो पाती है, जब यह समय से पूर्णतया मुक्त होता है।

अन्वेषण की यह संपूर्ण प्रक्रिया ही धर्म है। निश्चित रूप से, धर्म वह नहीं है, जिसमें आप विश्वास करते हैं; इसका इससे कुछ लेना-देना नहीं है कि आप ईसाई हैं, बौद्ध हैं, मुसलमान हैं अथवा हिंदू हैं; इन बातों का कोई महत्त्व नहीं है, ये तो बाधा हैं, अन्वेषण करने वाले मन को तो इन सब से छुटकारा पाना होगा। नवीन होने के लिए मन को एकाकी होना होगा; शाश्वत सर्जन की विद्यमानता के लिए, उसे ग्रहण करने हेतु मन का स्वयं उसी अवस्था में होना आवश्यक है। किंतु जब तक मन अपने कष्टों व संघर्षों से भरा है, जब तक यह ज्ञान के भार से बोझिल है तथा मनोवैज्ञानिक अवरोधों से जटिल बना है, तब तक मन कभी भी ग्रहण करने, समझने और अन्वेषण करने के लिए मुक्त नहीं हो पाता है।

एक सच्चा धार्मिक व्यक्ति वह नहीं है जिस पर विश्वासों, रूढ़ियों, कर्मकांडों की कठोर परतें चढ़ी हैं। सच्चे धार्मिक व्यक्ति के पास विश्वास नहीं होता है, वह किसी अनुभव का संचय न करते हुए पल-प्रति-पल जी रहा होता है, अतएव वही एकमात्र क्रांतिकारी है। सत्य समय में निरंतरता नहीं है, इसे हर क्षण नया पाना होता है। वह मन जो किसी भी अनुभव को जोड़ता है, पकड़ता है, संजोये रहता है, क्षण-क्षण नूतन का अन्वेषण करते हुए नहीं जी सकता है।

जो वास्तव में गंभीर हैं, जो महज शौकिया तौर पर इस सब से खिलवाड़ में नहीं लगे हैं, जीवन में वे असाधारण महत्त्व रखते हैं, क्योंकि वे ही स्वयं में, अतएव

संभवतः अन्यों के लिए भी प्रकाश-पुंज बन सकेंगे। बिना अनुभव के, बिना उस मन के जो पूर्णतः मुक्त है और इसलिए अज्ञात के प्रति अवरोधरहित, खुला है, ईश्वर की बात करने का कुछ भी मूल्य नहीं है, यह ऐसे ही है जैसे बड़ी उमर के लोग खिलौनों से खेल रहे हों; और जब हम खिलौनों से खेलते हैं और उसी को 'धर्म' कहते हैं, तब हम अधिक विभ्रम, अधिकाधिक दुर्दशा निर्मित करते चले जाते हैं।

मात्र उस स्थिति में ही, जब मन विचार करने की समस्त प्रक्रिया को समझ लेता है, जब हम अपने ही विचार में नहीं जकड़े होते, तभी मन के लिए निश्चल होना संभव होता है; केवल तब, शाश्वत का आविर्भाव होता है।

ओहाइ,
5 जुलाई 1953

बाईस

यह एक प्रत्यक्ष तथ्य है कि मानव को उपासना करने के लिए कुछ न कुछ चाहिए। आप और मैं और अन्य अनेक लोग अपने जीवन में कुछ पवित्र, कुछ पावन उपलब्ध कर लेना चाहते हैं, और हम या तो मंदिरों, मस्जिदों और गिरजों में जाते हैं, अथवा हमारे पास अन्य प्रतीक, प्रतिमाएं अथवा अवधारणाएं होती हैं, जिनकी हम उपासना किया करते हैं। किसी की उपासना करने की आवश्यकता बड़ी तीव्र प्रतीत होती है, क्योंकि हम अपने आप से निकलकर किसी महान, विस्तृत, गहनतर, अधिक स्थायी स्थिति में जाना चाहते हैं। इसीलिए हम महात्मा, शिक्षक, स्वर्ग में या धरती पर किसी दिव्य सत्ता का आविष्कार कर लेते हैं, हम क्रॉस, अर्द्धचंद्र जैसे विभिन्न प्रतीक बना लेते हैं। यदि इनमें से कोई भी संतोषजनक नहीं होता, तो हम ये अनुमान लगाने बैठ जाते हैं कि मन के परे क्या है, यह मानकर कि वह कुछ ऐसा है, जो कि पावन है, पूजनीय है। यह हमारे प्रतिदिन के जीवन में होता है, जहां तक मैं सोचता हूं, हममें से अधिकतर लोग इससे अच्छी तरह अवगत हैं। ज्ञात के क्षेत्र में, मन और स्मृति के क्षेत्र में सदा यह प्रयत्न होता रहता है, तथा हम कभी इस सबसे मुक्ति पाने में एवं उसे खोज लेने में सक्षम प्रतीत नहीं होते, जो पावन है, जिसका निर्माण मन ने नहीं किया है।

यदि संभव हो, तो इस सुबह मैं इस प्रश्न में जाना चाहूंगा कि क्या वस्तुतः कुछ अपरिमेय है, कुछ ऐसा है जिसकी थाह मन द्वारा नहीं पायी जा सकती। ऐसा करने के लिए हमें अपनी सोच में, अपने मूल्यों में एक क्रांति लानी होगी। मेरा अभिप्राय किसी आर्थिक या सामाजिक क्रांति से नहीं है, वह तो मात्र अपरिपक्वता है; वह सतही तौर पर हमारे जीवन को प्रभावित कर सकती है, लेकिन आधारभूत रूप से यह क्रांति बिलकुल नहीं है। मैं उस क्रांति की बात कर रहा हूं, जो स्व-ज्ञान से आती है, मन की सतह पर विचारों की परीक्षा से आने वाले सतही स्व-ज्ञान से नहीं, बल्कि स्व-बोध की अगाध गहराइयों से आती है।

निश्चय ही हमारी सबसे बड़ी कठिनाई यह तथ्य है कि हमारे सारे प्रयत्न ज्ञात के क्षेत्र में ही होते हैं। हम मात्र उन सीमाओं के भीतर काम करते प्रतीत होते हैं, जिन्हें हम पहचानने में समर्थ हैं, अर्थात जो स्मृति के क्षेत्र में हैं; क्या मन उस क्षेत्र से बाहर आ सकता है?

यदि मैं सुझाव दे सकूं, तो जब मैं बात कर रहा हूं, आप अपने मन का अवलोकन करें, क्योंकि मैं इस विषय में गहरे उतरना चाहता हूं, तथा यदि आप इसे तत्काल अमल में लाए बिना मात्र शाब्दिक व्याख्या का अनुसरण कर रहे हैं, तो इस व्याख्या का कोई महत्त्व नहीं है। यदि आप इसे सुन लें और कहें, "मैं इस बारे में कल अथवा इस वार्ता के उपरांत सोचूंगा", तो बात निकल चुकी होती है, इसका कोई मूल्य नहीं होता। परंतु यदि आप जो कुछ कहा जा रहा है उसकी ओर पूरा ध्यान दे रहे हैं, तथा उसे अमल में लाने में समर्थ हैं, जिसका अर्थ है कि आप अपनी बौद्धिक व भावनात्मक प्रक्रियाओं के प्रति सजग हैं, तब जो मैं कह रहा हूं, उसकी सार्थकता आप तत्काल देख पाएंगे।

× × × × ×

ऐसा है, हम सोचते हैं कि हम ज्ञान संचित करके, तुलना करके समझ पाते हैं। निश्चित रूप से उस ढंग से हम नहीं समझते हैं। यदि आप एक वस्तु की दूसरी से तुलना करते हैं तो आप बस तुलना में ही खोए होते हैं। किसी बात को आप अपना पूरा ध्यान दे कर ही समझ सकते हैं, तथा किसी भी तरह की तुलना अथवा मूल्यांकन तो एक विचलन है।

तो, स्व-ज्ञान संचित ज्ञान नहीं है, और मेरे ख्याल में यह समझ लेना अत्यंत आवश्यक है। यदि स्व-ज्ञान संचित किया हुआ है तो वह मात्र यांत्रिक होगा। यह किसी चिकित्सक के ज्ञान की तरह होगा, जिसने कोई तकनीक सीख ली है तथा शरीर के किसी खास भाग में निरंतर विशेषज्ञता प्राप्त कर रहा है। एक शल्य चिकित्सक अपनी शल्य चिकित्सा का श्रेष्ठ यंत्रविद् हो सकता है, क्योंकि उसने तकनीक सीख ली है, उसके पास इसके लिए जानकारी और प्रतिभा है, तथा संचित अनुभव भी है, जो उसकी सहायता करता है। परंतु हम ऐसे संचित अनुभव की बात नहीं कर रहे हैं, बल्कि बात इसके उलट है, किसी भी प्रकार का संचित ज्ञान आगे के अन्वेषण को रोक देता है; किंतु जब कोई अन्वेषण कर लेता है, तब संभवतः वह संचित तकनीक का प्रयोग कर सकता है।

निश्चित ही, मैं जो कह रहा हूं, वह एकदम सरल है। यदि कोई स्वयं को देखने में, अपना अध्ययन करने में समर्थ है, तो उसे स्पष्ट होना शुरू हो जाता है कि कैसे संचित स्मृति हर उस चीज़ पर काम कर रही है, जिस-जिस को वह देखता है; अनुभव हमेशा ज्ञात के, संस्कारों के क्षेत्र में होता है, क्योंकि हम हमेशा मूल्यांकन, स्वीकार-अस्वीकार, बुराई या बड़ाई करते रहते हैं। किंतु यदि संचित स्मृति का निर्देशन न हो, तो हममें से ज़्यादातर लोग खुद को खोया-हारा हुआ महसूस करते हैं, डरा हुआ महसूस करते हैं, और इसलिए हम उस रूप में अपना अवलोकन करने में अक्षम होते हैं, जैसे कि वस्तुतः हम हैं। जब संचय की प्रक्रिया होती है, जो स्मृति की उपज है, तो हमारा स्वयं का अवलोकन सतही हो जाता है। स्मृति स्वयं को निर्देशित करने,

सुधारने में सहायक है, परंतु आत्म-सुधार से कभी कोई क्रांति, कोई मूलभूत रूपांतरण संभव नहीं है। जब आत्म-सुधार की वृत्ति बिना किसी संकल्प के पूरी तरह रुक जाती है, तब कुछ अनुभवातीत, कुछ सर्वथा नया अस्तित्व में आने की संभावना होती है।

× × × × ×

यदि कोई दूसरों के कहे हुए को दोहराने की, दूसरों के प्रमाणों पर, जो बकवास हो सकते हैं, निर्भर रहने की व्यर्थता की ओर ध्यान दिलाता है, तो यकीनन आप कह देंगे, 'मैं नहीं जानता'। यदि कोई वास्तव में 'मैं नहीं जानता' कहने की अवस्था में आ सके, तो इससे विनम्रता का असाधारण भाव प्रकट होता है, उसमें ज्ञान का कोई दर्प नहीं होता, प्रभावित करने के लिए कोई स्व-आग्रही उत्तर नहीं होता। जब आप वास्तव में कह सकें कि 'मैं नहीं जानता'—जिसे कहने में बहुत कम लोग सक्षम होते हैं—तब उस अवस्था में समस्त भय समाप्त हो जाता है, क्योंकि पहचान का सारा भाव, स्मृति में हो रही सारी खोजबीन का अंत हो गया होता है, तब ज्ञात के क्षेत्र में कोई छान-बीन नहीं हो रही होती है। तब उस असाधारण का आगमन होता है। मैंने अब तक जो कुछ कहा है, यदि आपने उसे समझा है, मात्र शाब्दिक तौर पर नहीं, बल्कि आप उसे वास्तव में अनुभव कर रहे हैं, तो आप पाएंगे कि जब आप कह पाते हैं, 'मैं नहीं जानता', तो आप की समस्त संस्कारग्रस्तता थम चुकी होती है, और तब मन की अवस्था क्या होती है? आप समझ रहे हैं, मैं क्या बात कर रहा हूं? क्या मैं अपने आप को स्पष्ट कर पा रहा हूं? मैं सोचता हूं आपके लिए इस ओर थोड़ा सा ध्यान देना महत्त्वपूर्ण है, यदि आप चाहें तो।

देखिए, हम कुछ स्थायी खोज रहे हैं, कुछ ऐसा जो समय के संदर्भ में स्थायी हो, अटल हो, शाश्वत हो। हम देखते हैं कि हमारे आस-पास हर वस्तु अनित्य, परिवर्तनशील है, जन्म लेना, मुरझाना और मरना और हमारी तलाश सदा ज्ञात के क्षेत्र में कुछ ऐसा स्थापित करने की होती है, जो बना रहे। परंतु जो सच में ही पावन है, वह समय के माप से परे होता है, उसे ज्ञात के क्षेत्र में नहीं पाया जाता है। ज्ञात केवल विचार के माध्यम से काम करता है, जो चुनौती के लिए स्मृति का प्रत्युत्तर है। यदि मैं इसे देख लेता हूं, और यह पता लगाना चाहता हूं कि विचार का अंत कैसे हो, तो मुझे क्या करना होता है? निश्चित रूप से, मुझे स्व-ज्ञान द्वारा अपनी सोच की संपूर्ण प्रक्रिया के प्रति सजग होना होगा। मुझे देखना होगा कि प्रत्येक विचार, चाहे वह कितना ही सूक्ष्म हो, कितना ही उदात्त हो अथवा कितना ही हेय हो, मूर्खतापूर्ण हो, उसकी जड़ें ज्ञात में, स्मृति में ही होती हैं। यदि मैं इसे स्पष्टता से देख लेता हूं, तो मन किसी विराट समस्या का सामना होने पर यह कहने में समर्थ होता है, ''मैं नहीं जानता'' क्योंकि इसका कोई उत्तर है ही नहीं। तब सभी उत्तरों का कोई मतलब नहीं रह जाता है, चाहे वे उत्तर बुद्ध के हों, ईसा के हों, या फिर दिव्यात्माओं के, शिक्षकों के, गुरुओं के हों; क्योंकि यदि उनका कोई अर्थ है, तो

वह अर्थ स्मृतियों के संग्रह से अर्थात अपने ही संस्कारों से जन्मा है।

यदि मैं इस सबके सत्य को देख लेता हूं और सभी उत्तर एक तरफ हटा देता हूं, जो मैं न जानने की अगाध विनम्रता होने पर ही कर पाता हूं, तो मन की क्या अवस्था होती है? उस मन की क्या अवस्था होती है, जो कहता है, ''मैं नहीं जानता कि ईश्वर है अथवा नहीं है, प्रेम है या नहीं है'', अर्थात जब स्मृति का कोई प्रत्युत्तर नहीं होता, तो मन की क्या अवस्था होती है? कृपया अपने आप को तुरंत उत्तर मत दीजिए; क्योंकि यदि आप ऐसा करते हैं, तो आपका उत्तर मात्र इस बात की पहचान होगा कि आपके विचार में इसे क्या होना और क्या नहीं होना चाहिए। यदि आप कहते हैं कि यह 'निषेध की अवस्था' है, तो आप इसकी तुलना उससे कर रहे हैं, जो आप पहले से ही जानते हैं; इसलिए इसमें उस अवस्था का, जिसमें आप कहते हैं, ''मैं नहीं जानता'', अभाव होता है।

मैं इस समस्या की जांच-पड़ताल व्यापक रूप में करना चाहता हूं, ताकि आप भी अपने मन के अवलोकन द्वारा इसे समझ सकें। जिसमें मन कहता है, ''मैं नहीं जानता'' वह अवस्था निषेध नहीं है। मन ढूंढ़ना, तलाश करना पूरी तरह रोक चुका है। इसने किसी भी ओर गति करना बंद कर दिया है, क्योंकि यह देखता है कि ज्ञात से, उस वस्तु की ओर जिसे अज्ञात कहते हैं, कोई भी गति मात्र ज्ञात का ही प्रक्षेपण है। केवल वह मन, जो यह कहने में समर्थ है, ''मैं नहीं जानता'', वही ऐसी अवस्था में होता है जिसमें कोई अन्वेषण किया जा सके। परंतु जो आदमी कह रहा हो, 'मैं जानता हूं', जिस आदमी ने विविध मानवीय अनुभवों का खूब सारा अध्ययन कर लिया हो, तथा जिसका मन सूचना के, विश्वकोशों से प्राप्त जानकारी के बोझ से दबा हुआ हो, क्या वह कभी कुछ ऐसा अनुभव कर सकता है, जिसे संचित नहीं किया जा सके? उसके लिए यह अत्यंत दुष्कर होगा। जब मन अपने द्वारा अर्जित समस्त जानकारी को परे हटा देता है, जब उसके लिए न बुद्ध, न ईसा, न दिव्यात्माएं और न ही कोई शिक्षक या धर्म-उद्धरण रह जाता है, जब मन पूरी तरह एकाकी, अदूषित होता है—जिसका अर्थ है कि ज्ञात की हलचल का अवसान हो गया है—तभी एक महती क्रांति, एक आधारभूत परिवर्तन की संभावना होती है। स्पष्टतः यह परिवर्तन आवश्यक है; बहुत थोड़े से लोग ही, आप और मैं, या 'अ', स्वयं में इस क्रांति का सूत्रपात कर पाए हैं, वे ही एक नया संसार रचने में सक्षम हैं, न कि वे लोग जो आदर्शवादी हैं, बौद्धिक हैं, और न ही वे, जिनके पास अपार जानकारी है, जो भलाई के कामों में लगे हैं; ये लोग वे नहीं हैं। ये सारे तो सुधारक हैं। धार्मिक मनुष्य वह है, जो किसी धर्म से, किसी राष्ट्र से, किसी नस्ल से जुड़ा हुआ नहीं है, जो आंतरिक तौर पर पूर्णतः एकाकी है, न जानने की स्थिति में है, और उसके लिए उस पावन के आशीष का प्राकट्य होता है।

ओहाइ,
21 अगस्त 1955

तेईस

प्रश्न : मन का कार्य विचार करना है। मैंने कई वर्ष उन चीजों के बारे में सोचते हुए बिताए हैं जिन्हें हम सब जानते हैं—व्यापार, विज्ञान, दर्शन, मनोविज्ञान, कलाएं आदि—तथा अब मैं ईश्वर के बारे में काफी कुछ विचार करता हूं। अनेक रहस्यदर्शियों तथा धार्मिक ग्रंथकारों द्वारा प्रस्तुत प्रमाणों का अध्ययन करने से मैं कायल हो गया हूं कि ईश्वर है, तथा मैं इस विषय में अपने विचारों का योगदान दे सकता हूं। इसमें गलत क्या है? क्या ईश्वर के बारे में विचार करने से ईश्वर के साक्षात्कार में सहायता नहीं मिलती है?

कृष्णमूर्ति : क्या आप ईश्वर के बारे में विचार कर सकते हैं? क्या आप ईश्वर की मौजूदगी के बारे में इस वजह से कायल हो सकते हैं कि आपने सारे प्रमाण पढ़ डाले हैं? अनीश्वरवादी के पास भी अपने प्रमाण हैं, वह भी संभवतः उतना ही पढ़ चुका है जितना कि आप और उसका कहना है कि ईश्वर नहीं है। आप विश्वास करते हैं कि ईश्वर है और वह विश्वास करता है कि ईश्वर नहीं है, आप दोनों के अपने विश्वास हैं, तथा आप दोनों ने ही ईश्वर के बारे में विचार करने में अपना समय खर्च किया है। परंतु जिसके विषय में आप जानते नहीं हैं, उसके विषय में विचार करने से पहले आपको यह पता लगाना होगा कि विचार करना होता क्या है। जिसे आप जानते नहीं हैं, उसके बारे में आप विचार कैसे कर सकते हैं? आपने बाइबल, भगवद्‌गीता या अन्य ग्रंथ पढ़े होंगे, जिनमें विभिन्न बहुश्रुत विद्वानों ने खंडन-मंडन करते हुए कौशल सहित वर्णन किया है कि ईश्वर क्या है, परंतु जब तक आप अपनी विचार की प्रक्रिया को नहीं समझ लेते, तब तक आप ईश्वर के बारे में जो भी सोचते हैं, हो सकता है वह मूर्खतापूर्ण तथा क्षुद्र ही हो, सामान्यतया होता यही है। आप ईश्वर के अस्तित्व के बारे में ढेर सारे प्रमाण एकत्रित कर सकते हैं, और इस बारे में बड़े चतुराई भरे लेख भी लिख सकते हैं, पर निश्चित ही पहला सवाल यह उठता है कि आपको कैसे मालूम कि जो आप सोच रहे हैं वह सच है? और क्या विचार करने से कभी भी उसकी अनुभूति हो सकती है, जो अविज्ञेय है? जिसका मतलब यह नहीं है कि आपको भावुकता के वशीभूत होकर ईश्वर के विषय

में कुछ भी अनाप-शनाप *स्वीकार* कर लेना चाहिए।

अतः जो संस्कार के पार है उसकी तलाश करने की अपेक्षा क्या यह पता लगाना महत्त्वपूर्ण नहीं है कि हमारा मन संस्कारग्रस्त है या नहीं। यह निश्चित है कि यदि आपका मन संस्कारों से ग्रसित है, जो कि यह वस्तुतः है, तो यह ईश्वर के यथार्थ की चाहे जितनी छान-बीन कर लें, यह अपनी संस्कारबद्धता के मुताबिक ही जानकारी या सूचना एकत्रित कर पाएगा। अतः आपका ईश्वर के बारे में विचार करना समय का नितांत अपव्यय है, यह एक ऐसी अटकलबाजी है जिसकी कोई कीमत नहीं है। यदि मैं वास्तव में पता लगाना चाहता हूं कि पर्वत के शिखर पर और उसके पार क्या है, तो मुझे उस तक जाना होगा। इससे कुछ हासिल होने वाला नहीं है कि मैं बैठे-बैठे अटकलें लगाया करूं, मंदिर, गिरजे खड़े कर लूं और उनके संदर्भ में उत्तेजित होता रहूं। करना मुझे यह होगा कि मैं उठ कर चल पड़ूं, राह बनाऊं, आगे बढ़ूं, वहां पहुंचूं और पता लगा लूं; लेकिन चूंकि हममें से अधिकतर ऐसा करने के अनिच्छुक हैं, हम इसीसे संतुष्ट हो लिया करते हैं कि यहां बैठे रहें और किसी ऐसी बात के बारे में अनुमान लगाते रहें जिसे हम जानते ही नहीं हैं। और मेरा कहना है कि इस तरह का अनुमान एक बाधा है, मन का क्षरण है। इसका कुछ भी मूल्य नहीं है। यह मनुष्य के लिए केवल और विभ्रम, और दुख लाता है।

तो ईश्वर ऐसा कुछ है, जिसके बारे में बातें नहीं की जा सकतीं, जिसका वर्णन नहीं हो सकता, जिसे शब्दों में नहीं रखा जा सकता, क्योंकि इसे सदैव अज्ञात ही रहना है। जिस पल पहचान लेने की प्रक्रिया घटित होती है, आप स्मृति के क्षेत्र में लौट आते हैं। क्या आप समझ रहे हैं? जैसे कि उदाहरण के लिए आपको किसी असाधारणता की क्षणिक अनुभूति होती है। ठीक उसी क्षण में कोई विचारक नहीं होता जो यह कह रहा हो, 'मुझे इसे याद रखना होगा'; उस समय तो मात्र अनुभूति की वह अवस्था होती है। पर जब वह क्षण बीत जाता है तो पहचान की प्रक्रिया अस्तित्व में आती है। इस बात को ज़रा समझें। मन यह कहता है, "मुझे एक अद्भुत अनुभव हुआ है और मेरी कामना है यह अनुभव मुझे और हो", इसलिए और अधिक का संघर्ष आरंभ हो जाता है। यह परिग्रह-प्रवृत्ति, और-और के स्वामित्व की यह दौड़ विभिन्न कारणों से वजूद में आती है : क्योंकि इससे आपको सुख मिलता है, प्रतिष्ठा मिलती है, आप जानकार हो जाते हैं, प्रमाण-पुरुष बन जाते हैं तथा इसी तरह की बाकी निरर्थकताएं।

मन जिसका अनुभव कर चुका होता है, उसके पीछे भागता है, किंतु जिसका उसने अनुभव किया है, वह तो निबट चुका है, मर चुका है, जा चुका है, और जो है, उसका अन्वेषण करने हेतु मन को उसके प्रति मर जाना होगा जिसका वह अनुभव कर चुका है। यह ऐसा कुछ नहीं है जिसे रोज़-रोज़ अभ्यास द्वारा पोषित किया जा सके, जिसे एकत्रित व संचित करके कायम रखा जा सके और तब इसके बारे में

बोला या लिखा जा सके। हम मात्र इतना कर सकते हैं कि यह देखें कि हमारा मन संस्कारबद्ध है और स्वयं को जानने के माध्यम से अपनी ही विचार करने की प्रक्रिया को समझ लें। मुझे अपने आपको जानना ही चाहिए, उस रूप में नहीं जैसा कि मैं आदर्शतः होना पसंद करूंगा, बल्कि जैसा कि मैं वस्तुतः हूं, चाहे जितना असुंदर या सुंदर, चाहे जितना ईर्ष्यालु, डाह भरा और लोभी-परिग्रही। लेकिन हम जैसे भी हैं, उसे बिना उत्कंठा के, बस देख पाना बहुत मुश्किल होता है और उसे बदलने की उत्कंठा, वह चाहत संस्कारबद्धता का ही एक अन्य रूप होती है; और इस तरह हम चलते जाते हैं, एक संस्कारग्रस्तता से दूसरी संस्कारग्रस्तता की ओर, एवं उसकी अनुभूति हमें कभी नहीं होती, जो ससीम के पार है।

प्रश्न : मैं आपको कई वर्षों से सुन रहा हूं तथा मैं अपने विचारों को देखने में तथा जो भी मैं कर रहा होता हूं, उसके प्रति सजग रहने में काफी दक्ष हो गया हूं, लेकिन मैं गहरे पानी में कभी नहीं पैठ पाया हूं, जिस रूपांतरण की आप बात किया करते हैं, उसका अनुभव कभी नहीं कर पाया हूं। ऐसा क्यों है?

कृष्णमूर्ति : मेरे ख्याल से यह बात काफी स्पष्ट है कि हममें से कोई भी मात्र अवलोकन से परे का अनुभव क्यों नहीं कर पाता है। भावदशा के कुछ विरल क्षण हो सकते हैं, जिनमें हमें मानो मेघों के बीच विमल आकाश दिख जाए, किंतु मेरा अभिप्राय उस प्रकार की घटना से नहीं है। ऐसे सभी अनुभव अस्थायी तथा नितांत अल्प महत्त्व के होते हैं। प्रश्नकर्ता जानना चाहता है कि ऐसा क्यों है कि अवलोकन करते रहने के कई वर्षों के उपरांत भी उसे गहरा पानी अभी नहीं मिल पाया है, जिसमें वह प्रवेश कर सके। वह उसे क्यों मिलना चाहिए? आप समझ रहे हैं? आप सोचते हैं कि अपने विचारों का अवलोकन करने से आपको कोई पुरस्कार उपलब्ध होने वाला है : यदि आप यह करेंगे, तो आपको वह मिलेगा। आप वस्तुतः अवलोकन कर ही नहीं रहे हैं, क्योंकि आपका मन कोई उपलब्धि हासिल कर लेने की फिराक में है। आप सोचते हैं कि अवलोकन करते रहने से, सजग बने रहने से आप अधिक प्रेमपूर्ण हो जाएंगे, कम दुःख उठाएंगे, कम खीजा करेंगे, कहीं उस पार पहुंचना हो जाएगा, तो आपका देखना, अवलोकन करना खरीद-फरोख्त की एक प्रक्रिया है। 'इस' सिक्के से आप 'उस' को खरीद रहे हैं, जिसका अर्थ है कि आपका देखना चयन की प्रक्रिया है अतएव यह देखना नहीं है, अवधान नहीं है। देखने का अभिप्राय है बिना चयन के अवलोकन करना, बदल जाने की इच्छा की किसी भी गतिविधि के बिना स्वयं को ठीक वैसा ही देखना जैसे कि आप हैं, जो कर पाना अत्यंत दुष्कर है; पर इसका मतलब यह भी नहीं कि आप वैसे ही बने रहेंगे जिस स्थिति में आप अब हैं। आप जानते नहीं हैं कि उस स्थिति में क्या होगा, जब आप कोई परिवर्तन लाने की चाह के बिना स्वयं को वैसा ही देख पाते हैं जैसे कि आप हैं। समझ रहे हैं न?

मैं एक मिसाल लेता हूं, फिर उसकी तफसील में जाते हैं और बात आपको साफ हो जाएगी। मान लीजिए मैं हिंसक हूं, जैसे कि अधिकतर लोग हैं। हमारी संस्कृति हिंसक है, लेकिन मैं इस समय हिंसा की संरचना का विषय नहीं लूंगा, क्योंकि हम अभी उस समस्या पर गौर नहीं कर रहे हैं। तो मैं हिंसक हूं, और मुझे इस बात का एहसास होता है कि मैं हिंसक हूं। तब क्या होता है? मेरी तात्कालिक प्रतिक्रिया यह होती है कि मुझे इस बारे में कुछ करना चाहिए, है न? मैं कहता हूं कि मुझे अहिंसक बनना चाहिए। तो मैं अभ्यास करने लगता हूं, सब तरह के आदर्शवादी कामों में लग जाता हूं, पर अब मैं यह देख पाता हूं कि स्थिति कितनी असंगत है, क्योंकि वह सत्ता जो हिंसा का अवलोकन कर रही है और उसे अहिंसा में परिवर्तित करना चाहती है, अभी भी हिंसक ही है। तो अब मेरा सरोकार उस सत्ता की, उस व्यक्ति की अभिव्यक्ति से नहीं, अपितु स्वयं उस सत्ता से है। मुझे आशा है आप यह सब समझ पा रहे हैं।

अब वह सत्ता कौन है, वह हस्ती कौन है जो कहती है, ''मुझे हिंसक नहीं होना चाहिए?'' क्या वह सत्ता उस हिंसा से भिन्न है जिसका वह अवलोकन कर रही है? क्या वे दो भिन्न अवस्थाएं हैं? आप समझ रहे हैं इसे, या फिर यह कुछ अधिक ही अमूर्त है? हम इस वार्ता की समाप्ति के निकट आ रहे हैं, और आप शायद थोड़ा थक गए हैं। निश्चित ही ''मुझे हिंसा को अहिंसा में बदलना होगा'', ऐसा कहने वाली हस्ती और हिंसा, दोनों एक ही हैं। इस तथ्य की पहचान कर लेना समस्त द्वंद्व की समाप्ति है, है कि नहीं? तब परिवर्तन के प्रयास का अंतर्द्वंद्व नहीं रहता, क्योंकि मैं देख लेता हूं कि मन की हिंसक न होने की गतिविधि हिंसा का परिणाम ही है।

तो प्रश्नकर्ता जानना चाहता है कि ऐसा क्यों है कि वह मन के इन सब सतही बखेड़ों के परे नहीं जा पा रहा है। कारण सीधा सा है कि चेतन या अचेतन रूप से मन कुछ न कुछ तलाशता रहता है, और यही तलाश हिंसा, प्रतिस्पर्द्धा तथा नितांत असंतुष्टि के एहसास का कारण बनती है। केवल तभी, जब मन पूर्णतः निश्चल होता है, गहरे पानी में पैठने की संभावना बनती है।

प्रश्न : जब हम मरते हैं तो क्या हमारा इस धरती पर पुनर्जन्म होता है अथवा हम किसी और जगत में चले जाते हैं?

कृष्णमूर्ति : यह प्रश्न हम सब की रुचि का है, युवा हो या वृद्ध, है ना? तो मैं इस विषय में काफी गहराई से जाऊंगा और उम्मीद है आप भी इसे भली-भांति समझेंगे, केवल शब्द नहीं, बल्कि वह वास्तविक अनुभव जिसकी चर्चा मैं आपके साथ करने जा रहा हूं।

हम सब जानते हैं कि मृत्यु होती है, विशेष रूप से वृद्ध लोग और युवा भी जो कि इसे घटित होता देखते हैं। जो युवा हैं, वे कहते हैं, ''अभी इसे छोड़ो, जब

आएगी तब निबट लेंगे"; और बूढ़े तो चूंकि मृत्यु के करीब ही आते जा रहे हैं, इसलिए उन्होंने सांत्वना के विविध प्रकारों का आश्रय ले लिया है।

आपका ईश्वर में विश्वास है, आपका भरोसा कयामत के दिन फिर से जी उठने में अथवा कर्म तथा पुनर्जन्म में है; आप कहते हैं कि आपका यहीं या किसी और दुनिया में फिर जन्म होने वाला है या आप मृत्यु को तर्कसंगत बनाते हैं, कहते हैं कि मृत्यु अवश्यंभावी है, यह हर किसी को घटित होती है; वृक्ष सूखता-ढहता है, मिट्टी को पोषण देता है और एक नया वृक्ष फिर वहां होता है। या फिर आप रोज़ की अपनी परेशानियों, चिंताओं, ईर्ष्या-द्वेष में, अपनी प्रतिस्पर्द्धा में, अपनी धन-दौलत में इस कदर उलझे होते हैं कि मृत्यु के बारे में आप सोचते ही नहीं हैं। लेकिन यह आपके मन में कहीं होती तो है, चेतन या अचेतन रूप से इसका रहस्य बना रहता है।

सर्वप्रथम, मृत्यु के संदर्भ में आप जो विश्वास, तर्कसंगत व्याख्याएं या उदासीनभाव पोषित करते रहे हैं, क्या आप उनसे मुक्त हो सकते हैं? क्या आप उस सबसे अभी मुक्त हो सकते हैं? क्योंकि महत्त्व इस बात का है कि आप जीते जी, जब आप पूर्ण चैतन्य, सक्रिय, स्वस्थ हों, मृत्यु के घर में प्रवेश करें, और मृत्यु के आने की प्रतीक्षा न करें, जो आपको किसी दुर्घटना के निमित्त तत्काल उठा ले या किसी बीमारी के ज़रिये जिसमें आप धीरे-धीरे होश खोते चले जाएं। जब मृत्यु आती है, तो वह एक असाधारण क्षण ही होगा, उतना ही जीवंत, जैसा कि जीवन है।

तो क्या मैं, क्या आप जीते जी मृत्यु के घर में प्रवेश कर सकते हैं? समस्या यह है, यह नहीं कि पुनर्जन्म होता है या नहीं, अथवा क्या कोई दूसरा लोक है या नहीं है जिसमें आप फिर पैदा हो जाने वाले हैं, ये सब तो एकदम अपरिपक्व, बिलकुल बचकानी बातें हैं। वह व्यक्ति जो जी रहा है कभी नहीं पूछता कि जीना क्या होता है, उसके पास जीने के विषय में धारणाएं-परिकल्पनाएं नहीं होतीं। ये तो केवल अर्द्ध-जीवित लोग ही हैं, जो जीवन के उद्देश्य के बारे में बतियाया करते हैं।

अतः, क्या आप और मैं, जीते जी, होश और सक्रियता के रहते, जो भी हमारी क्षमताएं हैं उनके रहते, जान सकते हैं कि मृत्यु क्या है? और तब मृत्यु क्या जीवन से विलग है? हममें से अधिकतर के लिए जीना उसकी निरंतरता है जिसे हमने स्थायी समझा हुआ है। हमारा नाम, हमारा परिवार, हमारी सम्पत्ति, वे चीज़ें जिनसे हमारे आर्थिक या आध्यात्मिक स्वार्थ जुड़े हैं, वे सद्‌गुण जिन्हें हम पोषित करते रहे हैं, वह सब जो हमने भावनात्मक रूप से अर्जित कर लिया है—यही सारा कुछ है जिसकी निरंतरता हम चाहते हैं, और जिस क्षण को हम मृत्यु कहते हैं, वह अज्ञात का क्षण है। इसीलिए हम भयभीत हैं, अतः हम किसी प्रकार की सांत्वना, किसी तरह की राहत खोजने की कोशिश करते हैं; क्या मृत्यु के उपरांत कोई जीवन है और ऐसी ही बीसियों बातें हम जानना चाहते हैं। ये सब अप्रासंगिक समस्याएं हैं, आलसियों

की समस्याएं हैं, ये उनके लिए हैं जिनकी यह मालूम करने की तैयारी नहीं है कि जीवित रहते हुए मृत्यु क्या होती है। तो क्या आप और मैं इसका पता लगा सकते हैं?

मृत्यु क्या है? यह उस सबकी संपूर्ण समाप्ति है जो आपको ज्ञात है। जो भी आपने जाना है यदि यह उसकी संपूर्ण समाप्ति नहीं है तो यह मृत्यु नहीं है। यदि आप मृत्यु को पहले से जानते हैं तो इसमें आपके लिए डरने जैसा कुछ नहीं है। पर क्या आप मृत्यु को जानते हैं? जो अनित्य है, उसमें निरंतरता तलाशते रहने के इस अंतहीन संघर्ष का क्या आप जीवित रहते हुए ही अंत कर सकते हैं? उस अविज्ञेय को, उस अवस्था को जिसे मृत्यु कहते हैं, क्या आप जीवन जीते हुए ही जान सकते हैं? जिन्हें आपने पुस्तकों में पढ़ रखा है या राहत पाने की आपकी अचेतन इच्छा ने जिन्हें निर्दिष्ट किया है, क्या आप उन सारे विवरणों को परे हटा सकते हैं कि मृत्यु के बाद होता क्या है, और उस अवस्था का स्वाद अभी ले सकते हैं, उसे अभी अनुभूत कर सकते हैं, जो अवस्था असाधारण ही होगी? यदि उस अवस्था की अनुभूति हो सके, तो जीना और मरना फिर एक ही है।

तो क्या मैं, जिसके पास विशद शिक्षा है, ज्ञान है, जिसने अनगिनत अनुभव व संघर्ष किए हैं, प्यार किए हैं, नफरतें की हैं—क्या यह 'मैं' समाप्त हो सकता है? यह 'मैं' उस सब कुछ की अंकित स्मृति ही है; और क्या इस 'मैं' का अंत हो सकता है? किसी दुर्घटना या बीमारी से अंत को प्राप्त हुए बिना, क्या आप और मैं अभी, जबकि हम यहां बैठे हुए हैं, उस अंत को जान सकते हैं? तब आपको स्पष्ट होगा कि आप मृत्यु और निरंतरता के बारे में, परलोक के बारे में महत्त्वपूर्ण प्रश्न अब और नहीं पूछ पा रहे हैं। तब आप उत्तर स्वयं ही जान जाएंगे, क्योंकि वह जो अविज्ञेय है, अस्तित्व में आ चुका होगा। तब आप पुनर्जन्म की सारी अंट-शंट को विदा कर देंगे, और आपके अनेकानेक भय—जीने का भय और मरने का भय, बूढ़े हो जाने और औरों को अपनी देखभाल की परेशानी में डालने का भय, अकेलेपन का, किसी पर आश्रित हो जाने का भय—ये सभी समाप्त हो जाएंगे। ये वृथा शब्द नहीं हैं। केवल तभी, जब मन अपनी निरंतरता के गणित में सोचना बंद कर देता है, उस अविज्ञेय का आविर्भाव होता है।

ओहाइ,
21 अगस्त 1955

चौबीस

धर्म की सार्थकता के प्रश्न पर मैं बात करना चाहूंगा, ताकि हम सिर्फ इसकी शाब्दिक व्याख्या तक सीमित न रह कर इसे गहनता से समझ सकें। परंतु इससे पहले कि हम इस प्रश्न में गहराई से उतरें, हमें इस बारे में एकदम स्पष्ट होना होगा कि धार्मिक मन क्या है तथा मन की वह क्या अवस्था है, जो यथार्थपरक ढंग से धर्म के संपूर्ण प्रश्न की जांच-पड़ताल करती है।

मुझे यह बड़ा महत्त्वपूर्ण प्रतीत होता है कि अलगाव और एकाकीपन का अंतर समझा जाए। हमारे अधिकांश दैनिक क्रिया-कलाप हमारे स्वयं के आसपास ही केंद्रित होते हैं; ये हमारे विशिष्ट दृष्टिकोण, विशिष्ट अनुभवों तथा हमारी स्वभावगत विलक्षणताओं पर आधारित होते हैं। हम सदैव अपने परिवार, अपने काम, जो कुछ हम पाना चाहते हैं, उसके हिसाब से तथा अपने भयों, आशाओं और निराशाओं के संदर्भ में सोचा करते हैं। यह सब प्रत्यक्षतः आत्म-केंद्रित है और यह आत्म-अलगाव की स्थिति लाता है, जैसा कि हम अपने रोज़ के जीवन में देख सकते हैं। हमारी अपनी गुप्त इच्छाएं, अपने प्रच्छन्न लक्ष्य तथा महत्त्वाकांक्षाएं होती हैं और हम कभी किसी से गहराई से नहीं जुड़ पाते, न अपनी पत्नी से, न अपने पति से और न ही अपने बच्चों से। इस प्रकार यह आत्म-अलगाव, हमारी रोज़ की ऊब, दैनिक जीवन की कुंठाओं तथा क्षुद्रताओं से पलायन का परिणाम है। यह अकेलेपन के उस ज़बरदस्त एहसास से पलायन करने का परिणाम भी है जो तब होता है, जब हम अचानक हर चीज़ से कटा हुआ महसूस करते हैं, जब सब कुछ हमसे बहुत दूर होता है, और किसी के साथ कोई संवाद, कोई संबंध नहीं होता है। मेरे ख्याल से हममें से अधिकतर लोगों ने—यदि हम अपने अस्तित्व की प्रक्रिया के प्रति जरा भी सचेत हैं—इस अकेलेपन को बहुत शिद्दत से महसूस किया होगा।

इस अकेलेपन के कारण, अलगाव के इसी एहसास की वज़ह से हम किसी ऐसे से अपना तादात्म्य स्थापित करने की कोशिश करते हैं, जो मन से श्रेष्ठतर हो—वह देश या राज्य हो सकता है, अथवा एक आदर्श या फिर ईश्वर क्या है, इसकी कोई धारणा हो सकती है। कुछ महान अथवा अनश्वर, कुछ ऐसा, जो हमारे अपने विचारों

के क्षेत्र से बाहर हो, उससे अपना तादात्म्य कर लेना ही सामान्यतया धर्म कहलाता है, तथा यह हमें विश्वासों, मताग्रहों, कर्मकांडों, उसी चीज़ के अलग-अलग पहलुओं में विश्वास रखने वाले प्रतिस्पर्द्धारत समूहों की अलगाव गहराने वाली दौड़ों की तरफ ले जाता है; इस तरह, जिसे हम धर्म कहते हैं वह और अधिक अलगाव ही पैदा करता है।

व्यक्ति यह भी देखता है कि कैसे यह धरती प्रतिस्पर्द्धा में लगे राष्ट्रों में बंटी है, जिनकी अपनी-अपनी संप्रभुतापूर्ण सरकारें तथा आर्थिक नाकाबंदियां हैं। यद्यपि हम सब मनुष्य हैं, लेकिन हमने अपने और अपने पड़ोसियों के बीच राष्ट्रीयता की, नस्ल, जाति और वर्ग की दीवारें खड़ी कर ली हैं, जिनसे अलगाव और अकेलापन ही उत्पन्न होता है।

जो मन अकेलेपन में, अलगाव की इस अवस्था में जकड़ा हुआ है, संभवतः कभी नहीं समझ पाएगा कि धर्म क्या है। यह विश्वास कर सकता है, इसके अपने कुछ सिद्धांत, अवधारणाएं, सूत्र हो सकते हैं; जिसे यह ईश्वर कहता है उसके साथ अपना तादात्म्य बिठाने की चेष्टा यह कर सकता है; परंतु मुझे लगता है कि धर्म का किसी विश्वास, किसी पुरोहित, किसी धर्मस्थल, अथवा किसी तथाकथित पावन पुस्तक से कुछ लेना-देना नही है। धार्मिक मन की अवस्था तभी समझी जा सकती है, जब हम समझना आरंभ करते हैं कि सौंदर्य क्या है; तथा सौंदर्य की इस समझ तक पूर्णतया एकाकी होकर ही पहुंचा जा सकता है। केवल तब, जब मन पूर्णतया एकाकी होता है, यह जान पाता है कि सौंदर्य क्या है, किसी अन्य स्थिति में नहीं।

एकाकी होना निश्चित ही अलगाव नहीं है और यह अनूठापन भी नहीं है। अनूठा होना तो एक तरह से विशिष्ट होना भर है, जबकि पूर्णतया एकाकी होना असाधारण संवेदनशीलता, प्रज्ञा व समझ की मांग करता है। पूरी तरह से एकाकी होने में किसी भी प्रकार के प्रभाव से मन का मुक्त होना निहित है, अतएव यह समाज द्वारा अदूषित है; तथा धर्म क्या है, यह समझने के लिए एकाकी होना आवश्यक है—स्वयं इस बात का पता लगाना ही धर्म है कि क्या कुछ ऐसा है, जो अनश्वर है, समय से परे है।

जैसी कि स्थिति इस समय है, हमारा मन हज़ारों सालों के प्रभाव का, जीव-वैज्ञानिक, सामाजिक, पर्यावरणजनित, जलवायु व आहारजन्य एवं अन्य प्रभावों का, परिणाम है। यह बात तो स्पष्ट ही है। उस भोजन से जो आप खाते हैं, उस समाचार-पत्र से जो आप पढ़ते हैं, अपने पति या पत्नी से, अपने पड़ोसी से, राजनीतिज्ञों से, रेडियो व टेलीविजन से, और दूसरी हज़ार चीज़ों से आप प्रभावित होते रहते हैं। जो कुछ भी अनेकों विभिन्न दिशाओं से आपके चेतन और अचेतन मन में उंड़ेला जा रहा है, उससे आप लगातार प्रभावित हो रहे हैं। क्या इन अनेकानेक प्रभावों के प्रति इतना सजग हो पाना संभव नहीं है कि इनमें से किसी भी प्रभाव में व्यक्ति

फंसे नहीं और इन सबसे अदूषित बना रहे? अन्यथा मन अपने वातावरण का उपकरण भर हो कर रह जाता है। जिसके बारे में यह सोचता है कि यही ईश्वर या शाश्वत सत्य है, उसकी यह कोई छवि निर्मित कर सकता है तथा उसमें विश्वास रख सकता है, परंतु यह छवि अभी भी परिवेश की मांगों, तनावों, अंधविश्वासों, दबावों से ही ढली-बनी है, और इस पर विश्वास करना धार्मिक मन की स्थिति तो कदापि नहीं है।

आप एक ईसाई के रूप में दो हज़ार वर्षों की अवधि में मनुष्य द्वारा निर्मित चर्च, उसके पुरोहितों, सिद्धांतों एवं विधियों के प्रभाव में पले-बढ़े हैं। बचपन में आपका बपतिस्मा कर दिया गया, जैसे-जैसे आप बड़े हुए आपको बताया गया कि क्या विश्वास करना है, आप संस्कारित किए जाने और मत-आरोपण की सारी प्रक्रिया से गुज़रे। ज़ाहिर है कि इस प्रचारवादी धर्म का दबाव बड़ा प्रबल है, विशेष तौर पर इसलिए क्योंकि यह सुसंगठित है, तथा शिक्षा, छवियों की उपासना व भय के माध्यम से मनोवैज्ञानिक प्रभाव डालने में और दूसरे हज़ार तरीकों से मन को संस्कारित करने में यह समर्थ है। पूरब में भी सभी जगह लोग अपनी आस्थाओं, स्थापित मतों, अंधविश्वासों और दस हज़ार साल या उससे भी पहले से चली आ रही परंपरा के संस्कारों से बेतरह ग्रस्त हैं।

जब तक मन के पास स्वतंत्रता नहीं है, तब तक उसे यह पता नहीं चल सकता कि सत्य क्या है, और स्वतंत्रता होने का अर्थ है, प्रभाव से मुक्त होना। आपको अपनी राष्ट्रीयता के प्रभाव, विश्वासों और सिद्धांतों सहित अपने संप्रदाय के प्रभाव से मुक्त होना होगा, तथा आपको लालच, डाह, भय, शोक, महत्त्वाकांक्षा, प्रतिस्पर्द्धा, दुश्चिंता से भी मुक्त होना होगा। यदि मन इन सब चीजों से, बाहर व अपने भीतर के विविध दबावों से मुक्त नहीं है, तो वह एक विरोधाभासी, असंतुलित अवस्था निर्मित कर लेगा, और ऐसा मन संभवतः इस बात का अन्वेषण नहीं कर सकता कि सत्य क्या है, अथवा क्या कुछ ऐसा है, जो समय से परे है।

इस प्रकार हम देख सकते हैं कि मन के लिए समस्त प्रभाव से मुक्त होना कितना आवश्यक है। क्या ऐसा होना संभव है? यदि यह संभव नहीं है, तो उस शाश्वत, अनाम, परम का अन्वेषण हो नहीं सकता है। स्वयं यह पता लगाने के लिए कि यह संभव है या नहीं, हमें इन अनेक प्रभावों के प्रति केवल इस जगह ही नहीं, बल्कि अपनी रोज़ाना की ज़िन्दगी में भी सजग होना होगा। हमें अवलोकन करना होगा कि किस तरह से यह प्रभाव मन को दूषित कर रहे हैं, कैसे उसे ढाल रहे हैं, संस्कारबद्ध कर रहे हैं। ज़ाहिर है कि हम हर समय मन पर डाले जा रहे अलग-अलग तरह के अनेक प्रभावों के प्रति सजग नहीं रह सकते, परंतु हम समस्त प्रभाव से मुक्त होने का महत्त्व देख सकते हैं, और मेरे ख्याल से यही इस मामले में कांटे की बात है; और जब एक बार हम इसकी अनिवार्यता को समझ लेते हैं,

तो अचेतन किसी भी प्रभाव के प्रति सजग रहता है, भले ही चेतन मन अक्सर ऐसा न कर पाए।

क्या मैं अपनी बात स्पष्ट कर पा रहा हूं? मैं बताना यह चाह रहा हूं कि असाधारण रूप से सूक्ष्म प्रभाव आपके मन को आकार देते जा रहे हैं, तथा वह मन जिसे प्रभाव आकार दे रहे हों जो हमेशा समय के क्षेत्र से ही आते हैं, ऐसा मन संभवतः कभी शाश्वत को नहीं खोज पाता, वह यह पता कभी नहीं लगा पाता कि शाश्वत जैसा कुछ होता भी है या नहीं। अतः प्रश्न तब यह है : यदि चेतन मन इन सभी अनेकानेक प्रभावों के प्रति सजग न हो पाए, तो इसे करना क्या होगा? यदि आप स्वयं के समक्ष सचमुच ही गंभीरतापूर्वक यह प्रश्न रखें, ताकि इसे आपके संपूर्ण अवधान, पूरे ध्यान की दरकार हो, तो आप पाएंगे कि आपका वह अचेतन हिस्सा जो तब भी पूरी तरह व्यस्त नहीं होता है जब मन की ऊपरी सतह काम में लगी होती है, वह अचेतन मन काम संभाल लेता है और भीतर आ रहे सभी प्रभावों का निरीक्षण करता रहता है।

मेरे विचार से इस बात को समझ लेना बहुत महत्त्वपूर्ण है, क्योंकि यदि आप प्रभावित होने का सिर्फ प्रतिरोध कर रहे हैं, अथवा उससे अपना बचाव कर रहे हैं, तो वह प्रतिरोध, जो एक प्रतिक्रिया है, मन में और अधिक संस्कार निर्मित करता है। प्रभावों की इस समस्त प्रक्रिया की समझ प्रयासरहित होनी चाहिए, उसमें तत्काल बोध की गुणवत्ता होनी चाहिए। यह इस प्रकार है : यदि आप प्रभावित न होने के अगाध महत्त्व को वस्तुतः स्वयं देख पाते हैं, तो जिस समय आप दूसरे कामों में व्यस्त होते हैं, तब आपके मन का एक खास हिस्सा इस मामले को अपने हाथ में ले लेता है तथा मन का वह भाग एकदम सतर्क, सक्रिय, सावधान, जागरूक रहता है। अतः महत्त्व इस बात का है कि किसी भी परिस्थिति, किसी भी व्यक्ति से प्रभावित न होने की गहन अर्थपूर्णता को हम तत्काल देख पाएं। वास्तविक मुद्दा यही है—न कि प्रभावों का प्रतिरोध कैसे करें अथवा प्रभावित हो जाने की स्थिति में आप क्या करें। एक बार यह केंद्रीय तथ्य आपकी पकड़ में आ जाए, तब आप पाएंगे कि मन का एक हिस्सा हमेशा सावधान है, देख रहा है, स्वयं पर पड़ रहे प्रत्येक प्रभाव को पोंछ डालने के लिए सदैव तत्पर है, भले ही वह प्रभाव चाहे जितना सूक्ष्म क्यों न हो। समस्त प्रभावों से मुक्त हो जाने पर एकाकीपन का आगमन होता है, जो अलगाव से पूरी तरह भिन्न है। यह एकाकीपन आवश्यक है, क्योंकि सौंदर्य समय के क्षेत्र से बाहर होता है और एक पूर्णतः एकाकी मन ही यह जान पाता है कि सौंदर्य क्या है।

हममें से अधिकांश के लिए सौंदर्य अनुपात, आकृति, आकार, रंग-रूप का विषय है। हम किसी भवन, वृक्ष, पर्वत या नदी को देखते हैं और कह देते हैं कि यह सुंदर है; परंतु अभी भी एक बाहरी व्यक्ति, एक अनुभवकर्ता ही है जो इन सब

चीज़ों को देख रहा है, और इसलिए जिसे हम सुंदरता कहते हैं, वह समय के क्षेत्र के भीतर ही है। लेकिन मुझे महसूस होता है कि सौंदर्य समय से परे है तथा सौंदर्य को जानने के लिए अनुभवकर्ता का समापन आवश्यक है। अनुभवकर्ता अनुभव का एक संग्रह मात्र है, जिसके आधार पर वह निर्णय लेता है, मूल्यांकन करता है, सोचता है। जब मन किसी चित्र को देखता है, या संगीत सुनता है या फिर किसी नदी के द्रुतगामी प्रवाह को देखता है, तो सामान्यतया वह संचित अनुभव की पृष्ठभूमि से ही ऐसा कर रहा होता है, वह अतीत से, समय के क्षेत्र से ही देख रहा होता है—और मेरे लिए यह सौंदर्य को जान लेना कतई नहीं है। सौंदर्य को जान लेना, जो कि यह पता लगा लेना है कि शाश्वत क्या है, केवल तभी संभव है, जब मन पूरी तरह से एकाकी होता है—और उसका इस बात से कुछ भी लेना-देना नहीं है कि पुरोहित क्या कहते हैं, स्थापित धर्म क्या कहते हैं। मन का पूरी तरह समाज से, लालच, डाह, दुश्चिंता, भय के मनोवैज्ञानिक ढांचों से अप्रभावित, असंक्रमित होना आवश्यक है। मन को इस सब से मुक्त होना होगा, यही मुक्ति एकाकीपन लाती है, तथा एकाकी होने की अवस्था में ही मन उसे जान पाता है जो समय के क्षेत्र से परे है।

सौंदर्य तथा वह जो शाश्वत है, इन्हें अलग नहीं किया जा सकता। आप चित्र बना सकते हैं, लिख सकते हैं, प्रकृति का अवलोकन कर सकते हैं, किंतु यदि किसी भी रूप में स्व की गतिविधि—विचार की कोई भी आत्म-केंद्रित हलचल विद्यमान है, तो उस स्थिति में आप जिसका बोध कर पाते हैं, वह अब सौंदर्य नहीं होता। क्योंकि वह अभी भी समय के ही क्षेत्र में है; और यदि आप सौंदर्य को नहीं समझ लेते, तो आप संभवतः यह अन्वेषण कभी नहीं कर पाएंगे कि शाश्वत क्या है, क्योंकि ये दोनों साथ-साथ ही होते हैं। जो शाश्वत है, अनश्वर है, उसका पता लगाने के लिए आपके मन को समय से मुक्त होना होगा—समय अर्थात परंपरा, संचित ज्ञान एवं अतीत का अनुभव। प्रश्न यह नहीं है कि आप किस पर विश्वास अथवा अविश्वास करते हैं—यह तो अपरिपक्व, एकदम बचकानी बात है तथा इसका इस विषय से कुछ भी संबंध नहीं है। लेकिन एक मन जो इस बारे में गंभीर है, जो वास्तव में पता लगाना चाहता है, वह अलगाव की आत्म-केंद्रित गतिविधि को त्याग देगा तथा इस प्रकार एक ऐसी अवस्था में आ जाएगा जिसमें वह पूर्णतः एकाकी होगा। पूर्णतया एकाकी होने की इस अवस्था में ही सौंदर्य का, उस शाश्वत का अवबोध हो पाता है।

देखिए, शब्द खतरनाक चीज़ें हैं, क्योंकि वे प्रतीक होते हैं और प्रतीक वास्तविक नहीं होते। वे एक अर्थ, एक धारणा संप्रेषित करते हैं, किंतु शब्द वह वस्तु नहीं होता। इसलिए जब मैं शाश्वत की बात कर रहा हूं, तो आपको यह पता लगा लेना होगा कि कहीं आप बस मेरे शब्दों से प्रभावित तो नहीं हो रहे हैं, अथवा किसी

विश्वास के शिकार तो नहीं बन रहे हैं—ऐसा होना तो बेतुकी बात होगी।

यह पता लगाने के लिए कि क्या शाश्वत जैसा कुछ होता भी है, हमें यह समझना होगा कि समय क्या होता है। समय एक अत्यधिक असाधारण घटना है—और मैं क्रमिक समय, घड़ी वाले समय की बात नहीं कर रहा, जो प्रत्यक्ष ही है और आवश्यक भी। मैं समय की बात मानसिक निरंतरता के रूप में कर रहा हूं। और क्या उस निरंतरता के बिना रह पाना संभव है? निरंतरता देने वाला, वस्तुतः विचार ही है। यदि कोई लगातार किसी चीज़ के बारे में सोचता रहता है, तो उसे निरंतरता मिल जाती है। यदि कोई अपनी पत्नी का चित्र रोज़ देखता रहे, तो वह उसे निरंतरता दे रहा होता है। क्या इस संसार में किसी भी क्रिया को ऐसी निरंतरता दिए बगैर रहना संभव है, ताकि हर क्रिया नये सिरे से संपन्न हो? अर्थात क्या मैं पूरे दिन, प्रत्येक क्रिया के प्रति मृत हो सकता हूं, ताकि मन उसे कभी संचित न करे अतएव अतीत द्वारा कभी दूषित न हो, अपितु सदैव नूतन, ताज़ा-दम व निर्दोष रहे? मेरा कहना है कि ऐसा संभव है, व्यक्ति इस प्रकार से जी सकता है—परंतु इसका यह अर्थ नहीं है कि यह आपके लिए भी वास्तविकता है। आपको इसे स्वयं ही खोज लेना होगा।

तो व्यक्ति यह देखना शुरू करता है कि मन को पूरी तरह एकाकी होना होगा, किंतु अलग-थलग नहीं। संपूर्ण एकाकीपन की इस अवस्था में एक असाधारण सौंदर्य का, किसी ऐसे तत्त्व का बोध होता है, जो मन द्वारा निर्मित नहीं है। इसका कुछ सुरों को मिला पाने से या तस्वीर बनाने के लिए कुछ रंगों का इस्तेमाल कर पाने से कोई संबंध नहीं है, किंतु चूंकि यह एकाकी है, अतः मन सौंदर्य में ही है और इसीलिए यह पूर्णतः संवेदनशील है, तथा पूर्णतः संवेदनशील होने से इसमें प्रज्ञा है। इसकी प्रज्ञा चालाकी या जानकारी से निर्मित नहीं है, न ही यह कुछ कर पाने की क्षमता है। मन प्रज्ञावान इस अर्थ में है कि अब वह किसी से शासित, प्रभावित नहीं हो रहा तथा निडर है। परंतु इस स्थिति में होने के लिए मन में अपने आपको रोज़ नया कर लेने की योग्यता होनी चाहिए, जिसका अर्थ है अतीत के प्रति, वह सब जो इसने जाना है उसके प्रति, प्रतिदिन मृत होना।

जैसा कि मैंने कहा, शब्द, प्रतीक, यथार्थ नहीं होता। *पेड़* शब्द पेड़ नहीं होता, अतः शब्दों में न उलझने के लिए व्यक्ति को बहुत सतर्क रहना पड़ता है। जब मन शब्द से, प्रतीक से मुक्त होता है, तो यह आश्चर्यजनक रूप से संवेदनशील बन जाता है, और तभी यह अन्वेषण की स्थिति में होता है।

आखिरकार मनुष्य बहुत लम्बे समय से—पुराने ज़माने से लेकर अब तक—इस तत्त्व की खोज करता रहा है। वह कुछ ऐसा खोज लेना चाहता है, जो मानव-निर्मित न हो। एक प्रज्ञावान मनुष्य के लिए संगठित धर्म का कोई अर्थ नहीं है, तो भी संगठित धर्म हमेशा कहते रहे हैं कि ऐसा कुछ है जो सबके परे है; मनुष्य सदा उसकी

खोज में रहा है, क्योंकि वह निरंतर शोक, दुर्दशा, भ्रांति और हताशा से घिरा रहा है। सदा अनित्यता की अवस्था में रहने के कारण वह ऐसा कुछ पा लेना चाहता है जो नित्य स्थायी हो, जो बना रहे, टिका रहे, जिसमें निरंतरता हो, तथा इसीलिए उसकी तलाश सदैव समय के क्षेत्र के भीतर ही रही है। परंतु जैसा कि हम देख ही सकते हैं कि स्थायी कुछ भी नहीं है। हमारे संबंध, हमारे नौकरी-धंधे सब कुछ अस्थायी हैं। अपने इसी अस्थायित्व के अतिशय भय के कारण हम कुछ ऐसा स्थायी तत्त्व खोजते रहते हैं, जिसे हम अनश्वर, शाश्वत अथवा कुछ और कह सकें। परंतु स्थायी, अनश्वर, शाश्वत की यह तलाश मात्र एक प्रतिक्रिया है अतएव यह प्रामाणिक नहीं है। केवल तभी, जब मन निश्चित होने की इस इच्छा से मुक्त होता है, वह इस बारे में अन्वेषण आरंभ कर सकता है कि क्या कुछ ऐसा है जो शाश्वत है, जो समय और आकाश से परे है, विचारक एवं उसके सोचने और खोजने के विषय से परे है। इस सबका अवलोकन करने और समझने के लिए पूर्ण अवधान और उस अवधान से आने वाले अनुशासन के लचीले गुण की आवश्यकता होती है। ऐसे अवधान में न कोई विचलन है, न तनाव है, न किसी विशेष दिशा में होने वाली हलचल है, क्योंकि ऐसी प्रत्येक हलचल, प्रत्येक प्रयोजनवृत्ति या तो अतीत या फिर वर्तमान के प्रभाव का परिणाम है। अवधान की उस प्रयासरहित स्थिति में ही स्वातंत्र्य का, मुक्ति का असाधारण बोध होता है, और केवल तभी—जब मन पूर्णतः रिक्त, मौन, निश्चल होता है—मन उसे खोज पाने में सक्षम होता है, जो शाश्वत है।

जो कुछ इस सुबह कहा गया है, संभवतः आप उस बारे में प्रश्न करना चाहें।

प्रश्न : निश्चित होने की इच्छा से मुक्ति कैसे हो?

कृष्णमूर्ति : *कैसे* शब्द एक विधि की ओर संकेत करता है, है कि नहीं? यदि आप भवन-निर्माता हैं और मैं आपसे पूछूं कि मकान कैसे बनाते हैं, तो आप मुझे बता तो सकते हैं कि करना क्या है, क्योंकि उस काम को शुरू करने का एक तरीका है, एक व्यवस्था है, एक ढंग है। किंतु किसी विधि अथवा प्रणाली का अनुसरण पहले ही मन को संस्कारित कर चुका होता है, इसलिए *कैसे* शब्द के प्रयोग की कठिनाई को जरा देख लें।

हमें इच्छा को भी समझना होगा। इच्छा क्या है? जैसा कि मैं उस दिन कह रहा था, पहले देखना या प्रत्यक्ष करना होता है, उसके बाद संपर्क अथवा स्पर्श, तब संवेदन और अंत में उसका उदय होता है जिसे हम इच्छा कहते हैं। निश्चित रूप से यही सब घटित होता है। कृपया इसे बारीकी से समझें। मान लीजिए, हम एक सुंदर सी कार देखते हैं। देखने की उस क्रिया से ही, कार को स्पर्श किए बिना भी, संवेदन होता है, कुछ महसूस होता है, जिससे उस कार को चलाने, उसकी मालकियत की इच्छा निर्मित हो जाती है। हमारा वास्ता इस बात से नहीं हैं कि इच्छा का प्रतिरोध कैसे करें अथवा उससे मुक्त कैसे हों, क्योंकि जो आदमी इच्छा का प्रतिरोध करता

है और सोचता है कि वह इच्छा से मुक्त हो गया है, वह वास्तव में जड़ हो चुका है, मर चुका है। महत्त्वपूर्ण बात इच्छा की पूरी प्रक्रिया को जान लेना है, जिसका अर्थ है, इसके महत्त्व और इसकी पूरी महत्त्वहीनता, दोनों को जान लेना। हमें पता यह लगाना है कि वह क्या है, जो इच्छा को निरंतरता देता है, न कि यह कि इच्छा का अंत कैसे हो।

इच्छा को निरंतरता कौन देता है? यह विचार ही है, है न? पहले कार को देखना घटित होता है, फिर संवेदन, जिसके पीछे इच्छा आती है; और यदि विचार हस्तक्षेप न करे, तथा यह कह कर इसे निरंतरता न दे, "मेरे पास यह कार होनी चाहिए, मैं इसे हासिल कैसे कर लूं?" तो इच्छा का अंत हो जाएगा। आप समझ रहें हैं? मेरा ज़ोर इस बात पर नहीं है कि इच्छा से मुक्ति मिल जानी चाहिए—बल्कि बात इसके उलट है। पर आपको इच्छा के पूरे ढांचे को समझ लेना होगा, और तब आप पाएंगे कि अब इच्छा की कोई निरंतरता नहीं है, पर कुछ है, जो सर्वथा भिन्न ही है।

अतः महत्त्व इच्छा का नहीं, बल्कि इस बात का है कि हम इच्छा को निरंतरता देते रहते हैं। उदाहरण के लिए हम कामवासना को विचार के द्वारा, कल्पनाओं और चित्रों के माध्यम से, सनसनी और यादों के ज़रिये निरंतरता दिया करते हैं; इसके बारे में सोच-सोच कर हम स्मृति को चलायमान रखते हैं, तथा यह सब कामवासना को, इंद्रियों के महत्त्व को सातत्य दिये रहता है। ऐसा नहीं है कि इंद्रियां महत्त्वपूर्ण नहीं हैं : वे महत्त्वपूर्ण हैं। लेकिन हम इंद्रियों के सुख को एक निरंतरता देते हैं, जो हमारे जीवन में अत्यधिक महत्त्वपूर्ण बन जाती है। तो प्रासंगिकता इच्छा से मुक्ति की नहीं, अपितु इच्छा की संरचना को समझने, यह समझ लेने की है कि कैसे विचार उसको निरंतरता देता रहता है—सारी बात इसी में आ जाती है। तब मन स्वतंत्र होता है, मुक्त होता है, और आपको इच्छा से मुक्ति की तलाश नहीं करनी पड़ती। जिस क्षण आप इच्छा से मुक्ति की तलाश में पड़ते हैं, आप द्वंद्व की गिरफ्त में आ जाते हैं। हर बार जब भी आप किसी कार को, किसी स्त्री को, या किसी भी ऐसी चीज़ को देखते हैं, जो आपको आकर्षित करती हो, तो विचार फौरन घुस आता है और इच्छा को निरंतरता देने लगता है, और तब यह सब एक अंतहीन समस्या बन जाया करता है।

महत्त्व ऐसा जीवन जीने का है, जिसमें कोई प्रयास न हो, एक भी समस्या न हो; और बिना किसी समस्या के आप तभी जी सकते हैं, जब आप प्रयास की प्रकृति को समझ लें तथा इच्छा की पूरी संरचना को एकदम स्पष्टता से देख लें। हममें से ज़्यादातर लोगों की हज़ार समस्याएं हैं, एवं समस्याओं से मुक्त होने के लिए हमें प्रत्येक समस्या को उसके उत्पन्न होते ही तुरंत समाप्त करने में सक्षम होना होगा। मेरे ख्याल से हमने इस बारे में पर्याप्त बात कर ली है तथा इस समय मैं

इस विषय में और नहीं जाना चाहूंगा। परंतु मन के लिए यह पूर्णरूपेण अनिवार्य है कि इसमें समस्याएं बिलकुल न रह पाएं, ताकि यह एक प्रयासरहित जीवन जी सके। निश्चित ही, केवल ऐसा मन ही धार्मिक मन है, क्योंकि इसने दुख तथा दुख के अंत को समझ लिया है; यह निर्भय है, इसलिए अपना आलोक यह स्वयं है।

सानेन,
2 अगस्त 1964

पच्चीस

देखिए, जैसा कि मैंने उस दिन कहा था, वक्ता महत्त्वपूर्ण नहीं है, पर वह क्या कहता है, यह महत्त्वपूर्ण है, क्योंकि वह जो कुछ कह रहा है, वह आपके ही आत्म-वार्तालाप का उच्चस्वर है। वक्ता जिन शब्दों का प्रयोग कर रहा है, उनके द्वारा आप अपने आप को ही सुन रहे हैं, न कि वक्ता को, और इसीलिए सुनना अत्यधिक महत्त्वपूर्ण हो जाता है। सुनना सीखना है, संचित करना नहीं। यदि आप ज्ञान संचित करते हैं तथा उस संचय व ज्ञान की अपनी पृष्ठभूमि से सुनते हैं, तब आप सुन नहीं रहे होते। जब आप सुनते हैं, तभी आप सीखा करते हैं। आप अपने बारे में ही सीख रहे हैं, और इसलिए आपको ध्यान से, असाधारण अवधान सहित सुनना होगा तथा यदि आप जो कुछ सुनते हैं उसका पक्ष लेने लगते हैं, निंदा करते हैं या किसी और तरह से मूल्यांकन करते हैं, तो अवधान नहीं रहता।

यदि आप एक तूफ़ान के बाद नदी के किनारे बैठे हों, तो आप देखते हैं कि जल-धारा ढेर सारा मलबा बहा कर ले जा रही है। इसी प्रकार आपको अपनी हर गतिविधि को सावधानी से देखना होगा, प्रत्येक विचार, प्रत्येक भावना, प्रत्येक अभिप्राय, प्रत्येक उद्देश्य का अनुसरण करते हुए बस इसे देखना भर होगा, यह देखना सुन लेना भी है। यह मनुष्यों द्वारा निर्मित उन सब मूल्यों के प्रति, जो आपको संस्कारबद्ध किए हुए हैं, आपका अपनी आंखों से, अपने कानों से, अपनी अंतर्दृष्टि द्वारा सजग हो जाना है, और समग्र सजगता की यह अवस्था ही सारी तलाश का अंत ले आती है।

जैसा कि मैंने कहा था, तलाशना व पाना ऊर्जा का अपव्यय है। जब मन अपने आप में अस्पष्ट, भ्रमित, भयभीत, दुखी, व्याकुल हो, तो इसकी तलाश का मतलब ही क्या रह जाता है? इस अस्तव्यस्तता से आप सिवाय और अस्तव्यस्तता के क्या पा सकते हैं? किंतु जब मन भयभीत न हो, पुनराश्वासन की मांग न करे, तब कोई तलाश नहीं है, इसलिए कुछ पाने को भी नहीं है। ईश्वर का, सत्य का दर्शन करना धार्मिक कृत्य नहीं है। एकमात्र धार्मिक कृत्य है स्व-ज्ञान के द्वारा इस आंतरिक स्पष्टता तक पहुंचना, अर्थात सभी अंतरंग, गुप्त इच्छाओं के प्रति सजग

होकर उन्हें प्रकट होने देना, हमेशा सावधानीपूर्वक देखते हुए, बिना उन्हें सही और नियंत्रित किये अथवा उनमें संलग्न हुए। इस तरह लगातार सावधानीपूर्वक देखने से असाधारण स्पष्टता व संवेदनशीलता आती है तथा ऊर्जा का ज़बरदस्त संरक्षण होता है; और अपने पास अपार ऊर्जा होनी चाहिए, क्योंकि समस्त क्रिया ऊर्जा है, जीवन अपने आपमें ऊर्जा है। जब हम दुर्दशाग्रस्त, व्याकुल, झगड़ते हुए, ईर्ष्यालु होते हैं, जब हम डरे हुए होते हैं, जब हम अपमानित या प्रशंसित महसूस करते हैं, तब ऊर्जा का क्षय होता है। शारीरिक या आंतरिक रूप से रोगग्रस्त होना भी ऊर्जा का क्षय है। जो कुछ भी हम करते, सोचते या महसूस करते हैं, वह ऊर्जा का बाहर निष्कासन ही है। अब या तो हम ऊर्जा के क्षय को समझ लेते हैं, और इसलिए उस समझ से समस्त ऊर्जा का स्वाभाविक समागम होता है, अथवा हम बाह्य परिधि से मूल केंद्र तक आने की आशा में अपना जीवन ऊर्जा की विभिन्न विरोधाभासी अभिव्यक्तियों को साथ लाने के संघर्ष में खर्च कर देते हैं।

धर्म का सार पावनता है, जिसका न तो धार्मिक संगठनों से कुछ लेना-देना है, न ही उस मन से जो विश्वास में, धर्मनीति में फंसा और संस्कारित है। ऐसे मन के लिए कुछ भी पावन नहीं है, सिवाय उस ईश्वर के जो इसने स्वयं गढ़ा है, सिवाय उन कर्मकांडों के जो इसने स्वयं रच लिए हैं या उन विभिन्न संवेदनों के सिवाय जो इसे प्रार्थना, उपासना, समर्पण आदि से प्राप्त होते हैं। लेकिन इन सब में तो कुछ भी पावन नहीं हैं। मतांधता में, कर्मकांडों में, भावुकता या भावविह्वलता में कुछ भी पावन नहीं है। पावनता धार्मिक मन का सारतत्त्व है, तथा इस सुबह हम इसी का अन्वेषण करने जा रहे हैं। हमारा सरोकार उससे नहीं है, जिसे पावन माना लिया जाता है—प्रतीक, वह शब्द, वह व्यक्ति, वह चित्र, कोई विशिष्ट अनुभव, ये सब बचकाने हैं—बल्कि हमारा सरोकार तो मूल तत्त्व से है; और इस हेतु हममें से प्रत्येक के लिए उस समझ का होना ज़रूरी है जो देखने या सजग होने से आती है, पहले बाहरी चीज़ों के प्रति; बाह्य व्यवहार, हाव-भाव, पहनावे, आकृतियों, किसी पेड़ के आकार व रंग, किसी व्यक्ति, किसी भवन के रूप के प्रति पहले सजग हुए बिना मन आंतरिक सजगता की लहर पर सवार नहीं हो सकता। यह ज्वार है जो बाहर जाता है, व भीतर आता है तथा जब तक आप बाहर जाती लहर को नहीं समझ लेते, आप भीतर आती लहर को भी नहीं समझ पाएंगे।

ज़रा इसे ध्यान से सुनें। हममें से अधिकतर लोग समझते हैं कि सजगता कुछ ऐसी रहस्यमय बात है जिसका अभ्यास किया जाना चाहिए और इसके बारे में बात करने के लिए हमें दिन-प्रति-दिन मिलते रहना चाहिए। अब आप इस ढंग से तो कभी सजगता तक पहुंच नहीं सकते। परंतु यदि आप बाह्य वस्तुओं के प्रति सजग होते हैं—सड़क का मोड़, किसी की पोशाक का रंग, नीले आकाश में पर्वतों की परिरेखा, एक पुष्प की कोमलता, किसी पथिक के चेहरे पर लिखी पीड़ा, औरों की अनभिज्ञता,

ईर्ष्या, डाह, धरती का सौंदर्य—इन सब बाहरी चीज़ों को बिना बुराई-बड़ाई के देखते हुए, आप आंतरिक सजगता के प्रवाह पर आरोहण कर सकते हैं। तब आप अपनी स्वयं की प्रतिक्रियाओं, अपनी क्षुद्रताओं, अपनी ईर्ष्याओं के प्रति सजग हो जाएंगे। बाह्य सजगता से आप आंतरिक सजगता की ओर आते हैं, किंतु यदि आप बाह्य के प्रति सजग नहीं हैं, तो आप संभवतः आंतरिक तक नहीं आ पाएंगे।

जब मन व शरीर की प्रत्येक गतिविधि के प्रति भीतरी सजगता होती है, जब आप अपने प्रच्छन्न तथा प्रकट, चेतन तथा अचेतन विचारों व भावों के प्रति सजग होते हैं, तब उस सजगता से एक स्पष्टता आती है जो मन द्वारा प्रवृत्त तथा निर्मित नहीं होती। और उस स्पष्टता के बिना, आप चाहे जो कर लें, आसमान, धरती एवं पाताल छान डालें, किंतु आप कभी पता नहीं लगा पाएंगे कि सत्य क्या है।

तो जिसे यह अन्वेषण करना हो कि सत्य क्या है, उसमें सजगता की इस संवेदनशीलता का होना आवश्यक है, जिसका मतलब सजगता का अभ्यास करना नहीं है। सजगता का अभ्यास केवल आदत की ओर ले जाता है तथा आदत समस्त संवेदनशीलता नष्ट कर देती है; कोई भी आदत, चाहे वह सेक्स की आदत हो, पीने की आदत हो, सिगरेट की आदत हो या और कोई भी आदत हो, मन को असंवेदनशील बना देती है, और ऐसा मन जो असंवेदनशील होता है, ऊर्जा का क्षरण तो करता ही है, साथ ही मंद, सुस्त भी हो जाता है। एक मंद, उथला, संस्कारग्रस्त, क्षुद्र मन कोई मादक द्रव्य ले सकता है तथा एक पल के लिए उसे कोई आश्चर्यजनक अनुभव भी हो सकता है, लेकिन रहता तब भी वह एक क्षुद्र मन ही है। और अभी हम इस बात का पता लगा रहे हैं कि मन की क्षुद्रता का अंत कैसे हो।

क्षुद्रता का अंत अधिक मालूमात, अधिक जानकारी जमा करने, उच्चकोटि के संगीत को सुनने, संसार के रमणीक स्थलों को देखने आदि से नहीं होता, क्षुद्रता का इन सब से कुछ लेना-देना नहीं है। क्षुद्रता का अंत होता है स्वयं को जानने की स्पष्टता से, उस मन की गतिशीलता से जिसमें अवरोध हैं ही नहीं; और ऐसा मन ही धार्मिक मन है।

धर्म का सार है पावनता। परंतु पावनता किसी गिरजे, मंदिर, मस्जिद या किसी छवि में नहीं है। मैं सार-तत्त्व की बात कर रहा हूं, न कि उन वस्तुओं के विषय में जिन्हें हम पावन कहा करते हैं। जब कोई धर्म के इस सार को समझ लेता है जो कि पावनता है, तब जीवन का पूरी तरह से कुछ और ही अर्थ हो जाता है; तब हर चीज़ में सौंदर्य होता है और सौंदर्य पावनता है। सौंदर्य वह नहीं है, जो उद्दीपन जगाए। जब आप किसी पर्वत, किसी भवन, नदी, घाटी, फूल या चेहरे को देखते हैं तो आप कह पाते हैं कि यह सुंदर है, क्योंकि इसके द्वारा आपमें उद्दीपन जागता है, परंतु जिस सौंदर्य की बात मैं कर रहा हूं, वह कोई उद्दीपन, कोई उत्तेजना नहीं देता। यह किसी चित्र में, प्रतीक में, शब्द में, संगीत में पाया जाने वाला सौंदर्य नहीं

है। यह सौंदर्य पावनता है; धार्मिक मन का यह सार है, उस मन का सार जो अपने स्व-ज्ञान में स्पष्ट है। इस सौंदर्य से भेंट, अनुभव की इच्छा करने, चाहने, उत्कंठित रहने से नहीं होती है, बल्कि इसका आगमन तभी होता है, जब अनुभव की समस्त कामना का ही अंत हो जाए—और इसे समझ पाना सर्वाधिक कठिन बातों में से एक है।

जैसा मैंने पहले ध्यान दिलाया था, जो मन अनुभव की तलाश कर रहा है, अभी भी परिधि पर घूम रहा है, और हर अनुभव की व्याख्या आपके विशिष्ट संस्कार पर निर्भर करती है। आप चाहे ईसाई, बौद्ध, मुसलमान, हिन्दू या साम्यवादी हों, या जो भी हों, आपका अनुभव आपकी पृष्ठभूमि के अनुरूप अनूदित व संस्कारित होगा, तथा जितने अधिक अनुभव की आप मांग करते हैं, आप अपनी पृष्ठभूमि उतना ही अधिक मज़बूत कर रहे होते हैं। इस प्रक्रिया से दुःख का अभाव, अवसान नहीं होता, बल्कि यह तो दुःख से पलायन मात्र है। वह मन जो अपने आपको जानते हुए सुस्पष्ट है, जो मन स्पष्टता व प्रकाश का सार है, उसे अनुभव की आवश्यकता नहीं होती है। यह तो जो है, वही है। अतः स्पष्टता अपने आपको जानने से आती है, न कि किसी अन्य के निर्देश के माध्यम से, चाहे वह कोई चतुर लेखक, कोई मनोवैज्ञानिक, दार्शनिक या तथाकथित धार्मिक शिक्षक ही क्यों न हो।

प्रेम के बिना, मृत्यु की समझ के बिना पावनता नहीं है। आपको पता है यह जीवन की अत्यंत अद्भुत बातों में से एक है, किसी चीज़ का अनपेक्षित रूप से, सहज ही पता चलना, बिना किसी पूर्वमनन के कुछ मिल जाना तथा तत्क्षण उसकी सुंदरता, पावनता व वास्तविकता को देख पाना। लेकिन जो मन कुछ तलाश रहा है, कुछ पाना चाह रहा है, वह कभी उस स्थिति में नहीं होता। प्रेम ऐसी बात नहीं है, जिसे अभ्यास के द्वारा उपजाया जा सके। विनम्रता की तरह प्रेम को भी उत्पन्न नहीं किया जा सकता। सिर्फ अहंकारी लोग ही विनम्र होने का प्रयास करते हैं, सिर्फ अभिमानी लोग ही विनम्रता का अभ्यास करके अपने अभिमान को त्यागने का प्रयास करते हैं। विनम्रता का अभ्यास अहंकार की ही एक क्रिया है। सुनने एवं सीखने के लिए विनम्रता की सहज गुणवत्ता आवश्यक है। और वह मन जो विनम्रता की प्रकृति समझ चुका है, कभी अनुसरण नहीं करता, आज्ञानुसारी नहीं बनता। क्योंकि वह, जो पूरी तरह निषेधात्मक है, रिक्त है, कैसे किसी का अनुसरण या आज्ञापालन कर सकता है?

एक मन जो कि स्वयं को जानने की स्पष्टता में यह पता लगा चुका है कि प्रेम क्या है, वह मृत्यु की प्रकृति व संरचना के प्रति भी सजग होगा। यदि हम अतीत के प्रति, कल की हर बात के प्रति मर नहीं जाते, तो मन अपनी लालसाओं में, स्मृति की परछाइयों में, अपने संस्कारों में ही जकड़ा रहता है और इसलिए उसमें स्पष्टता नहीं होती। बीते हुए कल के प्रति सहजता से, स्वेच्छा से, बिना किसी बहस या

पक्ष-समर्थन के मृत हो पाने के लिए खासी ऊर्जा की आवश्यकता होती है। बहस करना, सफाई देना, पसंद-नापसंद ऊर्जा की बरबादी है, और इसी कारण व्यक्ति बीते हुए तमाम कलों के प्रति मृत नहीं होता, उनका विसर्जन नहीं करता जिससे कि मन ताज़ा व नूतन हो सके। जब एक बार स्वयं को जानने की प्रक्रिया में समझ निखरती है तो प्रेम अपनी सौम्यता लिए आ उपस्थित होता है। विनम्रता की सहज गुणवत्ता आ जाती है, तथा मृत होने के माध्यम से अतीत से यह मुक्ति भी घटित होती है।

और इस सब से सर्जन का आगमन होता है। आत्माभिव्यक्ति सर्जन नहीं है, यह चित्रफलक पर रंग भरने अथवा पुस्तक के रूप में थोड़े से या बहुत से शब्द लिख लेने, अथवा रसोई में डबलरोटी बनाने या गर्भ में शिशु धारण करने का मामला नहीं है। इनमें से कुछ भी सर्जन नहीं है। सर्जन केवल तभी होता है जब प्रेम व मृत्यु घटित होते हैं।

सर्जन केवल तब होता है जब हर दिन हर चीज़ के प्रति मरना होता रहे, ताकि स्मृति के रूप में कोई संचय न हो। निश्चित ही अपने वस्त्रों, मकान तथा व्यक्तिगत संपत्ति के लिए आपको थोड़ा संचय चाहिए ही, मैं बात उसकी नहीं कर रहा हूं। यह तो मन में संचय व अधिकार की आंतरिक प्रवृत्ति है, जिससे आधिपत्य, प्रभुत्व, अनुरूपता व आज्ञाकारिता की उत्पत्ति होती है, और इसकी वजह से सर्जन घटित नहीं हो पाता, क्योंकि ऐसा मन कभी मुक्त नहीं होता। केवल एक मुक्त मन ही जानता है कि प्रेम क्या है तथा मृत्यु क्या है, और सर्जन केवल ऐसे मन के लिए ही संभव है। इस स्थिति में वह मन धार्मिक होता है; इस स्थिति में ही पावनता विद्यमान होती है।

मेरे लिए *पावनता* शब्द असाधारण अर्थ रखता है। देखिए, मैं इस शब्द का प्रचार नहीं कर रहा हूं, मैं आपसे कोई बात मनवाने की कोशिश नहीं कर रहा हूं और न ही उस शब्द के द्वारा आपको यथार्थ की अनुभूति या प्रतीति कराने का मेरा कोई प्रयास है। आप ऐसा कर भी नहीं सकते। आपको अपने आप इस सब से गुज़रना होगा, शाब्दिक रूप से नहीं, अपितु वास्तव में। आपको वस्तुतः हर उस चीज़ के प्रति जो आप जानते हैं, अपनी स्मृतियों के प्रति, अपनी दुर्दशाओं के प्रति, अपने सुखों के प्रति मृत होना होगा। और जब ईर्ष्या, डाह, लालच व हताशा की यातना का अभाव होगा, तब आप जान लेंगे कि प्रेम क्या है, तथा आप उस तक आ पाएंगे, जिसे पावन कहा जा सकता है।

अतः पावनता धर्म का सार है। देखिए, एक विशाल नदी किसी शहर से गुज़रते समय प्रदूषित हो सकती है, लेकिन यदि यह प्रदूषण बहुत ही ज़्यादा नहीं है तो आगे बहने पर नदी अपने आप को स्वच्छ कर लेती है, और कुछ कोस बाद ही यह पुनः निर्मल, अभिनव, विशुद्ध हो जाती है। इसी प्रकार जब मन एक बार इस पावनता को साकार कर लेता है, तब प्रत्येक क्रिया विशुद्धीकरण की क्रिया हो जाती है। अपनी

प्रत्येक गतिविधि से मन स्वयं को निर्दोष बनाता रहता है; तथा इसलिए यह संचय नहीं कर रहा होता। वह मन जिसने इस पवित्रता का अन्वेषण कर लिया है, अनवरत क्रांति में होता है—आर्थिक या सामाजिक क्रांति नहीं, वरन् एक आंतरिक क्रांति जिसके द्वारा यह निरंतर स्वयं को शुद्ध करता रहता है। इसकी क्रिया किसी अवधारणा अथवा किसी सूत्र पर आधारित नहीं होती। जैसे नदी अपनी प्रचंड जलराशि सहित बहते-बहते अपने को साफ करती चलती है, ठीक उसी तरह मन भी स्वयं को निर्मल करने लगता है, जब उसे इस धार्मिक पावनता का साक्षात् हो जाता है।

सानेन,
1 अगस्त 1965

छब्बीस

कृष्णमूर्ति : सर, आप वैज्ञानिक हैं, आपने परमाणु इत्यादि का निरीक्षण किया है। इस सारे निरीक्षण के उपरांत क्या आप यह महसूस नहीं करते कि इस सबके परे बहुत कुछ और भी है?

डेविड बोम : हमेशा यह महसूस होता है कि इसके पार कुछ और है, पर इससे यह पता नहीं चलता कि यह क्या है। यह तो स्पष्ट है ही कि जो कुछ भी मनुष्य जानता है, सीमित है।

कृष्णमूर्ति : हां।

डे. बो. : और इसके परे कुछ और होना ही चाहिए।

कृष्णमूर्ति : कैसे वह आपसे संपर्क करे, ताकि आप अपनी वैज्ञानिक जानकारी, सक्षम मस्तिष्क व अन्य क्षमताओं आदि-आदि सहित....., कैसे आप इसे भली-भांति समझ सकेंगे?

डे. बो. : क्या आप कह रहे हैं कि इसे भली-भांति समझा नहीं जा सकता?

कृष्णमूर्ति : नहीं, नहीं। क्या आप इसे समझ सकते हैं? मैं यह नहीं कह रहा कि आप समझ नहीं सकते—क्या आप इसे भली-भांति समझ सकते हैं?

डे. बो. : देखिये यह स्पष्ट नहीं है। पहले आप कह रहे थे कि यह समझ के बाहर.....

कृष्णमूर्ति : भली-भांति समझने से मेरा आशय है कि क्या आपका मन, जो उच्च प्रशिक्षित है, जो प्रत्यक्ष-बोध में समर्थ है, सिद्धांतों इत्यादि के परे जाकर—मैं आपको क्या बताने की कोशिश कर रहा हूं? मैं कहना यह चाह रहा हूं कि क्या आप इसमें गति कर सकते हैं? गति नहीं—आप समझ रहे हैं? क्योकि गति में तो समय और बाकी चीज़ें आ जाती हैं। क्या आप—मैं कहना क्या चाहता हूं? क्या आप इसमें प्रवेश कर सकते हैं? नहीं, ये तो सारे शब्द हैं। सर, रिक्तता के पार क्या है? क्या वह मौन है?

डे. बो. : क्या वह रिक्तता से मिलता-जुलता नहीं है?

कृष्णमूर्ति : हां, यही मैं कहना चाह रहा हूं। इसमें एक-एक कदम करके आगे

बढ़ते हैं। क्या वह मौन है? या, क्या मौन रिक्तता का अंश है?

डे. बो. : हां, मैं यही कहूंगा।

कृष्णमूर्ति : मैं भी यही कहना चाहूंगा। यदि यह मौन नहीं है—एक मिनट सर, मैं बस यह पूछ रहा हूं, क्या हम कह सकते हैं कि यह आत्यंतिक है, परम है? आप समझ रहे हैं?

डे. बो. : इसके लिए, 'परम' से हमें क्या अभिप्रेत है, यह देखना होगा। यह कुछ ऐसा होना चाहिए जो पूर्णतया स्वाधीन हो; 'परम' का अर्थ वस्तुतः यही है। यह किसी पर निर्भर नहीं करता।

कृष्णमूर्ति : जी हां, खुशी की बात है; हम इसके कुछ करीब पहुंच रहे हैं।

डे. बो. : पूरी तरह से अपने आप गतिशील, जैसे कि यह स्वतः सक्रिय हो।

कृष्णमूर्ति : हां। क्या आप कहेंगे कि प्रत्येक वस्तु का एक कारण होता है, और इसका कोई कारण नहीं है?

डे. बो. : देखिए, यह धारणा तो पहले से ही है, काफी पुरानी है। इस धारणा को अरस्तू ने विकसित किया था कि वह परम अपना कारण स्वयं होता है।

कृष्णमूर्ति : हां।

डे. बो. : एक अर्थ में इसका कोई कारण नहीं है। यह वही बात है।

कृष्णमूर्ति : देखिए, जैसे ही आपने अरस्तू की बात की, तो यह वह नहीं है। अब हम इस बात तक पहुंचें कैसे? रिक्तता ऊर्जा है और रिक्तता का अस्तित्व मौन में होता है, या इस बात को विपरीत क्रम में कहें, उससे कोई फर्क नहीं पड़ता—ठीक है? जी हां, इस सबके पार कुछ है तो। सम्भवतः इसे शब्दों में कभी व्यक्त नहीं किया जा सकता। पर इसे शब्दों में रखना तो होगा। समझ रहे हैं?

डे. बो. : आप यह कह रहे हैं कि परम को शब्दों में व्यक्त करना आवश्यक है, साथ ही हम यह भी महसूस करते हैं कि ऐसा किया नहीं जा सकता। इसे शब्दों में रखने का कोई भी प्रयास इसे सापेक्ष बना देता है।

कृष्णमूर्ति : हां। मुझे नहीं मालूम कि इस सबको शब्दों में कैसे कहें।

डे. बो. : मैं सोचता हूं कि परम के संदर्भ में इस खतरे का हमारा एक लंबा इतिहास रहा है। लोगों ने इसे शब्दों में रखा है और यह बहुत दमनकारी बन गया है।

कृष्णमूर्ति : वह सब जाने दें। आप देखें, अन्य लोग, अरस्तू, बुद्ध आदि ने जो कहा है, उसकी जानकारी न होने का एक लाभ है। आप मेरा अभिप्राय समझ रहे हैं? लाभ इस अर्थ में कि मन तब दूसरों की धारणाओं में नहीं रंगा होता, उनके वक्तव्यों में नहीं उलझा रहता। वह सब तो हमारे संस्कारों वगैरह का ही हिस्सा है। अब बात उस सबके पार जाने की है। हम कोशिश क्या कर रहे हैं, सर?

डे. बो. : मेरे ख्याल में हमारी कोशिश उसे संप्रेषित करने की है, जो पार है, परम है।

कृष्णमूर्ति : *परम* शब्द तो मैंने तुरंत निकाल दिया था।

डे. बो. : तब जो भी यह है, रिक्तता और मौन से परे है।

कृष्णमूर्ति : उस सबसे परे। उस सबके पार है। वह सब तो विराटता का अंश ही है।

डे. बो. : हां, पर रिक्तता और मौन भी तो विराटता ही है, क्या ऐसा नहीं है? ऊर्जा स्वयं में ही एक विराटता है।

कृष्णमूर्ति : हां, वह मैं समझता हूं। पर कुछ ऐसा है, जो इस सबसे बहुत अधिक विराट है। सर, रिक्तता व मौन व ऊर्जा विराट है, वस्तुतः अपरिमेय है। पर कुछ ऐसा है जो इस सबसे—मैं इस शब्द का प्रयोग कर रहा हूं—*महत्तर* है।

डे. बो. : हां, मैं इसे टटोल रहा हूं, मेरा मतलब है इसे देख रहा हूं। यह तो नज़र आता है कि आप जो भी कहते हैं, रिक्तता के बारे में या किसी अन्य तत्त्व के बारे में, उस सबसे परे भी कुछ और है।

कृष्णमूर्ति : नहीं, एक वैज्ञानिक के रूप में आप इसे स्वीकार क्यों करते हैं—'स्वीकार' शब्द के प्रयोग के लिए मुझे क्षमा करें—आप इसके साथ आते ही क्यों हैं?

डे. बो. : हां, क्योंकि हम कदम-दर-कदम, हर एक कदम की ज़रूरत देखते हुए यहां तक आए हैं।

कृष्णमूर्ति : देखिए यह बात एकदम युक्तियुक्त, तर्कसंगत और संतुलित है।

डे. बो. : और यह भी दिखाई देता है कि बात सही है; ऐसा ही है।

कृष्णमूर्ति : हां। तो यदि मैं कहूं कि कुछ है जो इस सबसे, मौन से, ऊर्जा से, महत्तर है, अधिक विराट है, तो क्या आप इसे स्वीकार करेंगे? स्वीकार इस अर्थ में कि अब तक हम तर्कसंगत रहे हैं।

डे. बो. : हम यह कहेंगे कि जो कुछ भी आप कहते हैं, निश्चित ही उसके पार भी कुछ तो है। जो भी आप कहें मौन, ऊर्जा या जो कुछ, तो जो भी परे हो, तार्किक रूप से उससे भी परे के लिए स्थान तो बचा ही रहता है।

कृष्णमूर्ति : नहीं, नहीं।

डे. बो. : अच्छा ऐसा क्यों है? आप देखिए, जो कुछ भी आप कहते हैं, हमेशा उससे परे के लिए गुंजाइश तो बची रहती है।

कृष्णमूर्ति : बात तो यही है कि उससे परे और कुछ है नहीं।

डे. बो. : हां, लेकिन यह बात स्पष्ट नहीं हो रही है क्योंकि ......

कृष्णमूर्ति : उससे परे कुछ नहीं है। मैं इस पर कायम हूं। मताग्रह या हठ के कारण नहीं, पर मुझे यह प्रतीति होती है कि वही प्रत्येक वस्तु का आरंभ और

अंत है। सर, सामान्य संप्रेषण में, आप बोलचाल में कहें, तो अंत तथा आरंभ एक ही है। ठीक?

डे. बो. : किस अर्थ में? क्या इस अर्थ में कि आप प्रत्येक वस्तु के आरंभ को उसके अंत के रूप में ले रहे हैं?

कृष्णमूर्ति : हां। ठीक है? आप ऐसा कहेंगे?

डे. बो. : हां, यदि हम कहें कि एक आधारभूमि है, जहां से यह आता है तो लौटना भी उस आधारभूमि में ही होना चाहिए।

कृष्णमूर्ति : सही है। यही वह आधारभूमि है जिससे सब कुछ अस्तित्व में है, आकाश...

डे. बो. :..ऊर्जा ...

कृष्णमूर्ति : ..ऊर्जा, रिक्तता, मौन, यह सभी कुछ उसी पर है—कोई भूमि नहीं, आप समझ रहे हैं?

डे. बो. : नहीं, वह तो बस एक रूपक है।

कृष्णमूर्ति : इसके परे और कुछ नहीं है, इसका कोई कारण नहीं है। यदि आप कहें कि कारण है, तो आधारभूमि भी होनी चाहिए।

डे. बो. : तब एक और आधारभूमि होगी।

कृष्णमूर्ति : नहीं। वही आरंभ और अंत है।

डे. बो. : यह और स्पष्ट हो रहा है।

कृष्णमूर्ति : ठीक बात है। क्या इससे आप को कुछ संप्रेषित होता है?

डे. बो. : हां, मेरे विचार में इससे कुछ संप्रेषित होता है।

कृष्णमूर्ति : कुछ ही। क्या आप इससे आगे यह कहेंगे कोई आरंभ नहीं है, तथा कोई अंत नहीं है?

डे. बो. : जी हां। यह आधारभूमि से आता है, आधारभूमि में ही लौट जाता है, किंतु प्रारंभ या समाप्त नहीं होता है।

कृष्णमूर्ति : हां, कोई प्रारंभ नहीं है, कोई अंत नहीं। इसके विराट निहितार्थ हैं। सर, क्या यह मृत्यु है—मृत्यु इस अर्थ में नहीं कि मैं मर जाऊंगा—बल्कि हर चीज का पूर्ण अवसान?

डे. बो. : देखिए, पहले तो आपने कहा था कि रिक्तता सभी कुछ का अंत है, तो अब यह और अंत किस अर्थ में है? रिक्तता वस्तुओं का अंत है, है कि नहीं?

कृष्णमूर्ति : हां, हां। क्या वही मृत्यु है? वह रिक्तता? हर उस चीज़ की मृत्यु जिसे मन ने उपजाया-पोसा है। यह रिक्तता मन की, किसी विशेष मन की ही उपज नहीं है।

डे. बो. : नहीं, यह तो वैश्विक मन है।

कृष्णमूर्ति : वह रिक्तता वही है।

डे. बो. : हां।

कृष्णमूर्ति : उस रिक्तता का अस्तित्व तभी होता है, जब विशिष्ट की मृत्यु होती है।

डे. बो. : हां।

कृष्णमूर्ति : मैं यह ठीक से कह नहीं सकता कि मैं इसे व्यक्त कर पा रहा हूं।

डे. बो. : हां, वही रिक्तता है, पर अब आप यह भी कह रहे हैं कि इस आधारभूमि में मृत्यु और भी आगे जाती है?

कृष्णमूर्ति : जी, हां, बिलकुल।

डे. बो. : तो आप कह रहे हैं कि विशिष्ट का अंत, विशिष्ट की मृत्यु, रिक्तता है जो कि वैश्विक है। क्या अब आप यह कहने वाले हैं कि उस वैश्विक की भी मृत्यु होती है?

कृष्णमूर्ति : हां, मैं यही कहने की कोशिश कर रहा हूं।

डे. बो. : उस आधारभूमि में लौट जाता है।

कृष्णमूर्ति : क्या इससे कुछ संप्रेषित होता है?

डे. बो. : लगता है, हां।

कृष्णमूर्ति : ज़रा एक क्षण इसके साथ ठहरे रहें। इसे देखते हैं। मेरे ख्याल में, सर, यह कुछ संप्रेषित कर रहा है, है न?

डे. बो. : हां। अब, यदि विशिष्ट और वैश्विक मरते हैं, तो वह मृत्यु है, ठीक?

कृष्णमूर्ति : जी हां। आखिरकार, एक खगोल-विज्ञानी कहता ही है कि ब्रह्मांड में प्रत्येक वस्तु मर रही है, विस्फोटित होती जा रही है, मरती जा रही है।

डे. बो. : हां, लेकिन निश्चित ही आप यह अंदाज़ा लगा सकते हैं कि इससे परे कुछ रहा होगा।

कृष्णमूर्ति : हां, यह बिलकुल ऐसा ही है।

डे. बो. : मेरा ख्याल है कि हम आगे बढ़ रहे हैं। वैश्विक तथा विशिष्ट—पहले विशिष्ट की मृत्यु रिक्तता में होती है और तब आता है वैश्विक।

कृष्णमूर्ति : और वह भी मरता है।

डे. बो. : आधारभूमि में; ठीक है?

कृष्णमूर्ति : हां।

डे. बो. : अतः आप कह सकते हैं कि आधारभूमि न जन्म लेती है और न उसकी मृत्यु होती है।

कृष्णमूर्ति : सही है।

डे. बो. : अच्छा, मुझे लग रहा है कि यदि आप कहते हैं कि वैश्विक का

अवसान होता है, तो इसके व्यक्त होने की क्षमता का तो लगभग अभाव हो जाएगा, क्योकि व्यक्त ही तो वैश्विक है।

कृष्णमूर्ति : देखिए, मैं इसे बस इस रीति से स्पष्ट कर रहा हूं : सब कुछ मर रहा है सिवा 'उस' के। क्या इससे कुछ बात बन रही है?

डे. बो. : हां, उसी में से सब कुछ उदित हो रहा है और उसी में इसका अवसान हो रहा है।

कृष्णमूर्ति : तो उसका न तो प्रारंभ है, न अंत है।

डे. बो. : वैश्विक के अंत की बात करने का क्या अभिप्राय होगा? वैश्विक के अवसान का तात्पर्य क्या होगा?

कृष्णमूर्ति : कुछ नहीं। यदि वैसा हो रहा है तो उसका कोई तात्पर्य क्यों होना चाहिए? उस घटना का मनुष्य से संबंध ही क्या है? आप मेरा अभिप्राय समझे? मनुष्य, जो भयावह समय और वैसी तमाम बातों से गुज़र रहा है, तो 'उसका' मनुष्य के संदर्भ में अर्थ ही क्या है?

डे. बो. : अच्छा, ऐसा कहें कि मनुष्य यह महसूस करता है कि अपने जीवन में उस आत्यंतिक आधारभूमि से उसका कुछ तो संपर्क होना चाहिए, अन्यथा जीवन का अर्थ ही क्या है?

कृष्णमूर्ति : पर वैसा है नहीं। उस आधारभूमि का मनुष्य से कोई संबंध नहीं है। मनुष्य तो अपनी हत्या में लगा है, वह सब कुछ उस आधारभूमि के विपरीत ही कर रहा है।

डे. बो. : इसी कारण से मनुष्य के लिए जीवन का कोई अर्थ नहीं रहा।

कृष्णमूर्ति : मैं एक आम आदमी हूं : मैं कहता हूं, ठीक है, आपने अद्भुत रीति से सूर्यास्तों के विषय में चर्चा की है, लेकिन इस सब का मेरे साथ क्या नाता है। क्या उससे या आपकी चर्चा से मुझे अपने भद्देपन से छुटकारा पाने में मदद मिलेगी? यह जो मेरी पत्नी मुझसे झगड़ती है—या जो भी कुछ होता रहता है।

डे. बो. : मैं समझता हूं कि मैं पीछे लौटूंगा और कहूंगा कि हमने इस पर तर्कसंगत रीति से चर्चा की थी, मनुष्य के दुःख से बात आरंभ करके, यह दिखाते हुए कि इसकी शुरूआत एक गलत मोड़ लेने से हुई थी और जिसके अनिवार्य परिणाम के रूप में .....

कृष्णमूर्ति : वह कहता है कि ठीक है, लेकिन मेरी मदद करिए ताकि मैं सही मोड़ ले सकूं। मुझे सही रास्ते पर ले जाइए। और इस बात के उत्तर में आप कहते हैं, कुछ भी अन्यथा होना, बनना बंद कर दीजिए।

डे. बो. : ठीक है। फिर समस्या क्या है?

कृष्णमूर्ति : वह इसको सुनेगा तक नहीं।

डे. बो. : तब मुझे लगता है कि जो इसे देख पा रहा है, उसके लिए यह मालूम करना आवश्यक होगा कि सुनने में बाधा क्या है।

कृष्णमूर्ति : ज़ाहिर है, आप देख सकते हैं कि बाधा क्या है।

डे. बो. : क्या बाधा है?

कृष्णमूर्ति : 'मैं'।

डे. बो. : हां, पर मेरा मतलब है और गहरे में?

कृष्णमूर्ति : और गहरे में, आपके सारे विचार, गहन आसक्तियां और वह सारा कुछ—यह सब आपकी राह रोकता है। यदि आप इस सबको छोड़ नहीं सकते, तो आपका 'उससे' कोई संबंध नहीं होता है। लेकिन व्यक्ति यह सब छोड़ना चाहता नहीं ।

डे. बो. : हां, मैं वह समझ रहा हूं। पर उसका चाहना तो उसके सोचने के ढंग का परिणाम ही है।

कृष्णमूर्ति : वह तो बस बिना किसी परेशानी के जिये चले जाने का कोई आरामदेह, आसान तरीका चाहता है, और वह उसे मिल सकता नहीं।

डे. बो. : नहीं। सिर्फ यह सब छोड़ देने पर ही।

कृष्णमूर्ति : कोई संपर्क तो होना चाहिए। उस आधारभूमि और इसके, इस आम आदमी के बीच कोई संबंध तो होना चाहिए, नहीं तो जीने का अर्थ ही क्या है?

डे. बो. : हां, यही मैं पहले कहने की कोशिश कर रहा था कि इस संबंध के बिना......

कृष्णमूर्ति : ....कोई अर्थ नहीं है।

डे. बो. : और तब लोग अर्थ गढ़ लेते हैं।

कृष्णमूर्ति : बिलकुल।

डे. बो. : अच्छा, पीछे लौट कर भी देखें, तो प्राचीन धर्मों ने इससे मिलती-जुलती बातें कही हैं कि ईश्वर ही वह आधार है, और इसीलिए, आपको पता ही है, वे कहते रहे हैं कि ईश्वर को खोजिए।

कृष्णमूर्ति : नहीं जी, यह ईश्वर नहीं है।

डे. बो. : नहीं, यह ईश्वर नहीं है, पर बात वही कही जा रही है—आप कह सकते हैं कि 'ईश्वर' इस बात को शायद कुछ अधिक ही व्यक्तिपरक रूप से प्रस्तुत करने का प्रयास है।

कृष्णमूर्ति : हां, उन्हें आशा दीजिए, उन्हें आस्था दीजिए, समझ रहे हैं? जीवन को जीने के लिए थोड़ा और आरामदेह बना दीजिए।

डे. बो. : अच्छा, क्या इस बिंदु पर, आप पहले यह पूछ रहे हैं : आम आदमी को यह कैसे संप्रेषित किया जाए? क्या यही आपका प्रश्न है?

कृष्णमूर्ति : हां, कमोबेश यही है और यह भी महत्त्वपूर्ण है कि उसे इस बात को सुनना चाहिए। आप एक वैज्ञानिक हैं। आप सुनने को तत्पर हैं, क्योंकि हम मित्र हैं। पर आपके मित्रों में से कौन इसे सुनेगा? वे कहेंगे, आप क्या अजूबा बातें किए जा रहे हो? सर, मैं यह महसूस करता हूं कि यदि कोई इसमें जा पाए, तो हमें एक अद्‌भुत रूप से व्यवस्थित संसार देखने को मिलेगा।

डे. बो. : हां, और उस संसार में हम कर क्या रहे होंगे?

कृष्णमूर्ति : जी रहे होंगे।

डे. बो. : हां, पर मेरा मतलब है, हमने सर्जनात्मकता के बारे में कुछ कहा था।

कृष्णमूर्ति : हां, और तब यदि आप में द्वंद्व नहीं है, 'मैं' नहीं है, तो कुछ और सक्रिय है।

डे. बो. : हां, यह कहना महत्त्वपूर्ण है, क्योंकि परिपूर्णता उपलब्ध कर लेने की ईसाई अवधारणा काफी उबाऊ लग सकती है, क्योंकि फिर करने को कुछ नहीं रहता।

कृष्णमूर्ति : हमें आगे भी किसी और समय इस विषय पर यह बात जारी रखनी चाहिए, क्योंकि यह कुछ ऐसा है जिसे समक्ष लाया ही जाना चाहिए।

डे. बो. : असंभव सा लगता है।

कृष्णमूर्ति : हम काफी दूर आ चुके हैं।

'द एंडिंग आफ टाइम',
2 अप्रैल 1980

सत्ताईस

27 जून 1961

इस सबको सूत्रों और शब्दों में व्यक्त करना कितना व्यर्थ जान पड़ता है; चाहे जितने सही शब्द प्रयोग क्यों न किये गये हों, वर्णन कितना भी अधिक सुस्पष्ट क्यों न हो, इस सबके माध्यम से वास्तविक तथ्य संप्रेषित नहीं हो पाता।

इस सबमें एक विराट और अनिर्वचनीय सुंदरता है। जीवन की एक ही गति है, बाह्य हो या आंतरिक हो; वैसे तो यह गति अविभाज्य है, पर इसे विभाजित कर दिया जाता है। विभाजन के फलस्वरूप अधिकतर लोग इसके बाह्य रूप अर्थात ज्ञान, धारणाओं, विश्वासों, प्रामाण्य, सुरक्षा और समृद्धि आदि के पीछे भागते हैं। इसकी ही एक प्रतिक्रिया के रूप में व्यक्ति तथाकथित आंतरिक जीवन का अनुसरण करता है, जिसकी अपनी सूक्ष्म अनुभूतियां, आशाएं, लालसाएं, रहस्य, द्वंद्व तथा हताशाएं होती हैं। चूंकि यह गति भी एक प्रतिक्रिया ही है, अतएव बाह्य गति से इसका टकराव चलता रहता है। इसके फलस्वरूप एक अंतर्विरोध उत्पन्न हो जाता है, जिसके अपने ही क्लेश, दुश्चिंताएं तथा पलायन आदि होते हैं।

वस्तुतः केवल एक ही गति है, वही बाह्य है और वही आंतरिक भी। बाह्य को समझने के साथ ही आंतरिक गति का प्रारंभ होता है, और यह आंतरिक गति न तो बाह्य के विरुद्ध होती है और न उसकी विरोधाभासी होती है। तब चूंकि द्वंद्व का निवारण हो चुका होता है, इसलिए मस्तिष्क न केवल अत्यधिक संवेदनशील तथा सतर्क होता है, वरन् वह अनायास ही मौन भी हो जाता है। और इस स्थिति में केवल आंतरिक गति ही प्रामाणिक तथा अर्थपूर्ण होती है।

इस गति से एक उदारता और करुणा अस्तित्व में आती है, जो किसी तर्कबुद्धि अथवा प्रयोजनपरक स्व-निषेध का प्रतिफल नहीं है।

किसी पुष्प का जीवट सौंदर्य इसी में निहित है कि इसे विस्मृत किया जा सकता है, उपेक्षा से दूर हटाया जा सकता है, या फिर विनष्ट ही कर दिया जा सकता है।

महत्त्वाकांक्षी लोग सौंदर्य से अनभिज्ञ होते हैं। सारभूत की भावना, सत्त्व का एहसास ही सौंदर्य है।

28 जून 1961

वह जो कि पावन है, लक्षणों से रहित है। देवालय में रखा प्रस्तर, चर्च में लगी प्रतिमा, कोई प्रतीक पावन नहीं है। मनुष्य अपनी जटिल उत्कंठाओं, भयों और तृष्णाओं से परिचालित होकर उन्हें पावन, पवित्र आराध्य कहता है। यह 'पावनता' अब भी विचार ही के क्षेत्र में होती है; इसका निर्माण विचार के द्वारा ही किया जाता है, और विचार में कभी भी कुछ नूतन अथवा पवित्र नहीं होता है। विचार जटिल मतवादों और विश्वासों की रचना कर सकता है, और जिन प्रतिमाओं, प्रतीकों आदि को यह प्रक्षेपित करता है, वे किसी भवन के नक्शों से अथवा एक नये हवाई-जहाज की रूपरेखा से अधिक पवित्र नहीं होते। यह सभी कुछ विचार के ही सीमांतों में परिबद्ध है और इसमें ऐसा कुछ नहीं है जिसे पवित्र अथवा रहस्यमय कहा जा सके। विचार पदार्थ ही है और इससे कुछ भी बनाया जा सकता है, असुंदर भी, सुंदर भी।

पर एक पावनता है, जिसका स्रोत न विचार में है, न विचार द्वारा पुनर्जीवित की गई किसी भावना में। इसे विचार द्वारा नहीं पहचाना जा सकता, न ही यह विचार के उपयोग में आ सकती है। विचार इसका प्रतिपादन नहीं कर सकता। किंतु एक पावनता है तो; किसी भी प्रतीक या शब्द से अस्पर्शित, अनछुई। यह निर्वचनीय नहीं है, इसका संप्रेषण नहीं हो सकता। यह पावनता एक तथ्य है।

तथ्य को तो देखना होता है, और देखना शब्द के माध्यम से नहीं हुआ करता। जब किसी तथ्य की व्याख्या कर दी जाती है, तो वह तथ्य नहीं रह जाता; यह उससे कुछ नितांत भिन्न ही बात हो जाती है। सर्वाधिक महत्त्व देखने का है। यह देखना समय-आकाश से बाहर है; यह देखना तत्क्षण, तुरंत होता है। और जो देख लिया जाता है, वह पुनः वही कभी नहीं होता है। इसमें 'फिर से' या 'इस दौरान' जैसा कुछ है ही नहीं।

इस पावनता का उपासक, वह अवलोकनकर्ता जो इस पर ध्यान लगाए, है ही नहीं। यह खरीदने या बेचने की, बाज़ार की वस्तु नहीं है। सौंदर्य की तरह इसे इसके विपरीत के माध्यम से नहीं देखा-समझा जा सकता, क्योंकि इसके विपरीत का अस्तित्व है ही नहीं।

वह उपस्थिति यहां है, कक्ष को आपूरित करती, पर्वतों पर छलकती, जलराशियों पर व्याप्त होती, और उनसे पार धरित्री को आवृत करती।

'कृष्णमूर्ति नोटबुक'

अनुवादकों का मंतव्य

कृष्णमूर्ति के लिखित व मौखिक साहित्य का अनुवाद करना ऐसे है, जैसे गणित की भाषा में रची गई किसी कविता का अनुवाद करना। अपनी सीमित सामर्थ्य के अनुसार जितना बेहतर हो सकता है, हमने किया है, पर हमें इस बात की प्रतीति है कि अभी भी और बेहतर की गुंजाइश है। सुधी पाठक जहां कहीं भी कोई त्रुटि अथवा विसंगति देखें, या किसी अभिव्यक्ति के लिए अधिक सटीक शब्द सुझा सकें, तो हमें अवश्य पत्र लिखें, हम आभारी होंगे। इस संबंध में उनके विचार हमारे विमर्श का विषय होंगे एवम् यथासमय, यथास्थान उनका उपयोग भी किया जा सकेगा।

अनुवादकगण

पत्र-व्यवहार का पता :
अनुवाद एवम् प्रकाशन प्रकोष्ठ,
कृष्णमूर्ति स्टडी सेंटर, के. एफ. आई.
राजघाट फोर्ट, वाराणसी 221 001
ई-मेल पता :
tpcrajghat@gmail.com